"기자님이 공부를 하나도 안 하고 오셨네 그려"

수습기자 시절, 반포동의 한 재건축 단지를 취재하러 간 적이 있습니다. 추운 겨울 따뜻한 믹스커피 한잔 얻어 마실 요량으로 손님 없는 한 공인중개사사무소 문을 두드리고 들어갔죠. "여기 재건축한다면서요? 그럼 언제 돼요?"라는 막연한 질문을 던졌습니다.

친절하게 설명해주던 공인중개사분은 저와 단 몇 마디 섞어보더니 이런 일침을 날리지 뭡니까.

"허허, 기자님이 공부를 하나도 안 하고 오셨네 그려."

속으로는 '수습 딱지도 안 뗀 초짜인데 잘 모를 수도 있지' 싶었지만 곰곰이 생각하니 너무 창피한 겁니다. 이후 열심히 공부해서 사전 지식을 조금이라도 더 채우고 현장을 방문하려 애썼습니다.

참, 그 겨울 취재한 그 단지는 이후 '아크로리버파크'가 됐습니다. 그날 젊은 친구가 추운 날 고생한다며 지금 사두면 좋다고 추천해줬던 급매물은 곧 5002가구 규모 '디에이치클래스트'로 탈바꿈할 예정이고요. 당시 돈이 없던 탓에, 믿음이 부족했던 탓에, 더 크게는 공부가 부족했던 탓에 제 것으로 만들지 못하고 지나가버렸습니다. 지금도 뼈아프네요.

이후에도 부동산·건설 산업 현장을 10여년간 취재하며 시장 침체기와 회복기, 호황기, 하락과 상승이 반복되는 혼동기를 지켜보고 있습니다.

많은 이가 선호하는 '강남 3구'는 물론 마포, 성수, 흑석, 청량리처럼 아무도 눈여겨보지 않던 지역이 부상하고 재평가되는 모습이 흥미로웠습니다만, 한편으로는 집값 폭등기에 내집마련 기회를 놓치고 절망하는 실수요자를 보며 안타까움과 책임감을 느끼기도 했습니다.

부동산은 언론이 보도하는 여러 분야 가운데 유독 '투기, 불로소득'이라는 꼬리표가 길게 붙은 영역입니다. 부동산 현장을 전하는 기자는 선동꾼으로 지탄받고, 부동산을 '공부'하는 실수요자는 투자자도 아닌 투기꾼으로 손가락질 받기도 합니다. 재건축·재개발 같은 정비 시장은 현금깨나 있는 자산가의 전유물로 여겨지기도 합니다.

이런 색안경이 생긴 데는 온라인에 무분별하게 쏟아지는 광고성 기사나 단편적인 현상만 보도한 단신 기사도 한몫했다고 생각합니다. 정보가 넘쳐날수록 제대로 된 정보를 걸러내는 능력이 중요하겠습니다만, 수많은 '부린이' 입장에서 기사만으로 부동산을 공부하는 것은 여간 어려운 일이 아닙니다.

특히 '부린이'에게 보다 객관적이고 건강한 재테크 정보를 제공하고 싶다는 생각에서 기획한 '재건축 임장노트'는 특별히 여러 정비사업 중 '재건축'에 초점을 뒀습니다.

1부에는 임장에 앞서 알고 있어야 할 재건축 사업 과정과 최근 재건축 시장에서 화두 되고 있는 규제, 정책 변화 등을 담았습니다. 물론 모든 부린이가 복잡하고 지난한 재건축 세부 절차와 사업성 계산 방법을 일일이 완벽하게 섭렵할 수는 없습니다. 하지만 적어도 내집마련의 꿈을 가졌다면, 평생 모은 현금을 재건축에 투자하기 전이라면, 재건축 사업이 어떤 과정을 거쳐 진행되는지 그 과정에 어떤 변수가 있을지 큰 그림 정도는 머릿속에 그려낼 수 있어야 합니다.

2부에서는 그동안 취재 다닌 재건축 추진 단지들을 소개했습니다. 소위 '잘나가는' 인기 재건축 단지만 고르지는 않았습니다. 어떤 단지는 재건축 사업 8부 능선을 이미 넘은 곳도 있고, 어떤 단지는 안전진단 결과를 기다리고 있는 극초기 단지도 있습니다. 지역별로 재건축 사업이 지지부진한 단지도 소개하고 그 이유는 무엇인지, 또 여러 난관에도 불구하고 눈여겨볼 만한 미래 가치는 무엇인지 담으려 애썼습니다.

'재건축 임장노트'가 자극적인 투기 지침서가 아닌, 재건축 과정을 바로 알고 보다 나은 주거 환경을 차근차근 준비하는 안내서가 되기를 희망합니다.

정 다 운 매경이코노미 기자

※ '재건축 임장노트'는 2023년 8~9월을 기준으로 작성됐습니다. 시시각각 변하는 내용을 최대한 담기 위해 노력했습니다만, 그럼에도 책이 제작되는 동안의 변화를 반영하지 못한 아쉬움이 있습니다.

미래가치 높은 집 찾아내는 법
효율적인 '가이드북' 되어줄 것

매경이코노미 부동산팀과는 오랜 인연을 이어오고 있습니다. 각 기자들이 전문성을 갖고 취재하고, 긴 호흡으로 부동산 시장 전체 흐름을 분석하는 매체죠. 시시각각 바뀌는 정책도 시의적절하게 보도해 매경이코노미는 부동산을 공부하는 이들에게는 유익한 길잡이가 되고 있습니다.

그런 매경이코노미가 MK Edition 시리즈로 '재건축 임장노트'를 출간한다 해서 관심을 갖게 됐습니다. 현장을 취재하는 매체답게 부동산 전문가들조차 놓치고 있던 사실과 보지 못했던 관점을 담은 유용한 지침서라는 생각을 했습니다.

아직도 재개발과 재건축을 헷갈려 하는 '부린이'가 많습니다. 직장과 학군 좋은 서울에서 내 집을 마련하고 싶고 투자도 하고 싶은데 어떤 집이 미래 가치가 높은 집인지 판단하지 못해 남들 말만 듣고 투자에 임하고는 합니다.

서울은 지금 헌 집, 낡은 집 때문에 곤욕입니다. 그런데 부동산 공부를 하는 사람들은 압니다. 서울의 좋은 집은 이 헌 집과 낡은 집에서 나올 것이라는 사실을! 주택이 과밀한 서울에서 우리가 원하는 '좋은 집'을 공급하는 유일한 방법이 재개발·재건축이기 때문입니다.

그간 대규모 신축 공급이 이뤄진 지역들을 살펴보면 낡은 빌라를 부수고 신축 아파트 대단지로 변신한 곳이 많습니다. 우리가 익히 알고 있는 마포구, 은평구, 서대문구, 동대문구, 성북구, 양천구 등이 모두 헌 집 주고 새집 받은 지역입니다. 부동산 시장 상승기의 대표 지역들이죠.

이런 상황에서 '재건축 임장노트'는 유용한 가이드가 돼줄 것입니다.

서울시 도시계획이 현실에서 어떻게 구현돼왔는지, 집값 상승기에 집 못 산 서민의 서러움은 무엇이었는지를 현장에서 체험했고, 주경야독으로 대학원에서 도시계획부터 재개발·재건축 이론 공부까지 마친 그의 글은 진정성 있으며 투자자에게 꼭 필요한 알찬 정보가 가득합니다. 향후 좋은 새집이 될 헌 집들의 리스트를 이 책에서 발견할 수 있을 것입니다.

서울은 남아 있는 재건축 지역이 많습니다. 지금은 재건축 연한이 충족돼도 여러 이해관계에 얽혀 곧바로 재건축이 진행되지 않고 있지만 공급 부족 문제 해결을 위해 정부와 주민이 적극적으로 나선다면 다시 활기를 띠겠죠.

특히 재건축 대어로 언급되는 압구정, 대치동, 여의도, 동부이촌동, 목동의 아파트지구는 부동산 투자자와 좋은 집을 찾고 있는 실수요자 이목을 집중시키고 있습니다. 생활편의시설과 인프라 구축이 잘돼 있어 재정비가 용이한 곳들이기 때문입니다.

사람들은 시대를 막론하고 좋은 집에 살고 싶어 합니다. 현대 사회에서 좋은 집이란 새집이면서 좋은 커뮤니티를 갖춘 지역을 말합니다. 거기에 교육 환경, 직주근접까지 갖췄으면 더 이상 바랄 게 없죠. 살고 싶은 집과 살아야 하는 집의 괴리감을 극복하려면 미래 가치가 높은 집을 지금 찾아서 내 것으로 만들기 위해 노력해야 합니다. 그것도 효율적으로. 이 책을 읽는 독자들이 그 '효율'의 키워드를 행간에서 발견하기를 바랍니다.

이 주 현 월천재테크 대표

CONTENTS

들어가며 2

추천의 글 4

1부 재건축 투자 전 알아야 할 것 8

1장 이론편 10

재건축 vs 재개발…뭐가 다를까? 12

재건축 사업 과정 한눈에 보기 16

재건축에 투자하는 또 다른 방법 26

2장 재건축 한 걸음 더 36

정비사업 '패스트트랙' 신속통합기획 38

아직 남은 '대못' 초과이익환수제 42

초고층? 높게 지으면 좋은 건가요? 44

토지거래허가제가 투기 막는다? 46

'추진위 패스' 조합직접설립제도 50

신탁 방식 재건축 득실 따져보기 52

2부 재건축 임장노트 56

3장 부촌 1번지 강남구 58

'왕의 귀환'…따라올 자 없다 '압구정' 60

사교육 '욕망' 있는 한…대치동 66

개포동 중층 단지들 '재건축 2라운드' 82

도심 한복판 보물 단지 '동현아파트' 88

4장 재건축의 성지 서초구 90

'국평 40억원' 시대 열어젖힌 반포동 92

우리가 원조 부촌 방배동 '신동아' 102

'신탁 방식' 추진하는 서초동 삼풍 108

5장 물 들어오는 송파구 110

'엘 · 리 · 트' 이을 잠실 단지 어디일까 112

미니 신도시 첫발 뗀 올림픽 3대장 124

"우리도 헬리오처럼" 가락동 130

6장 한강변 재건축, 강북에도 있다 136

'회장님 동네' 명예 회복할까 동부이촌동 138

'넥스트 마래푸' 꿈꾸는 성산시영 144

작지만 강하다…성수동 옆 응봉동 148

'교육열' 하면 여기…'리틀 대치' 광장동 152

7장 재건축 닻 올리는 서남권 158

'한국판 맨해튼' 탈바꿈하는 여의도 160

실거주 · 투자 두 마리 토끼 잡는 목동 168

8장 마이너리그라고 무시 말라 176

명일동 · 길동 재건축 '신호탄' 178

청량리 유일 재건축 단지 미주아파트 184

노원구 대표 주자 상계동 환골탈태? 188

안전진단 순항하는 중계동 192

강북 최대어 월계동 '미미삼' 196

방학 · 쌍문 · 창동 중심으로 콧노래' 200

미디어시티역 낀 'DMC한양' 204

온수역 천지개벽 대흥 · 성원 · 동진 206

"우리도 한강변" 가양동 미래는? 210

3부 새 아파트를 얻는 또 다른 방법 214

9장 기다리기 힘들어요 216

분양권 살까? 입주권 살까? 218

묵혀뒀던 청약통장을 꺼내자 222

1부

재건축 투자 전
알아야 할 것

이론편

'○○조합, 사업시행 총회 가결' '○○○아파트, 9년 만에 사업시행인가'.
부동산 공부를 시작한 부린이들은 재건축 소식을 다룬 신문 기사나
공시를 의욕적으로 읽어본다. 하지만 수많은 용어와 비슷한 제목에 머리 아프기 일쑤다.
'재건축이 진행은 되나 보다' 깨닫는 정도지, 사업이 정확히 어느 단계까지 왔는지
머릿속에 바로 그려내지 못해서다. 물론 일반인이 재건축을 이해하기 위해서 모든 전문용어나
계산법을 외울 필요는 없다. 그렇다 해도 투자를 하려면 전체적인 그림(절차)과
기본 개념 정도는 이해하고 기억해둘 필요가 있다.

재건축 vs 재개발···뭐가 다를까?

기반시설 양호하면 집만 다시 짓는 재건축
도로·상하수도·소방시설 열악하면 재개발
구역 지정, 조합설립 요건 등 달라

재건축·재개발 같은 '정비사업' 얘기를 하다 보면 아주 기본적인 개념조차 모른 채 "여기가 개발된다더라"라는 소문만 듣고 투자하려는 사람을 꽤 자주 만난다. 온라인 커뮤니티는 물론 언론 기사에서조차 재건축과 재개발을 혼동해 쓰는 경우도 왕왕 있다. 단순히 '아파트는 재건축, 단독주택이나 빌라는 재개발'로만 이해하는 사람도 생각보다 많다.

낡은 집을 허물고 새집을 짓는다는 목적은 같지만, 재건축과 재개발은 엄연히 다른 사업이다. 수습기자 시절 한 취재원이 "재건축은 '집'을 다시 짓는 것이고, 재개발은 '동네'를 다시 짓는 것"이라고 말해준 적이 있다. 부동산을 잘 모르던 기자에게 재건축·재개발을 쉽게 설명하려다 보니 지나치게 간소화된 감이 없잖다. 이번 책에서는 '재건축'만 다룰 예정

이기는 하지만 그래도 두 사업의 차이는 짚고 넘어갈 필요가 있다.

기반시설이 양호하면 재건축
전부 다시 지어야 하면 재개발

재건축과 재개발 사업을 나누는 핵심은 '정비기반시설'이다. 정비기반시설은 도로나 상하수도, 소방시설 등을 말한다.

재건축은 주변 정비기반시설은 양호한데, 아파트가 너무 오래됐으니 부수고 새 아파트를 짓는 사업이다. 서울 송파구 잠실 일대를 떠올려보자. 초고층으로 지어진 롯데월드타워와 호수공원, 초·중·고, 넓고 깨끗한 도로 사이에 1978년 지어진 아파트 '잠실주공5단지'가 있다. '반백 살'을 바라보는 이 아파트는 현재 재건축을 열심히 추진 중이다. 1980년

준공된 '잠실진주'와 '미성·크로바'도 공사가 한창이다.

반면 재개발은 주변 정비기반시설이 열악한 데다 너무 낡아 불량한 주택이 모여 있는 동네에서 이뤄진다. 서울 동작구 노량진, 용산구 한남동 일대를 떠올리면 된다. 이들 지역은 '재정비촉진구역(뉴타운)'으로 지정돼 도로와, 공원, 학교 등을 정비한 후에 새 아파트를 짓는 재개발 사업이 진행되고 있다.

소방차가 들어갈 수 있느냐, 없느냐를 떠올리면 이해가 더욱 쉽다. 오래된 아파트 단지는 주차장이 비좁기는 해도 소방차 한두 대가 거뜬히 진입한다. 이런 곳은 재건축 사업을 추진한다.

반대로 소방차가 한 대도 못 들어갈 정도로 좁고 구불구불한 도로가 이어진 동네라면 재개발을 추진한다.

단독주택, 빌라가 밀집한 곳이라도 주변 기반시설이 양호하면 마찬가지로 재건축 대상이 된다. 단독주택, 빌라가 밀집한 서울 서초구 방배동은 대표적인 재건축 사업지다. 7호선 내방역과 이수역 사이에 위치한 곳으로, 비교적 큰 규모의 단독주택과 빌라들이 모여 있다. 주변 환경을 둘러보면 도로폭도 넓고 공원도 일부 조성돼 있어서 비교적 주거 환경이 쾌적한데, 다만 주택이 낡아 재건축이 필요한 경우다. 따라서 단순히 '아파트는 재건축, 단독주택이나 빌라는 재개발'로 두 사업을 구분 짓는 것은 맞지 않다.

사업을 추진하기 위해 거쳐야 하는 첫 관문

비슷하지만 다른 재건축과 재개발

구분	재건축	재개발
근거법령	도시 및 주거환경정비법(도정법)	
정비기반시설	양호함	열악함
안전진단	실시함(단, 단독주택 재건축은 실시하지 않음)	실시하지 않음(단, 노후도·접도율 등을 충족해야 함)
조합원 자격	건축물과 그 부속 토지를 동시에 소유한 사람 중 조합설립에 찬성한 자(임의가입)	토지 또는 건축물 소유자 또는 그 지상권자(당연가입)
조합설립을 위한 필수 동의율	토지등소유자 4분의 3 이상, 동별 구분고유자 2분의 1 이상, 토지 면적의 4분의 3 이상 동의	토지등소유자 4분의 3 이상, 토지 면적의 2분의 1 이상 동의
현금 청산	'매도청구'라고 함	'토지수용'이라고 함
주거이전비·영업보상비	해당 없음 (단, 서울 단독주택 재건축은 해당)	지급해야 함
초과이익환수제	있음	없음

*임대주택 건설 의무는 시·도 조례에 따라 다름

*자료:법제처 등

도 사뭇 다르다. 재건축 사업의 첫 관문은 '안전진단'이다. 지어진 지 30년 넘은 건축물을 대상으로 아파트가 구조적으로는 안전한지, 살기 불편할 정도로 낡았는지를 따져보는 과정이다. 안전진단 결과 D~E등급이 나와야만 재건축 사업을 시작할 수 있다. A~C등급을 받으면 아직은 살 만한 곳으로 간주돼 재건축을 할 수 없다. 무분별한 재건축은 막겠다는 취지다.

재개발 사업에는 이런 안전진단 절차가 없다. 대신 동네가 전반적으로 얼마나 낙후돼 있는지를 살펴본다. 가령 오래된 불량 건축물이 전체 건축물의 3분의 2 이상인 지역은 재개발 대상지가 될 수 있다. 정비기반시설이 현저히 부족해 홍수 등 재해가 발생했을 때 구조 활동이 어려운 지역도 마찬가지이다. 이런 지역에 속한 토지등소유자들은 일정 비율 이상

의견을 모아 "재개발계획을 세워달라"고 입안 제안을 할 수 있다.

조합원 자격에서도 차이를 보인다. 재건축 사업은 아파트 한 호수별로 조합원 자격이 생긴다고 이해하면 쉽다. 보다 구체적으로 법제처에 따르면 '건축물과 그 부속 토지를 동시에 소유한 사람 중 조합설립에 찬성한 자에게 조합원 자격이 주어진다. 반면 재개발은 구역 안에 일정 크기 이상 땅만 갖고 있어도 조합원이 될 수 있다. '토지 또는 건축물 소유자 또는 그 지상권자'가 재개발 조합원 자격을 얻기 때문이다. 단독주택, 상가, 상가주택, 빌라는 물론 경우에 따라 무허가 건물을 소유한 사람에게까지 조합원 자격이 주어진다는 의미다.

또한 재건축은 조합 임의가입이지만, 재개발은 당연가입(강제가입)이라는 점에서도 다

아파트 재건축 단지의 예시. 사진 속 서울 강남구 개포주공4단지(2014년)는 '개포자이프레지던스'로 재건축됐다.

르다. 재개발은 조합설립에 필요한 인원인 75% 이상이 채워지면 나머지(25% 미만)는 본인이 원하지 않아도 저절로 조합원이 된다. 반면 재건축은 조합설립에 필요한 동의율을 채웠더라도 설립에 반대했던 사람은 소유한 부동산을 조합에 매각할 수 있다.

여기서 중요한 것은 두 사업 모두 조합설립에 75%의 인원이 필요하다는 사실이다. 구역 내에 가게를 두고 장사를 하는 상인이나 집을 세 놓고 월세 수입으로 사는 사람들은 개발이 부담스러울 수 있다.

이때 정비사업(재건축·재개발)을 원치 않으면 조합설립에 동의하지 않으면 된다. 구역 내 주민 75% 이상이 동의해야 조합을 설립해 사업을 시작할 수 있고, 미달하면 사업 자체가 불가능하기 때문이다.

아파트를 새로 짓는 재건축 사업보다는 동

단독주택 재건축이 진행되는 지역의 예시. 사진은 이주·철거 일정 안내 현수막이 걸려 있던 2018년 당시 서울 서초구 방배5구역 모습.

네 전반을 정비하는 재개발 사업이 '공익적' 성향을 띤다. 그래서 재개발 사업에는 주거이전비 등 보상과 관련한 내용이 조금은 포함돼 있다.

반면 재건축 사업은 해당 아파트 주민 개개인의 삶의 질을 재건시키려는 '사익적' 측면이 강한 것으로 봐 이런 지원이 없다. 오히려 재건축에는 '재건축 초과이익환수제'라는 게 있다. 개발 이익이 많으면 나라에서 세금으로 가져가겠다는 취지다.

재개발이 진행되는 지역의 예시. 사진 속 서울 종로구 창신동은 신속통합기획 재개발이 확정됐다.

❶ 안전진단부터 정비구역 지정까지

정비기본계획 수립 후에 안전진단 신청
안전진단 최종 통과하면 정비구역 지정
정비구역 지정 후에 '재건축 단지' 되는 것

재건축 사업은 지자체(각 시·도·광역시)가 '도시·주거 환경 정비기본계획'을 수립하는 데서 시작한다. 해당 지자체에서 앞으로 정비 사업이 필요할 구역을 미리 점찍어주는 가늠자 역할을 한다. 이 정비기본계획이 수립되고 나면 재건축 추진 의사가 있는 노후 아파트나 주택가는 '안전진단'을 진행한다.

안전진단은 '현지조사'라고도 부르는 예비안전진단부터 시작한다. 본격적인 안전진단(정밀안전진단)에 앞서 지방자치단체가 육안으로 건물 노후도 등을 파악하는 단계로 재건축 사업의 첫 관문으로 꼽는다. 주민 동의율 10%를 채워 시·군·구에 신청하면 된다.

정밀안전진단은 구조안전성(30%), 설비노후도(30%), 주거환경 적합성(30%), 비용 편익(10%) 등을 두루 고려해 해당 주택이 얼마나 안전한지, 아니면 당장 재건축이 필요할 정도로 위험한지를 A~E등급으로 나눠 판단하는 절차다.

이 중 D등급(조건부 재건축), E등급(재건축 확정)을 받아야 재건축 사업을 진행할 수 있다. E등급을 받으면 추가 정밀안전진단 없이 바로 재건축이 확정되고, D등급을 받을 경우 지자체 재량에 따라 적정성 검토 시행 여부를 결정짓는다.

과거에는 구조안전성 비중이 50%로 높았던 탓에 안전진단을 통과하기 여간 까다로운 게 아니었다. 구조안전성은 붕괴 위험을 평가하는 것인데 안전진단 평가 항목 중 가장 충족하기 어려운 요소기 때문이다. 반면 주거환경(주차 대수·생활 환경·일조 환경·층간소음·에너지 효율성 등)과 설비노후도(난방·

급수·배수·기계·소방 설비 등) 비중은 각각 15%, 25%로 낮아 아파트 노후화에 따른 주민 불편이 커도 재건축 통과하기가 힘들다는 지적이 많았다.

하지만 2023년 1월부터 안전진단 규제가 완화되면서 통과 가능성이 한결 높아졌다. 평가 항목 중 구조안전성 비중을 30%로 낮추고 주거환경과 설비노후도 비중은 각각 30%로 상향 조정됐다. 정부는 안전진단 평가 총점에서 '조건부 재건축'에 해당하는 D등급(30~55점 이하 → 45~55점 이하) 범위를 축소하고 재건축 확정에 해당하는 E등급(30점 이하 → 45점 이하) 범위는 넓혔다. 2023년 1월 이후 서울 곳곳에서 안전진단 통과 소식이 들려오는 배경이다.

노후 아파트 단지는 이 안전진단을 통과해야 비로소 재건축 가능한 '정비구역'으로 정식 지정된다. 정비구역으로 지정된 아파트 주민들은 이때부터 조합 전 단계인 '추진위원회'를 구성하고 지자체 승인을 받는다. 조합이 설립되기 전에는 조합원이 되기에 적합한 부동산을 가진 예비 조합원을 '토지등소유자'라고 하는데, 추진위가 승인되려면 이 토지등소유자 과반의 동의를 받아야 한다.

재건축 안전진단 절차

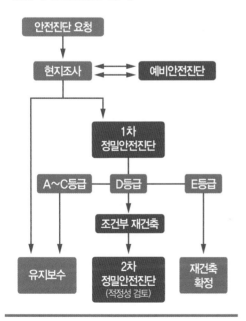

재건축 안전진단 기준 개선안

*2023년 1월부터 시행

조건부 재건축 구간

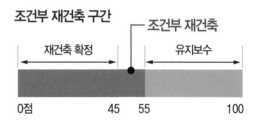

공공기관 적정성 검토

· 대상: 1차 안전진단 45~55점 중 선택 시행
· 절차: 지자체가 기본 사항 확인
　　　　결과에 중대한 영향을 미칠 우려가 있다고
　　　　판단되는 경우 요청
· 검토 범위: 지자체가 요청한 확인이 필요한
　　　　　　평가 항목에 한정해 검토

*자료:국토교통부

❷ 드디어 조합이 생겼다

조합설립 후에는 집 지어줄 시공사 선정
입찰에 1군 건설사 몰려들수록 수익 기대
투기과열지구는 '조합원 지위 양도 금지' 주의

갓 구성된 추진위원회는 '조합설립'이라는 막중한 임무를 안게 된다. 이를 위해 주민에게 조합설립 동의서를 받기 시작한다. 재건축에 반대하는 사람을 설득하고, 재건축에 관심 없는 사람도 챙겨 필요한 만큼의 동의율을 얻어내야 하는 등 분주히 움직인다. 재건축 조합이 설립되려면 전체 구분소유자의 4분의 3 이상, 그리고 각 동별로 과반수(50% 이상) 동의를 받아야 한다. 재건축 사업에서는 이 조합설립에 동의한 사람만 추후 조합원이 될 수 있다. 동의서를 내지 않고 반대한 사람은 기존 건물·토지를 다른 사람에게 매도하거나 현금 청산을 받아야 한다.

그렇게 조합설립 동의서를 충분히 모아 요건을 충족하면 추진위원회는 시·군·구에 조합설립인가 '신청'을 한다. 특별한 문제가 없으면 이내 조합설립인가가 난다. 인가가 난 날로부터 30일 내에 조합사무소가 소재한 지역에 법인 등기를 하고 나면 정식 조합이 설립된다. 즉 이 시점부터는 '법인' 성격을 가진 '정비사업조합'이 재건축 사업을 이끌게 된다.

부지런한 투자자는 조합설립 총회 때 주민에게 배포된 안내 책자를 알음알음 구해 사업을 미리 가늠해보기도 한다. 물론 사업 초기라 수많은 변수가 산적해 있겠지만, 이 안내 책자만 봐도 대략적인 사업성 분석이 가능하고 분담금을 예측할 수 있다.

물론 사업성이 클 것으로 예상한다 해서 덜컥 매매에 나서는 것은 금물이다. 조합설립인가 시점부터는 '조합원 지위 양도 금지'가 효력을 발휘하기 때문이다(읽을거리 참고).

어쨌든 조합이 정식으로 출범했다면 이제

시공사를 선정할 차례다. 아파트를 지어줄 건설사를 정하는 절차다.

서울시의 경우 과거 시공사 선정을 사업시행인가 이후에나 진행할 수 있었지만 서울시는 최근 조례 개정을 통해 조합설립 이후부터 시공사 선정에 나설 수 있도록 했다. 각종 심의를 받아야 하는 사업시행계획 단계에서 시간이 오래 걸리는 만큼 조합설립 이후에 시공사를 선정하면 선정 시기가 과거보다 3~4년가량 빨라지는 효과가 있다. 시공사가 일찍 선정될수록 조합 자금 조달 능력은 향상되고 사업 추진에 속도가 날 수 있다.

시공사는 공개 경쟁 입찰 방식으로 선정하는데 건설사들이 입찰하면 조합원이 투표를 통해 시공사를 선정한다.

이때 사업성이 높은 단지일수록 여러 건설사가 몰려 치열한 수주전을 벌인다. 건설사마다 예상하는 3.3㎡당 사업비, 공사비 등을 제시하고 조합원 구미를 당기게 할 여러 혜택(확장비 무료, 고급 마감재 시공, 이주비 무이자 지원 등)을 약속하면서 입찰 경쟁을 벌인다. 국내 대형 건설사들이 대거 몰려 입찰에 참여하면 어느 정도 사업성이 보장됐다는 의미다. 시공사는 사업 막바지 일반분양 물량을 '완판'시켰을 때 수익을 실현하는데 입찰에 적극적으로 뛰어들었다는 것은 어느 정도 분양 흥행을 예상한다는 뜻으로 풀이할 수 있기 때문이다.

읽을거리

조합원 지위 양도 언제부터 가능?

서울 강남 3구(강남·서초·송파구)와 용산구 등 투기과열지구에서는 조합설립인가 이전까지 신고된 거래에 대해서만 조합원 지위 양도가 인정된다. 조합설립 이후에 재건축 아파트를 매수하면 현금 청산 대상자가 된다.

그렇다면 이미 조합이 설립된 아파트에서는 영영 재건축 투자 기회가 없는 걸까? 예외가 있다. 우선 기존 조합원이 1가구 1주택자면서 기존 집을 10년 이상 보유하고, 5년 이상 거주한 경우에는 조합설립 이후에도 매수자가 조합원 지위를 양도받을 수 있다. 또 조합설립 이후 3년간 사업시행인가 신청을 안 한 경우, 사업시행인가 이후 3년 동안 착공을 못한 경우, 착공 이후 3년 이상 준공되지 못한 경우 등에도 조합원 지위 양도가 가능하다.

드물게 현금 청산 매물에 투자하는 경우도 있다. 일반적으로 현금 청산 매물은 조합원 승계가 가능한 매물보다 저렴한데, 일부러 저렴하게 아파트를 매수한 뒤 현금 청산으로 더 큰 금액을 돌려받는 경우도 있다. 그러나 정비사업 상황에 따라 투자금이 장기간 묶이는 부작용이 벌어질 수도 있다.

❸ 재건축의 꽃 '사업시행인가'

건축심의, 환경·교통·교육 등 평가 거쳐 사업시행인가
인가 후에는 각 조합원이 보유한 주택 가치 평가
평가액, 일반분양가, 사업비 고려해 분담금 추산

조합설립을 마치고 시공사도 선정했더라도 정비사업이 진짜로 본격화하는 단계는 사업시행계획인가(줄여서 사업시행인가) 단계다. 사업시행인가란 조합이 추진하는 정비사업에 관한 일체의 내용을 시·군·구 지자체장이 최종적으로 확정하고 승인해주는 행정 절차다.

건축심의와 영향 평가

사업시행계획인가를 받기 전 꼭 거쳐야 하는 주요 절차가 몇 가지 있는데 그중 가장 중요하고 큰 산은 '건축심의'다. 건축심의란 앞으로 재건축될 새 아파트 설계가 제대로 됐는지, 도시 미관이나 공공성을 해치지 않을지, 법에 위배되는 부분은 없는지 등을 분야별 전문가들이 살펴보는 절차다.

이뿐 아니다. 안전·환경·교통·재해·교육 등에 대한 영향 평가를 하나하나 받아야 한다. 침수 피해가 없는지, 학교는 가까운지, 일대 교통에 지장이 생기는 건 아닌지 당연히 따져보는 과정이다. 지적 사항이 나오면 계획안을 다듬고 또 다듬는 과정을 거친다. 그래서 이 단계를 거치는 데 상당한 시간이 걸린다.

어떤 아파트 단지가 건축심의와 각종 영향 평가를 마쳤다는 소식이 들려오면 예사롭게 지나쳐서는 안 된다. 곧 사업시행인가에 돌입한다는 희소식이기 때문이다.

건축심의와 각종 평가를 마쳤다면 조합은 비로소 사업시행계획 수립에 나선다. 이때부터는 조감도 등 굉장히 구체적으로 계획안을 짜기 시작한다. 총 대지면적, 용적률, 건폐율, 기부채납 면적, 신축 아파트 가구 수, 임대아파트 비율 등 대부분의 내용이 사업시행인가 과정에서 정해진다. 조합원 절반 이상이 이 계획에 찬성하면 시·군·구 지자체 등에 사업 시행계획인가를 신청한다.

일단 사업시행계획인가 승인을 받았다면 이후 중간중간 '변경인가'를 거칠지언정 재건축 사업이 무산될 가능성은 현저히 낮아진다. 사업시행인가를 '재건축 8부 능선'이라 부르는 이유다. 그래서 재건축 투자에 너무 긴 시간을 들이고 싶지 않은 사람이거나 확실히 재건축될 아파트에 투자하고 싶은 사람이라면 사업시행인가 단계에 있는 아파트에 주목하는 것도 방법이다. 단 강남·서초·송파·용산구 같은 투기과열지구에서는 '조합원 지위 양도 금지' 규제가 살아 있는 점을 염두에 둬야 한다.

종전자산 감정평가

조합은 사업시행인가가 고시된 날로부터 60일 내에 개략적인 분담금 내역과 조합원의 분양 신청 기간을 각 조합원에게 통지해야 한다.

이를 위해 조합은 미리 '종전자산 감정평가'라는 것도 실시한다. 내가 가진 부동산 가치가 얼마인지, 조합원 간 출자비율을 정하는 데 기초가 되는 감정평가다. 이 종전자산 감정평가액에 '비례율'이라는 것을 곱해 '권리가액'이라는 것이 결정된다.

비례율은 재건축 사업에서 수익률이라고 봐도 무방하다. 일반적으로 비례율이 높을수

Keyword

대지지분: 아파트 단지 총 대지면적을 가구 수로 나눠서 등기부등본에 표시되는 것을 말한다. 개별대지지분은 쉽게 말해 '내 몫의 땅'이라고 보면 된다. 대지지분을 확인하는 대표적인 방법은 등기부등본을 살펴보는 것이다. 등기부등본에 기재돼 있는 '대지권비율'을 보면 된다. 가령 대지권비율이 '90960분의 33.5178'이라면 뒤에 숫자인 33.5178㎡(약 10.14평)가 대지지분이다.

무상지분율: 아파트 재건축을 할 때 시공사가 대지지분을 기준으로 어느 정도 평형을 추가 분담금 없이 조합원에게 줄 수 있는지 나타내는 비율.
무상지분율=전체무상연면적÷전체대지면적×100

용적률: 용적률은 건축물의 연면적(건축물 각 층 바닥 면적의 합계)을 대지면적으로 나눈 값이다. 예를 들어 400㎡ 대지에 바닥 면적 200㎡의 2층짜리 건물이 서 있다면 용적률은 100%다. 용적률이 높을수록 건축물을 높게 지을 수 있으며 재개발이나 재건축 사업의 경우 용적률이 클수록 분양 물량이 증가해 투자 수익이 높아진다.

건폐율: 대지면적 대비 건축 바닥면적 비율을 의미한다. 건물을 지었을 때 1층 바닥면적을 생각하면 쉽다. 아파트는 건폐율이 낮을수록 각 동간 거리가 널찍하고 일조권도 확보돼서 상대적으로 쾌적한 환경이라고 할 수 있다.

록 사업성이 높고 가치 있는 사업장으로 판단한다. 이렇게 산출한 조합원 권리가액과 예상 일반분양가와 사업비 등이 얼마나 되는지를 따져보면 각 조합원이 분담해야 할 분담금이 대략적으로 산출된다.

이해를 위해 재건축을 추진 중인 A아파트의 조합원 B씨가 보유한 주택(토지+건물)에 대한 가치가 6억원이라고 가정해보자.

만약 A아파트 재건축 비례율이 100%라면 수익도, 손해도 아닌 상태다. 조합원 B씨는 남은 사업비에 대한 분담금만 내면 된다는 얘기다. 비례율이 110%라면, 조합원 B씨 권리가액은 6억원×110%=6억6000만원으로 종전자산 감정평가액보다 10% 늘어난다.

여기서 만약 전용 84㎡에 대한 조합원 분양가가 10억원이라면, 조합원 B씨는 조합원 분양가(10억원)에서 권리가액(6억6000만원)을 뺀 3억4000만원을 분담금으로 내면 된다.

정리해보면 종전자산 평가액이 높을수록, 비례율이 높을수록 조합원이 주장할 수 있는 권리가액이 높아진다.

여기서 유념할 점은 사업시행인가 단계에서 계산한 비례율과 부담금은 모두 '추정' 금액이라는 사실이다. 최종 비례율은 일반분양이 끝나고 입주하는 시점에 비로소 확정된다.

비례율이 높다고 무조건 사업성이 좋아지는 것도 아니다. 비례율이 높아 권리가액이 높아지면 조합원 분담금이 줄어들 수는 있지만 사업성 좋은 단지는 재건축 후 개발 이익이 높으면 법인세 등이 높게 나와 빛 좋은 개살구가 될 수도 있다. 오히려 적정 수준 비례율을 유지하면 조합원에 돌아갈 혜택이 많아질 수 있다.

한편, 재건축 사업성을 따질 때 반드시 확인하는 지표 중 하나가 '대지지분(대지권면적)'이다. 종전자산(토지+건물)에서 토지가 차지하는 비중이 압도적으로 크기 때문에 대지지분이 큰 조합원일수록 추가 분담금이 적어지고 더 넓은 평수를 배정받기에도 유리하다.

여기서 '무상지분율'이라는 말도 기억해두면 유용하다. 무상지분율이란 아파트 재건축 사업 과정에서 시공사가 조합원에게 새로 지은 아파트를 분배할 때, 추가 분담금 없이 조합원에게 부여할 수 있는 아파트 크기를 나타내는 비율이다. 예를 들어 A아파트 무상지분율이 150%라면 현재 50㎡ 대지지분을 가진 조합원은 재건축 후에 추가 분담금 없이 받을 수 있는 면적이 75㎡다. 85㎡ 아파트에 입주한다면 10㎡에 해당하는 금액만 납부하면 된다는 얘기다. 용적률이 높아질수록, 분양 가격이 높아질수록, 분양 가구 수가 많아질수록 무상지분율은 높아진다.

조합원 분양 신청

개략적이나마 분담금 내역을 받아봤다면 이제 조합원들이 분양 신청을 할 차례다. 단,

원하는 평형을 '신청'을 하는 단계지, 동·호수 추첨과 최종 계약은 나중에 이뤄진다.

다만 조합원 분양 신청을 했다고 해서 원하는 평형을 무조건 보장받을 수 있는 건 아니다. 재건축 단지에 따라서는 특정 평형은 조합원이 몰려 물량이 부족하고, 어떤 평형은 물량이 남을 수 있다. 이런 경우에는 조합원 개인의 권리가액이 높은 순서대로 커트라인을 둔다. 여기서 밀린 조합원은 남은 물량 평형에 대해 다시 분양 신청을 진행한다. 앞에서 설명한 종전자산 평가액과 권리가액이 상당히 중요해지는 시점이다. 간혹 조합원 분양 신청 과정에서 분쟁이 일어나기도 한다.

어쨌든 조합원은 사업시행계획 과정에서 분담금 등을 따져보고 새 아파트를 신청할지, 현금 청산할지 결정하면 된다.

여기서, 현금 청산자가 많을수록 좋은 것이라고 생각할 수도 있다. 줄어든 조합 수만큼 내가 희망 평형에 당첨될 확률이 높아지고, 그만큼 일반분양 물량이 늘어나니 사업성이 좋아질 거라는 기대 때문이다.

결론부터 말하면 현금 청산자가 많다고 해서 사업성이 좋아지리라는 보장은 없다. 분양을 포기한 조합원에게 청산해주는 현금은 결국 조합 주머니에서 충당해야 한다. 비례율도 조정될 수밖에 없다. 앞에서 추산한 비례율은 모든 조합원이 분양을 받는다는 전제하에 계산된 수치기 때문이다.

Keyword

종전자산: 기존에 보유하고 있던 자산. 즉, 종전자산 감정평가란 소유자별로 보유한 부동산의 가치를 평가하는 것이다.

종후자산: 재건축이 완료된 사업장이 갖게 된 전체 자산의 총액.

종후자산평가액=조합원 분양 수입+일반분양 수입

비례율: 재건축 완료 후 아파트와 상가를 분양해 나온 총수입에서 총사업비를 뺀 금액을 조합원들이 보유한 종전자산 총평가액으로 나눈 값이다.

비례율=
(종후자산평가액−총사업비)÷종전자산평가액×100

권리가액: 개발 이익을 반영한 재산가액. 각 조합원의 토지나 건물 지분 평가액에 비례율을 곱하면 조합원의 권리가액이 된다. 여기서 비례율이 높을수록 조합원에게 돌아가는 금액(권리가액)이 커지므로 투자 가치가 높아진다.

권리가액=종전(후)자산평가액×비례율

총사업비: 재건축 사업을 진행하는 데 들어간 비용의 총액. 공사비(시공비)와 기타사업비(금융비용, 보상비, 기타 비용 등)의 합으로 이뤄진다.

총 사업비=공사비+기타사업비

분담금: 조합원이 조합원 물량을 분양받기 위해 추가로 부담해야 할 금액.

분담금=조합원 분양가−권리가액

❹ 마지막 인허가 단계 '관리처분인가'

기존 부동산이 '입주권'으로 바뀌는 시점
관리처분 후에는 6개월~1년 이주·철거
착공 후에는 일반분양 → 준공·입주·청산

조합원 분양 신청을 마쳤으니 재건축 사업이 막바지에 다다랐다. 이제 '관리처분계획'이라는 걸 수립할 차례다. 분양을 받을 사람과 현금 청산할 사람이 정해졌으니 기존에 '추산'했던 수치와 계획을 수정·보완하는 작업이다.

조합원 분양 물량에 따라 감정평가액 총액이 결정되고 일반분양과 임대주택 수, 보류지(뒷장에서 다루기로 한다), 사업비(추산액) 등이 이때 정해진다. 이에 따라 추정 비례율이 결정되면서 각 조합원의 권리가액, 분담금*이 결정된다. 어떻게 정산하고, 남은 부동산은 어떻게 처리할 것인지 등 종합적인 계획을 세우는 과정이 바로 관리처분계획이다. 이렇게 세워진 관리처분계획은 시·군·구에 제출

해 인가를 받는다. 앞 단계 사업시행인가보다는 인가가 잘 나는 편이다.

관리처분인가가 나는 시점부터 조합원이 보유했던 주택이나 상가 등 부동산은 '입주권'으로 바뀐다. 또 관리처분인가가 나면 본격적인 철거를 위한 이주가 시작된다. 이주 기간은 통상 6개월~1년가량 잡는다. 기존에 거주 중이던 조합원이나 세입자의 이주가 얼마나 빨리 이뤄지느냐에 따라 금융비용이 줄어들기 때문에 조합은 빠른 이주를 독려한다.

다만 세입자를 내보내는 과정은 녹록잖을 수 있다. 재개발과 달리 재건축에는 주거이전비, 영업손실보상비와 같은 세입자 보호 장치가 없다. 또 버티는 세입자를 강제로 끌어낼

---

*조합원 분양가는 아직까진 평균 가격으로 발표되는데, 정확한 분양가는 동·호수 추첨이 끝난 후에 개별적으로 안내된다.

수도 없다. 때문에 모든 가구가 이주를 마치는 데까지 시간이 지체되는 경우가 꽤 있다. 조합이 금융권을 통해 빌려온 이주비 대출 이자 등 사업비가 늘어나는 구간이다.

무사히 이주와 철거까지 마치면 조합은 착공 신고에 돌입하고, 이제 일반분양을 할 수 있게 된다. 이즈음에 견본주택이 지어지고, 조합원 동·호수 당첨 결과도 청약홈 홈페이지에 발표된다. 조합원이라면 이때 견본주택을 방문해 분양 계약서를 쓰고, 최종 단계인 일반분양 일정을 느긋하게 지켜보면 된다.

아파트 공사를 마치고 '준공' 인가가 나면 대망의 입주가 시작된다. 통상 입주가 이뤄지면 수 개월 내에 이전 고시 절차가 진행되는데, 이전 고시란 공사가 완료됐음을 고시하고, 분양받은 사람에게 알려 소유권을 정식으로 이전하는 절차다. 이 이전 고시가 나야 새 아파트 등기가 진행된다.

마지막으로 소유권이전등기를 마치고 나면 계산기를 한 번 더 두드릴 차례다. 남은 예비비와 공사 과정에서 늘거나 줄어든 사업비를 계산해 최종 정산하는 절차다. '최종' 비례율도 이때 나온다. 사업이 잘 진행돼서 이익이 남으면 조합원에게 청산금으로 환급되고, 지출이 커서 마이너스가 됐다면 조합원이 각자 부담할 금액을 정한다.

이 모든 과정을 마치고 나면 재건축이라는, 길고 길었던 사업이 완료된다.

Keyword

이주비: 정비사업 조합원들이 임시로 이주하기 위해 마련하는 돈. 철거를 위해 이주 기간이 정해지면 해당 아파트에 살던 조합원은 완공·입주 시점까지 임시 거처로 나가 살아야 하기 때문이다. 보통 조합이나 시공사가 금융기관으로부터 돈을 빌려 조합원에게 무이자 또는 일정 비율로 이자를 받고 빌려준다. 아파트가 준공되면 상환해야 하는 금액으로, 일종의 주택담보대출이라고 생각하면 쉽다.

주거이전비: 재개발 등 공익 사업을 진행할 때 거주민 손실을 보상하기 위해 지급하는 보상금. 주거이전비는 현금 청산 후 떠나는 사람이나 세입자를 대상으로 보상하는 비용이다. 재건축의 경우 민간 사업이라 주거이전비를 지급하지 않지만 재개발의 경우에는 지급한다.

이사비: 살던 사람을 빨리 이사시켜 사업비를 절감할 목적으로 지급되는 비용이다. 살던 주택 면적에 따라 지원받는 비용이 달라진다. 조합원뿐 아니라 해당 지역에서 세입자로 머물렀던 사람도 임대인을 통해 받을 수 있다. 단 모든 세입자가 받을 수 있는 것은 아니다. 사업시행인가 고시일 전부터 정비구역 내에 거주한 세입자만 이사비를 지급받을 수 있다.

재건축 상가로 새 아파트 마련하기

조합 정관에 명시하면 상가도 주택 배정
'산정비율' 낮을수록 상가 조합원에 유리
과한 '지분 쪼개기'에 정부 제동 걸기도

재건축 사업지에서 상가 조합원도 아파트 조합원처럼 주택을 분양받을 수 있다면 상가도 틈새 투자처로 괜찮지 않을까. 대출도 아파트보다 수월하고 기존 보유 주택을 감안하면 다주택자가 돼 세금 부담이 커지는 것보다 여러모로 나을 수 있으니 말이다.

기본적으로 재건축 사업장에서 아파트 조합원은 아파트를, 상가 조합원은 상가를 분양받는 게 원칙이다. 그럼에도 예외는 있다. 조합 정관에 '상가 소유주도 아파트 조합원이 될 수 있다'고 명시돼 있으면 가능하다. 재건축을 진행 중인 노후 단지는 임대 수익 상품으로서 가치가 높지 않은 이른바 '썩상(썩은 상가)'이 많은데도 시세 차익, 주택 분양권을 받을 수 있다는 기대에 알음알음 투자에 나서는 수요가 꽤 많다.

2023년 4월 재건축추진위원회 단계였던 서울 강남구 대치동 은마아파트는 조합설립을 앞두고 상가 소유주의 아파트 분양 산정비율을 0.1(10%)로 설정하기로 합의했다.

사실 그동안 재건축 사업에서 상가는 소위 '계륵' 같은 존재였다. 아파트와 달리 상가는 감정평가액 산정이 쉽지 않아 재건축 과정에서 조합과 상가 조합원이 갈등을 겪는 경우가 부지기수였기 때문이다.

하지만 대다수의 경우 재건축 사업 초기 단지일수록, 조합은 단지 내 상가에 우호적일 수밖에 없다. 조합을 설립하기 위해서는 '상가 소유자 50% 이상 동의' 조건을 맞춰야 해서다. 상가·주택 조합원 간 분쟁이 있으면 동의율 확보에도 차질이 생기고, 재건축 사업이 지연될수록 사업성은 낮아지고 조합원 분담금은 더 늘어날 수밖에 없다.

이를 고려해 2023년 2월 입주한 강남구 개포동 개포자이프레지던스(개포주공4단지 재건축) 조합은 상가 조합원이 아파트를 분양받을 수 있도록 했는데 그 결과 상가 조합원 89명 중 45명이 아파트를 분양받았다.

조건! 상가 권리가액 > 주택 분양가

물론 모든 상가 조합원이 원한다고 아파트 입주권을 받는 것은 아니다. '보유한 상가 권리가액이 새 아파트 최소 분양 가격보다 높아야 한다'는 조항 때문이다. 과거에는 상가 권리가액이 주택 가치보다 낮은 경우가 많아 새 아파트 입주권을 받는 게 쉽지 않았다. 예를 들어 A아파트 단지에서 상가를 운영하는 B씨의 총 권리가액이 10억원, A단지가 재건축

을 통해 새 아파트로 바뀌었을 때 전용 59㎡ 분양 가격이 15억원이라고 하자. B씨의 상가 가치는 아파트 가치 15억원보다 더 낮아 아파트 분양권을 받을 수 없다.

이런 사정을 고려해 재건축 조합이 '산정비율'을 낮춰주는 등 상가 조합원에게 우호적인 조건을 제시하는 경우가 많다.

산정비율이란 상가 조합원이 아파트를 받을 수 있을지 좌우하는 숫자다. 보통 상가 조합원이 아파트 입주권을 받기 위해서는 ①기존 상가 권리가액에서 분양받을 상가 분양가를 뺀 가격과 ②재건축 후 아파트 최소 분양가에 조합이 정한 산정비율을 곱한 값을 비교해 ①이 ②보다 커야 한다. 보유한 상가 권리가액이 새 아파트 최소 분양 가격보다 높아야 한다는 얘기다.

산정비율이 높게 책정되면 상가 조합원이 아파트를 분양받기 어렵다. 조합 정관에 별도로 정하지 않은 경우, 산정비율은 1이다(앞에 언급한 '상가 권리가액이 새 아파트 최소 분양 가격보다 높아야 한다'는 조항은 산정비율을 1이라고 가정했을 때 얘기다).

산정비율이 낮아지면 생기는 일

그런데 산정비율이 1보다 낮아지면 얘기가 달라진다. 예를 들어 산정비율이 0.5라면 새 상가 분양가에서 종전 상가 재산가액을 뺀 값이 재건축으로 공급되는 가장 저렴한 가구 분

상가 조합원이 아파트를
분양받을 수 있는 경우

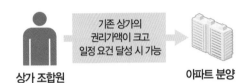

상가 조합원   아파트 분양

상가 조합원의 아파트 분양 가능 요건

재개발인 경우

| 새로 짓는 아파트 최소 분양가 | $<$ | 기존 상가 권리가액 (감정평가액×비례율) |

재건축인 경우

| 새로 짓는 아파트 최소 분양가 | $\times$ 산정비율 | $<$ | 권리가액 |

들이 신축 상가 대신 주택을 받을 수 있도록 길을 터주면서 상가 매물 인기가 부쩍 치솟았다. 이후 신반포2차 조합은 상가 소유주들이 권리가액의 0.1(10%)만으로도 아파트를 분양받을 수 있도록 정했다.

산정비율이 0.1까지 낮아지면 꽤나 강력한 힘을 발휘한다.

예를 하나 더 들어보자. 신축 아파트 조합원 분양가가 20억원인 C아파트에서 상가 3개실을 보유 중인 D씨가 있다. D씨의 권리가액은 상가 3개실을 합쳐 총 15억원이다. 여기서 산정비율이 0.1이면 어떤 일이 벌어질까? 권리가액이 2억원(분양가의 10%)을 훌쩍 넘는 덕분에 추가 분담금 5억원만 내고 아파트 한 채를 분양받을 수 있다. 보유한 점포가 1개실이어도 추가 분담금이 늘어날 뿐 아파트는 받을 수 있다.

다주택자 · 종부세 부담 덜 수 있어

지금이야 정부가 주택이나 재건축 관련 규제를 완화해주려는 추세지만 언제고 규제가 다시 강화될 수 있고, 규제가 강화될수록 재건축 상가가 빛을 발한다. 이미 주택을 한 채이상 보유한 사람이 재건축 아파트를 또 구입하면 다주택자가 돼 종합부동산세를 부담해야 한다. 취득세도 무시 못할 변수다. 현재 정부가 다주택자 취득세 중과를 완화하는 방안을 추진 중이지만, 국회 논의가 재개하면 뜨거운 감자가 될 것으로 보인다.

양가의 50%일 때 아파트 입주권을 받을 수 있다. 이 산정비율이 낮을수록 입주권을 받을 가능성이 커지는데 버티는 상가 소유주에게서 재건축 동의를 얻기 위해 (마지못해) 산정비율을 낮춰주고는 한다.

대표적으로 서울 강남구 대치동 은마아파트의 경우 조합설립에 앞서 재건축추진위와 은마상가 재건축추진협의회가 상가 산정비율을 0.1로 설정하는 데 합의하면서 그전까지 계속됐던 이견을 다소 해소했다.

서초구 잠원동 신반포2차는 2020년 10월 조합 집행부가 바뀌었는데, 이때 상가 조합원이에 비해 상가는 세금 부담이 훨씬 덜하다. 상가는 부속 토지 공시지가가 80억원이 넘어야 종부세가 부과된다. 따라서 대부분 소형 상가는 종부세 대상에서 제외돼 세금 부담에서 자유롭다. 취득세도 4.6%로 세율이 고정돼 있다. 주택 수에 산정되지 않는 데다 담보대출이 최대 60~70%까지 가능한 점도 매력이다. 특히 서울 강남 재건축 단지 내 상가는 매매 가격 부담이 크지만 상계주공, 성산시영 같은 강북권 재건축 상가는 상대적으로 투자 부담이 덜하다. 당장 재건축이 되지 않더라도 길게 보고 상가 투자에 나서는 이들이 많은 배경이다.

사업시행 전 상가 가치 인정돼
초과이익환수금 부담 줄어들어

특히 2022년 8월부터 재건축초과이익환수법 시행령 개정안이 시행되면서 재건축 상가

주택 분양받을 수 있는
재건축 단지 '썩상' 인기
난무하는 '지분 쪼개기'는
주택 조합에는 골칫덩이

투자는 이전보다 더 많은 관심을 받게 됐다.

재건축 초과이익환수제는 정비사업에서 발생하는 조합원 이익이 3000만원을 넘을 때 이익 금액을 환수하는 제도다. 재건축 종료 시점과 개시 시점 주택 가격, 개발비용 등을 토대로 계산한 차액의 최대 50%까지 환수한다. 개시 시점 주택 가격이 낮을수록 시세 차익이 커지기 때문에 재건축 부담금이 늘어나는 구조다.

서울 서초구 잠원동 '신반포4차' 재건축 조합은 단지 내 수영장 지분을 125명이 나눠 갖고 입주권을 각각 받게 돼 조합원 간 갈등이 커진 적이 있다.

'상가 지분 쪼개기' 금지된 서울 주요 단지

강남구	대치동 대치미도, 선경1 · 2차
	압구정동 미성1 · 2차
	논현동 동현아파트
서초구	반포동 미도1 · 2차
송파구	잠실동 아시아선수촌
	방이동 올림픽선수기자촌
	문정동 올림픽훼밀리타운
	가락동 가락우성1차
	오금동 가락우창, 오금현대
	풍납동 풍납극동, 풍납미성
양천구	목동신시가지1~8 · 12~14단지
	신월동 시영

*행위허가 · 개발행위허가 제한이 걸린 서울 주요 단지,
2023년 8월 31일 기준   *자료:각 자치구

그런데 그동안 재건축 부담금 산정 대상은 주택으로만 한정돼 있었다. 상가 등 시세는 반영되지 않았는데 그렇다 보니 상가 조합원이 아파트 입주권을 분양받으면 재건축 부담이 커졌고, 반발이 심했다. 아울러 재건축 부담금 총액도 과대계상에 포함되는 등 문제가 많았다.

재건축 분담금은 사업 종료 시점의 주택 가격에서 개시 시점의 가격을 빼는 식으로 결정된다. 하지만 상가 조합원은 주택을 보유하지 않아 개시 시점 주택 가격이 0원으로 처리된다. 이에 정부는 새로운 재초환법을 적용해 앞으로 상가의 가치를 공식 감정평가한 뒤 주택 가격과 함께 합산해 산정하도록 한 것이다.

이번 개정안으로 전체적인 재건축 부담금이 줄기 때문에 일반 조합원은 부담금 수준을 유지하게 되고 상가 조합원의 부담은 크게 줄어들게 됐다. 상가 조합원 반발로 사업에 속도를 내지 못했던 재건축 단지 역시 사업에 탄력을 받을 것으로 예상된다.

헌 상가가 새집 될지는 알기 힘들어

다만 장점이 많다고 해도 재건축 상가 투자는 사실상 전문 투자자 영역에 가까운 만큼 일반 투자자는 신중하게 접근해야 한다.

일부 재건축 단지에서는 상가 소유주에게 아파트를 줘서는 안 된다며 분쟁이 발생하기도 한다. 개발 이익을 재분배하는 과정에서 아파트 조합원과 상가 조합원 간 갈등이 격화되면 분양 지연은 물론 준공 후 입주하지 못하는 사태가 발생할 수도 있다. 송파구 잠실동 리센츠(잠실주공2단지 재건축)는 상가 분쟁으로 2008년 아파트 준공 후에도 오랜 기간 수분양자들이 입주하지 못했다.

리스크는 차치하고 매수하려는 상가의 관리가액과 산정비율이 어느 정도인지도 따져야 아파트 분양 가능성과 투자 가치를 판단할 수 있다. 조합 정관에 상가 소유주가 아파트 입주권을 받을 수 있다고 명시되지 않거나 산정비율 혹은 감정평가액에 따라 아파트 분양권을 받기 어려울 수 있는 만큼 투자에 신중해야 한다.

재건축 상가 '지분 쪼개기'를 아시나요?

재건축 상가에 투자하는 것이 장점이 많다 보니 재건축 조합이 정식으로 설립되기 전 아예 상가 지분을 잘게 쪼개 아파트 분양 자격을 대폭 늘리는 꼼수도 횡행했다.

상가 지분 쪼개기는 말 그대로 소유권을 여러 명에게 나눠 분할 등기하면 소유자 각각에게 분양 자격이 주어지는 방식이다. 예컨대 10평짜리 상가를 5평, 5평 두 개로 나누면 소유자가 2명이 되고 이후 재건축을 통해 2명이 각각 상가 혹은 아파트 입주권을 분양받는 꼼수다.

주택 조합원 입장에서는 이런 지분 쪼개기가 반가울 리 없다. 주택·상가 소유주 간 분쟁 가능성이 커지고 재건축 사업이 지연되면 사업성이 낮아지고, 조합원 분담금이 늘어날 수 있어서다.

우선 '쪽 지분'을 가진 상가 소유주가 많아질수록 주택 조합원은 금액적으로 손해를 보는 구조다. 상가 조합원이 적은 지분만으로 대거 아파트를 분양받으면 그만큼 일반분양으로 팔 수 있는 물량은 적어진다. 일반분양 수익이 줄어들고, 조합원이 부담할 금액은 늘어날 수밖에 없다.

일례로 부산 '대우마리나'아파트의 경우 2022년 8월 한 법인이 해당 단지 지하상가 전용 1044㎡

1개 호실을 매입해 전용 9.02㎡짜리 123개 호실로 쪼개 매각한 일이 있었다. 이 때문에 단지 내 총 54개 호실이던 상가가 176개 호실로 늘어났다. 당시 법인은 2억2500만원으로 상가 1실을 사면 30평대 새 아파트 입주권을 받을 수 있다고 홍보해 주택 조합원 반발을 샀다.

반면 상가 조합원도 할 말은 있다. 적은 지분이나마 상가 조합원도 조합원이니 권리를 주장하는 것이 당연하다는 입장이다. 상가 조합원이 소수인 이유로 아파트 조합원 수익을 극대화하는 방향으로 상가 분양가가 높게 책정되고는 한다는 것. 상가 조합원 입장에서 굳이 새 상가를 분양받을 만한 요인이 없다는 주장이다.

다만 그렇다 해도 조합원에 피해를 입히는 비정상적인 지분 쪼개기는 막아야 한다는 것이 정비업계의 공통적인 시각이다. 마침 아파트 입주권을 노린 무분별한 상가 지분 쪼개기에 제동을 거는 법안이 국회에 잇따라 발의되는 중이다. 지자체들도 정비사업구역을 '행위허가·개발행위허가 제한지역'으로 지정하며 제재에 나서고 있다. 제한지역으로 지정되면 특별한 경우를 제외하고는 3년간 토지 분할 등이 제한된다.

청약에 지쳤다면…보류지 노려라

청약통장 필요 없고 다주택자도 입찰 가능
서울은 '정비사업 정보몽땅'서 매각 공고 확인
자금 마련 기간 짧으니 현금 넉넉히 보유해야

흔히 재개발·재건축에 투자한다고 하면 크게 조합원 입주권을 매입하거나 일반분양에 청약 넣는 방법 두 가지를 떠올린다. 하지만 재개발·재건축 투자에도 틈새시장이 있다면 어떨까. 조합원 입주권이나 일반분양 아파트에 비해 제약이 적은 보류지(임의분양) 물량을 노려볼 수 있다.

보류지는 정비사업을 통해 분양한 사업지에서 착오로 조합원 물량이 누락되는 경우 등을 위해 가구 중 일부를 분양하지 않고 남겨두는 물량을 말한다. 전체 가구 수의 최대 1%까지 보류지로 남겨놓을 수 있고 이는 조합 의무 사항이다. 조합은 일반분양에 앞서 보통 10~20가구 정도를 보류지 물량으로 빼놓는다.

특별한 사유가 발생하지 않으면 조합은 일반분양과는 별개로 보류지를 분양한다. 통상 입주 시점을 1~2개월 정도 앞두고 보류지 매각이 이뤄지는데 조합에 따라 보류지 매각 시점은 제각각이다. 매각에 앞서 조합은 정식으로 매각 공고를 낸다. 최저 입찰가는 실거래가를 감안해 조합 재량으로 정해진다.

보류지 매각은 청약통장을 이용해 분양받는 일반분양과 다르다. 가점제나 추첨제가 아닌 경쟁 입찰을 통해 최고가 입찰자가 낙찰을 받는 방식으로 진행된다. 추첨을 하는 경우는 2명 이상이 입찰했을 때, 최고가액이 동일할 때뿐이다. 입찰가의 10%를 보증금으로 내는 법원 경매와 달리 보류지 경쟁 입찰 때는 통상 1000만~2000만원가량을 보증금으로 낸다.

쉽게 말해 보류지는 만약을 대비해 빼놨던

물량을 나중에 경매로 파는 것을 말한다. 개념 자체가 생소하다 보니 재개발·재건축 사업장 내에서도 조합장, 감사 등 이사진이 아니면 보류지를 잘 모르는 조합원이 대부분이었는데 그래도 최근에는 이 보류지를 찾는 수요자가 꽤 많아졌다.

언뜻 들으면 번거로워 보이는 보류지도 매력이 있다.

첫째, 우선 보류지 물량은 청약통장이 없어도 누구나 입찰할 수 있다. 사업지 조합원일 필요도 없고 청약가점을 넉넉히 보유하지 않았거나 다주택자여도 상관없다. 일반 아파트 경매에서는 골칫거리인 명도 등을 걱정할 필요도 없다.

게다가 애초에 보류지는 조합원 물량 중에서 일부를 빼놓은 것이기 때문에 층·향이 좋은 아파트인 경우가 많다. 또 발코니 무상 확장이나 고급 마감재 적용 등 조합원 가구에만 적용되는 서비스도 그대로 누릴 수 있다. 또한 조합원 분양이나 일반분양과 달리 추첨을 거치지 않고 마음에 드는 평형·동·호수를 지정해 입찰할 수 있다.

보류지 매각 최저가는 정비사업 과정 중 마

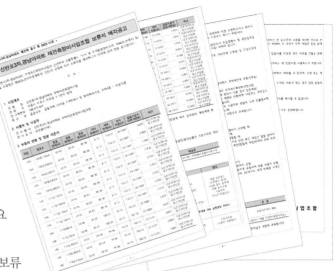

신반포3차·경남 재건축 조합이 2023년 8월 올린 보류지 매각 공고. (서울시 정비사업 정보몽땅 제공)

지막 단계인 관리처분계획인가 시점에 정해진다. 반면 통상 보류지 매각이 진행되는 시기는 입주가 임박했을 때다. 보류지에 입찰하는 시점에 어느 정도 아파트 시세와 웃돈 예상이 가능하다는 얘기다.

그래서 집값이 오를 것으로 예상되는 시기에는 조합이 쉬쉬하는 경우가 허다하다. 조합은 보류지 입찰 공고를 의무적으로 해야 하는데, 서울 클린업시스템과 지역 신문지 한 곳에만 슬그머니 공고를 내고 가까운 지인에게만 정보를 공유하는 정도다.*

반대로 부동산 시장이 과열됐거나 집값 하락이 예상되는 시기에 시세보다 비싸게 나온

*의무에 따라 공고를 내고 매각 절차를 진행했다면 나머지는 조합 재량이지 불법은 아니다.

보류지는 찬밥 신세가 되기도 한다.

일례로 서울 서초구 반포동 '래미안원베일리(신반포3차·경남 재건축)'는 2023년 9월 보류지 27가구 매각에 나섰다 완판에 실패했다. 첫 입찰에서 단 3가구만 주인을 찾았다. 래미안원베일리 보류지 가격은 전용면적 기준 3.3㎡당 1억1500만~1억7000만원 수준이었다. 전용 84㎡ 보류지 최저 입찰가는 39억5000만~41억원. 같은 면적 최고가는 2023년 7월 15일 거래된 입주권(45억9000만원·13층)인데 이후 8월에는 37억~38억원

사이에서 사고 팔린 점을 감안하면 굳이 무리해서 보류지 물량을 확보할 요인이 없었던 것으로 보인다.

조합원 요구로 보류지를 할인해 내놓는 단지도 있다. 양천구에 '신목동파라곤'을 짓는 신월4구역 재건축 조합은 첫 매각 공고 당시 9억5000만원이었던 전용 84㎡ 보류지가 유찰되자 2023년 2월 가격을 5000만원 낮춰 다시 매각 공고를 냈다. 같은 달 9억원에 나온 전용 79㎡ 보류지는 또 유찰돼, 이후 세 번째 매각 입찰에서는 8억8000만원에 나왔다.

서울 서초구 반포동 신반포3차·경남을 재건축해 2023년 8월 입주를 시작한 '래미안원베일리'. (삼성물산 제공)

목돈 준비되셨나요?

보류지 투자에 도전해볼 생각이라면 몇 가지를 염두에 둬야 한다.

보류지 매각은 일반적으로 입주 시점에 임박해 진행된다. 입찰 보증금은 통상 1000만~2000만원이라지만 한번 낙찰받으면 곧장 낙찰가(보류지 분양가)의 10%를 계약금으로 내야 하고 짧은 시일 안에 아파트 중도금(30~40%가량)과 잔금을 마련해야 한다. 자금 마련 기간이 넉넉한 청약과 달리 보류지 매각 투자는 현금을 넉넉하게 보유하고 있어야 가능하다.

보류지는 타입별 당첨자를 먼저 가려 동·호수를 배정하는 청약과 달리 동·호수를 지정해 그 매물에만 입찰하는 방식이다. 이미 공사가 대부분 진행된 시점에 매각을 진행하는 만큼 발코니 등 옵션 변경이 불가하다는 점을 기억하자.

무엇보다 알짜 보류지를 구하려면 발품을 파는 게 가장 중요하다. 보류지 특성상 알짜 매물일수록 신문에서 매각 공고를 찾기가 좀처럼 쉽지 않다. 조합 사무실에 연락해도 자세한 정보를 알려주지 않는 경우가 부지기수다. 관심 있는 단지 몇 곳을 정한 뒤 입주 시점 몇 개월 전부터 서울시 '정비사업 정보몽땅' 홈페이지를 수시로 확인해보는 것이 좋다.

읽을거리

많다고 좋을까? 보류지는 최대 29개

정비사업 조합 입장에서 보류지가 많으면 좋은 걸까.

시장이 좋다고 해서, 앞으로 집값이 오를 것 같아서 단순히 사업성을 높일 요량으로 보류지를 확대하는 것은 바람직하지 않다. 무엇보다 보류지는 조합이 마냥 확대할 수는 없다. 전체 가구 수의 1% 이내로만 설정할 수 있고, 1% 범위 내에 설정한다 해도 보류지가 30가구를 넘을 경우 사업계획승인을 받은 뒤 청약 형식으로 공급해야 한다. 이 경우에는 조합이 분양가를 마음대로 정할 수 없다. 30가구 미만일 때만 조합이 임의로 분양할 수 있다는 얘기다. 대규모 단지 재건축 조합들이 30가구 이상 보류지를 설정하기보다는 29가구를 최대치로 보는 이유다.

조합이 보류지를 처분하는 시점에 시장 상황이 좋지 않다면 기대보다 더 낮은 가격에 팔 수밖에 없다. 보류지라는 제도의 취지는 어디까지나 분양 물량 착오나 소송 등을 대비하는 데 있다는 점을 기억하자.

재건축 한 걸음 더

대략적이나마 재건축 과정을 머릿속에 그려 넣을 수 있게 됐다면
이번에는 최근 이슈가 되고 있는 정책과 제도, 조합이 고민 중인 현안을 살펴볼 차례다.
이번 장에서는 신속통합기획, 재건축 초과이익환수제, 토지거래허가제도,
신탁 방식 재건축에 대해 알아보자.

정비사업 '패스트트랙' 신속통합기획

심의 통합으로 사업 기간 절반까지 단축
공공성 대가로 용적률·층수 상향 등 혜택
압구정3·잠실5 등 일부선 철회 원하기도

2021년 9월 서울시가 재건축·재개발 '패스트트랙'인 신속통합기획을 내놓은 지 2년이 지나며 서울 시내에는 정비사업 바람이 불고 있다. 오랜 기간 사업이 진척을 보이지 못하고 표류했던 곳부터 이제 막 안전진단을 통과해 재건축 사업이 확정된 곳까지 신속통합기획을 신청하며 빠르게 정비사업을 추진하는 모습이다.

신속통합기획은 오세훈 서울시장이 기존의 '공공기획'에서 '속도'를 부각시켜 이름을 바꿔 내놓은 주택 공급 정책이다. 이름 그대로 정비사업 절차를 '통합'해 사업을 '신속'하게 진행하도록 하는 제도다. 시가 정비계획과 건축설계에 대한 가이드라인을 제공하고 이를 준수하는 수준에서 정비계획을 입안하면 2~3년 걸리는 도시계획위원회 심의를 바로 통과할

수 있게 해주는 방식이다.

특히 일반 정비사업의 경우 지구단위계획을 수립하고 다시 정비계획을 세우는 등의 과정에만 3년 넘게 소요되고는 했다. 신속통합기획은 정비계획과 지구단위계획을 동시에 수립하는 등의 방식으로 이 기간을 대폭 단축하겠다는 그림을 그린다. 심의 과정도 짧아진다. 일반 정비사업은 건축·교통·환경심의위원회의 심의를 각각 거쳐야 하지만 신속통합기획은 이를 한번에 통합 심의하기 때문이다. 이처럼 계획 수립 기간에서부터 심의 기간까지 사업 기간을 일반 정비사업 절반 이상으로 줄이는 게 신속통합기획 취지다. 정비구역으로 지정되는 데까지 걸리는 기간이 통상 5년이었다면 2년까지 단축할 수 있게 됐다는 게 서울시 설명이다.

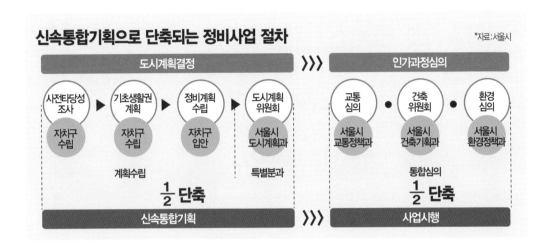

신속통합기획으로 단축되는 정비사업 절차

*자료:서울시

신속통합기획의 또 다른 취지는 '공공성'을 살린 정비사업이다. 정비계획에 공공보행교라든지 공공임대주택, 공원 같은 시설을 포함하면 서울시는 그 보상으로 각종 인센티브를 제공한다. 예를 들어 종상향을 통해 층수를 높여준다거나 용적률을 상향해주는 식이다.

신속통합기획을 잘만 이용하면 여의도나 목동과 같이 오랜 기간 재건축 사업이 정체됐던 지역도 속도를 낼 가능성이 크다. 특히 기존 규제에 발이 묶여 사업성이 나오지 않아 재건축이 어려웠던 단지들도 용적률 상향 등의 인센티브를 받으며 재건축이 가능해진 만큼 당분간 서울 내 정비사업이 더욱 활성화될 것이라는 전망도 나온다.

압구정 · 여의도, 신통기획으로 속도

서울시는 2023년 말까지 총 75곳에 대한 기획을 마치고 22곳을 정비구역으로 지정하며, 2024년까지는 75곳에 대한 정비구역 지정을 마치는 것을 목표로 하고 있다.

신속통합기획 신청 사업지는 재개발에서 압도적으로 많지만 서울시는 재건축에서도 성공 사례를 내겠다는 의지가 강하다. '신속통합기획 1호' 재건축 단지를 확보하기 위해 주민사전설명회까지 열었다. 재건축은 대상지 모집 방식도 재개발과 달리 수시 모집으로 진행됐다. 대치동 대치미도와 여의도 시범아파트가 첫 설명회 대상이었다. 서울시가 설명회에서 35층 이상으로 층수를 상향하고, 용적률도 최고 300%까지 늘리는 방안을 제안해 주민 호응을 얻었다.

2023년 들어 급물살을 탄 압구정동 재건축은 신속통합기획의 가장 큰 실적으로 평가된다. 1970~1980년대 지어진 압구정2~5구역은 2023년 7월 신속통합기획을 통해 최고 70층, 용적률 300% 등을 적용하게 됐다.

압구정2구역과 4구역은 설계 업체를 최종 선정했고, 5구역도 설계 공모를 내고 설계 업체 선정 준비에 착수했다.

여의도동 재건축도 신속통합기획을 신청하면서 속도를 내는 모습이다. 시범아파트가 2022년 11월 신속통합기획안이 확정돼 용적률 351%, 최고 65층을 적용할 수 있게 됐다. 여의도 한양아파트도 2023년 1월 신속통합기획 대상지로 선정돼 여의도 재건축 추진 단지 중 가장 빠르게 사업을 진행 중이다. 인기 지역뿐 아니라 가파른 경사에 노후 건축물이 대부분이던 강북구 미아4-1구역도 신속통합기획안이 확정되면서 최고 22층, 1000여가구 아파트 단지로 재건축할 길이 열렸다.

권리산정기준일 살펴야

신속통합기획은 새 아파트를 받기(사업 완료)까지 시간을 단축할 수 있다는 점에서는 매력적이다. 인허가 단계에서 막혀 길게는 십수 년씩 사업이 지체되는 곳보다는 투자 가치가 높다고 할 수 있다. 특히 사업지 선정 과정에서 서울시가 가구별 밀도와 과소필지, 노후도 등을 따져보기 때문에 서울시가 정비 필요성을 인식하고 있다는 '시그널'로 받아들여진다. 주민 동의율 요건(토지등소유자 50% 이상)으로 정비사업을 추진하려는 주민 의지도 검증되는 셈이다.

다만 신속통합기획은 공공이 지원하는 정비사업인 만큼 투기 차단을 위해 일반 정비사업보다 강한 규제가 적용된다. 우선 재개발 신속통합기획 사업지는 토지거래허가구역으로 묶인다. 무주택 실거주 요건을 갖춰야 신속통합기획 사업지에 속한 빌라를 살 수 있다는 얘기다. 다만 재건축 신속통합기획 사업지는 토지거래허가구역으로 묶이지 않는다. 양천구 목동이나 송파구 잠실동 등 기존에 주요 재건축 단지로 토지거래허가구역으로 지정된 곳만 규제가 적용된다.

권리산정기준일도 투자에 앞서 살펴야 할 변수다. 기준일 다음 날까지 신축 또는 증축하거나 지분을 나눈 빌라를 매수해야 새 아파트를 분양받을 권리가 생긴다. 재건축 신속통합기획 아파트 단지의 경우 정비구역 지정 고시일을 권리산정기준일로 삼는다.

신속통합기획 사업지의 조합원 지위 양도 관련 규정은 일반적인 재개발·재건축과 동일하다. 강남 3구(강남·서초·송파구)와 용산구 등 투기과열지구 내 사업지는 재개발의 경우 관리처분계획인가 후, 재건축은 조합설립인가 후에 조합원 지위 양도가 불가능하다. 나머지 사업지의 조합원 지위 양도에는 제한이 없다.

서울시 "공공" 조합 "속도" 동상이몽

또한 신속통합기획 사업지로 선정됐다고 해서 모든 재건축 단지가 원활하게 사업을 진행하는 것도 아니다. 신속통합기획이 '신속'을 강

신속통합기획 현황

○ 재개발
● 재개발 확정
☆ 재건축
★ 재건축 확정

도봉 방학3 상계5
강북 상계주공5
쌍문
노원
수유 번동441-3
갈현 은평 미아791 미아4-1
불광 석관 상봉
신사동200 종로 하월곡 종암 동대문 중랑
신사동237 홍은동8·400 공평15·16 창신/숭인 청량리 면목
서대문 홍제동 창신9 용두
공덕115 267-1 창신10 중구 성동 답십리 신향빌라
남가좌동337-8 을지로3가6 사근 강동 고덕현대
강서 마포 공덕A 서계동 금호동3가1 마장 광진
방화2 통합구역 성수전략정비1~4 천호3-1
목2동 청파2 자양4동 천호A1-2 천호3-2
당산동6가 삼부 용산 천호3-3
목동6 여의도한양 압구정2~5 장미1~3차
양천 여의도신반 서빙고신동아
신월 신정 동작 상도15 흑석11 강남 송파 마천5
구로 고척 가리봉영등포 상도14 신반포2차 서초 송파한양2차 마천2
우신빌라 가리봉 사당
금천 신림5 대치미도
독산시흥 관악 신림1 경남·우성·현대
시흥 신림7

*2023년 9월 기준

*자료:서울시

조하지만 결국 관(官)이 주도하는 사업이고 공익성을 포기하기 어렵다. 태생부터 이해관계가 복잡한 재건축 조합이 뜻을 원만히 모으도록 유도하기 쉽지 않다는 얘기다. 높은 기부채납 비율, 공공보행로 조성 등에 반발해 신속통합기획에 반대하는 주민 중에는 신속통합기획 철회에 나서기도 한다. 자문 방식으로 추진되는 신속통합기획은 주민(정확히는 토지등소유자)의 절반만 동의해도 추진할 수 있지만, 역으로 10%만 반대해도 쉽게 신청을 철회할 수 있다.

실제로 압구정 재건축 단지 중 최대 규모인 3구역은 2023년 9월 12일 비상대책위원회

격인 주민참여감시단이 강남구청에 신통기획 철회를 요청했다. 3구역 조합원의 15%인 620여 명이 철회에 동의했다. 기부채납률(17%)과 더불어 단지 중앙을 가르는 공공보행로 등을 두고 서울시 관여가 과하다는 것이 이들의 주장이다. 앞서 대치동 선경1·2차는 신속통합기획을 신청했다 2주 만에 철회했다.

이런 갈등 사례는 앞으로도 없지는 않을 전망이다. 서울시는 공공성을 목표로 두고 신속통합기획을 추진하는 반면 조합은 대체로 '속도'에만 초점을 맞추는 분위기고, 특히 인기 지역에서는 단지 고급화 등을 추구하기 때문에 갈등이 불가피해 보인다.

아직 남은 '대못' 초과이익환수제

'미실현 이익 과세' 논란 재건축 부담금
재초환 개편 추진에 2년째 부과 중단
면제액 3000만원 → 1억원 완화 논의 중인데…

정부가 재건축에 걸림돌이던 각종 규제를 대거 완화했다지만 여전히 재건축 초과이익환수제(재초환)는 뽑히지 않은 대못으로 남아 있다.

2006년 처음 도입된 재초환법은 재건축을 통해 집값이 3000만원 이상 오르면 초과이익으로 보고 개발비용과 평균 집값 상승분을 뺀 이익의 일부(10~50%)를 재건축 부담금으로 환수하는 제도다. 부담금은 조합원 한 명이 집값 상승 등으로 얻는 평균 이익을 구간에 따라 나눈 뒤 공식에 따라 산출한다.

하지만 도입된 이후 '미실현 이익'에 대한 과세라는 점 때문에 줄곧 논란이 끊이지 않았다. 부동산 시장을 위축시키고 주택 공급을 저해한다는 우려 때문에 수차례 유예되다 2018년 1월 부활했다. 전 정부는 여기에 맞춰 2018년부터 부담금 예정액을 통지하기 시작했다. 서울 용산구 이촌동 한강맨션은 가구당 부담금이 7억7000만원에 달하는 것으로 추정된다.

하지만 제정 이후 단 한 번도 개정된 적은 없다. 특히 서울 서초구 반포현대(현 반포센트레빌아스테리움, 2021년 7월)와 은평구 연희빌라(현 은평서해그랑블, 2022년 2월 입주)는 '준공 후 5개월 이내'라는 부과·징수 기간을 한참 넘겼는데도 여전히 환수가 진행되지 않았다.

재초환 개정 논의는 언제?

재초환이 과도한 부담금은 주택 공급 활성화를 방해한다는 지적이 끊이지 않았다. 이후 새 정부가 2022년 하반기 재초환 완화 대책을 발표하기는 했는데 아직까지 국회 문턱을 넘지 못하고 있다. 여야 모두 법 개정안에는 대체로 공감하면서도 부담금 완화 기준을 명확하게 하는 방안을 두고 씨름 중이다.

정부는 재초환 부담금 납부 기준을 조합원 1인당 3000만원에서 1억원까지 올리고, 1주택자는 최대 50%를 감면하는 방안을 제시했다. 이를 두고 야당은 과도한 규제 완화를 경계하면서 추가 검토가 필요하다고 봤다. 일각에서는 2024년 총선 일정으로 재초환 개정 논의가 거의 불가능할 것이라는 관측도 나온다.

국회에서 논의가 지지부진한 사이 정비사업장 혼란은 가중되고 있다. 현재까지 전국 80여개 단지에 추정 부담금이 통보됐다. 이 중 이미 준공을 완료했거나 곧 준공 예정인 단지는 재초환 향방에 촉각을 곤두세우고 있다. 지자체장은 준공 후 5개월 이내 부과·징수를 해야 하지만 재초환 개정 지연에 사실상 모든 절차를 중단한 상태다.

전문가들은 재초환이 완화돼야 강남을 비롯한 수도권 고가 아파트에서 공급 마침표를 찍을 수 있을 것으로 보고 있다. 그간의 용적률 완화나 인허가 규제 완화는 사업 초기 단계 재건축 단지에 물꼬를 터주는 데만 효과가 있었기 때문이다. 이익이 나지 않으면 환수할 것도 없기 때문에 서울 강남권에서는 아예 가구 수가 (전혀 혹은 거의) 늘지 않는 1 대 1 재건축을 추진하는 움직임도 보인다.

재건축 부담금 합리화 방안 주요 내용

초과이익 산정 기간 단축

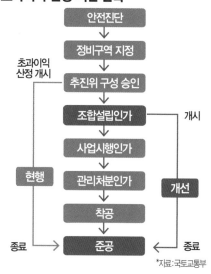

*자료: 국토교통부

재건축 부담금 부과 기준 완화

재건축 부담금 = 재건축 초과이익 × 부과율

종료 시 집값 − 시작 시 집값 − 정상 집값 상승분 − 개발비

초과이익		부과율
현행	개선안	
3000만원 이하	1억원 이하	면제
3000만~5000만원	1억~1억7000만원	10%
5000만~7000만원	1억7000만~2억4000만원	20%
7000만~9000만원	2억4000만~3억1000만원	30%
9000만~1억1000만원	3억1000만~3억8000만원	40%
1억1000만원 초과	3억8000만원 초과	50%

*실수요자 배려: 장기 보유한 1주택자는 최대 50%(10년 이상 보유) 감면
*공공 기여 감면: 공공임대·공공분양 매각대금은 부담금 산정 때 제외
*자료: 국토교통부

초고층? 높게 지으면 좋은 건가요?

'35층 층수 제한' 폐지에 초고층 재건축 바람
동간 간격 넓어져 쾌적·랜드마크 등극 가능성
건축비·공사 기간 문제로 기존 35층 고수하기도

서울시가 한강변 아파트에 대해 층수 제한을 완화하면서 재건축 단지들이 속속 층수 상향에 나서고 있다. 단지마다 '49층' 설계는 기본이고 70층에 가까운 초고층 설계를 내놓기도 한다. 이미 사업시행인가를 받아둔 상태에서 설계 변경에 나서는 단지도 심심찮게 보인다.

조합들이 초고층 재건축에 도전하는 건 서울시가 한강변 단지에 대해 고층 재건축 사업을 허용하면서다. 과거 서울, 특히 한강변에는 이른바 '35층 룰'이라는 것이 있었다. 새로 짓는 아파트의 최고 층수를 35층으로 제한하는 서울시 경관 관리 방안 중 하나였다. 하지만 2023년 1월 서울시가 35층 높이 규제 전면 폐지를 담은 '2040 서울도시계획'을 확정·공고하면서 많은 재건축 단지가 그동안 시

도하지 못했던 초고층 설계를 잇달아 선보일 수 있게 됐다.

초고층 아파트, 건축비 1.4배

고층 설계는 재건축 시장에서 일종의 '랜드마크' 전략으로 통한다. 동네에서 눈에 띄는 단지가 되면 랜드마크로 자리매김할 가능성이 높고, 재건축을 마친 아파트 가치가 보다 높아질 수 있다.

실익도 있다. 용적률이 동일하다고 가정할 때 건물을 높이면 옆으로 뚱뚱할 뻔했던 건물이 얇아진다. 빽빽했던 동간 거리가 넓어지니 주거 환경이 쾌적해지고 사생활을 중시하는 주민 입장에서도 반길 만한 일이다.

하지만 단점도 없잖다. 가장 결정적인 단점은 크게 늘어나는 공사비다. 건물이 높아질

수록 지진이나 바람에 취약할 수 있어 특수 구조물로 설치해야 하는 등 골조 공사 비용이 더 많이 든다. 업계에 따르면 같은 면적 건물이라도 40층으로 지을 때보다 80층으로 지을 때 골조 비용이 2배 이상 들고, 최종적인 건축비를 40%가량 늘리는 요인으로 작용한다. 공사 기간도 길어질 수밖에 없다. 공사비와 공사 기간이 늘어난 만큼 조합원 분담금도 불어난다. 이에 불만을 가진 조합원이 반대하면 재건축이 지체될 가능성도 있다.

특히 건축법상 높이 200m 또는 50층 이상부터는 '초고층' 건물로 분류한다. 초고층 건물은 사전재난영향성검토 대상이 되고, 30개 층마다 한 층을 모두 비워 피난안전층을 만들어야 하는데 이 경우 분양해 지을 수 있는 면적이 줄어드니 조합에는 손해로 느껴질 테다. 층수 제한이 완화됐는데도 한강변 재건축 단지 대다수가 '49층'을 고수하는 이유다.

이런 이유로 서울 재건축 단지 중에는 고층을 포기하고 기존 설계안을 고수하는 곳이 있다. 서초구 반포동에서 디에이치클래스트 (5002가구, 2027년 11월 준공 예정)를 짓고 있는 반포주공1단지(1·2·4주구) 조합은 기존 설계안인 35층안 대신 49층안으로 바꾸자는 안건을 두고 총회를 열었다가 반대표(1297표)가 찬성표(634표)보다 압도적으로 많자 기존 35층 설계안으로 그대로 진행하기로 했다. 이미 이주·철거가 끝난 상황에서 더 이상 시간을 지체하기 어려운 탓도 있었지만, 49층으로 설계를 바꿀 경우 공사 기간이 기존보다 7개월(44개월 → 51개월) 길어지고 비용은 2200억원가량(공사비 1500억원+인허가 비용 300억원+이주 금융비용 400억원 등) 부담이 된다는 설명이다.

서울 서초구 반포주공1단지(1·2·4주구)를 재건축하는 '디에이치클래스트' 조감도. 이곳 조합은 서울시의 '35층 층수 제한' 규제가 완화됐는데도 공사비, 공사 기간 등의 문제로 기존 최고 35층 설계안을 유지하기로 했다. (현대건설 제공)

토지거래허가제가 투기 막는다?

구입하려면 2년간 실거주해야 하는 규제
갭투자 막는 효과 있지만 형평성 논란도
실거주·자금 출처 제출 의무 없는 경매 인기

만약 내가 가진 부동산을 내 마음대로 팔지 못하고 누군가의 허락을 받아야 한다면? 애초에 누군가가 사준 것도 아니고 '내돈내산(내 돈을 주고 내가 산)' 부동산인데도 말이다. 부동산 시장에 이런 제도가 존재하는데 바로 '토지거래허가구역'이다.

토지거래허가구역이란 일정 규모 이상 토지 거래에 대해 시·군·구청장의 허가를 받도록 하는 제도를 말한다. 토지거래허가구역 내에서는 기준 면적을 초과하는 면적의 토지를 거래할 때 반드시 허가를 받아야 한다. 주거지역의 경우 보통 60㎡가 기준이지만 구체적인 사항은 지자체별로 다르고, 기준 면적의 최소 10%, 최대 300%까지 확대 적용할 수 있다. 즉 주거지역 기준 면적인 60㎡에서 최소 10% 인 6㎡에서 300%인 180㎡까지도 지정 가능

하다.

서울의 경우 '6㎡ 이하'로 지정돼 있는 경우가 많은데 6㎡ 이하 토지는 거의 없기 때문에 사실상 모든 거래가 신고 대상인 셈이다. 2023년 8월 17일 기준 서울시 토지거래허가구역은 58.52㎢로 전체 시 면적의 9%가 넘는다. 서울 내 토지거래허가구역은 '지구'나 '동' 단위로 핀셋 지정돼 있다. 강남구 청담동, 삼성동, 압구정동을 비롯해 양천구 목동, 용산구 이태원동 등 집값 상승 불안이 잔존하는 곳 위주다.

'2년 실거주 의무'로 투기 원천 봉쇄?

토지 거래라고 하면 땅만 거래 대상이라고 생각하는 경우가 종종 있다. 하지만 주택 대부분은 토지분이 포함돼 있기 때문에 집을 거

래할 때도 기준 면적을 초과하면 반드시 허가를 받아야 한다. 허가받지 않은 거래의 경우 기존 계약은 무효화된다. 또 2년 이하 징역 혹은 토지 가격(개별공시지가 기준)의 30% 벌금을 내야 한다. 내가 사려는 집 혹은 토지가 토지거래허가구역에 있는지를 확인하려면 토지이용계획확인원을 통해 알아볼 수 있다.

토지거래허가구역은 토지를 이용하려는 실수요자에게만 취득이 허용된다. 즉, 주거용 주택의 경우 2년 이상 실거주해야 한다는 조건이 붙는다. 이외 용도로 사용할 때는 용도별로 2~5년간 허가받은 목적대로 사용해야 한다.

실거주 목적인 매수자에게만 거래를 허락하기 때문에 부동산을 전월세로 임대할 수 없으며 전세를 끼고 매매하는 소위 '갭투자'도 불가능하다. 이런 규제 특성을 고려해 서울시는 토지거래허가제를 부동산 투기와 집값 과열을 막는 장치로 활용했다. 잠삼대청(잠실·삼성·대치·청담동), 목동 등지에 재건축이나 개발 등 각종 개발 호재가 발표되는데도 매매거래는 거의 없다시피 했던 이유가 토지거래허가제도 때문이다.

반포 · 한남 등과 형평성 문제도

정부와 서울시는 토지거래허가제가 부동산 시장을 실거주자 중심 시장으로 재편하는 데는 분명 효과가 있을 것이라는 입장이다.

토지거래허가구역 예외와 유의 사항

대가성이 없는 상속과 증여

PASSED
허가 면적 미만의 토지 사용

건축물 분양

공익 사업에 의한 토지 수용

TAX
국세·지방세법에 의한 강제집행

민사집행에 의한 경매

예외 사항 이외에 허가를 받지 않고 거래를 하는 경우 처벌
*불법적인 거래: 2년 이하의 징역 또는 토지 가격의 30% 벌금
*토지허가 계약 불이행: 취득가액의 10% 내에서 이행강제금

하지만 이런 설명에도 토지거래허가구역으로 지정된 지역 주민은 억울할 수밖에 없다. 토지거래허가제가 투기성 거래를 막는 것은 맞지만 일반 정상 거래까지 틀어막고 있다 보니 재산권을 침해당한다는 불만이다.

현금이 모자라거나 대출 여력이 없는 1주택자들이 소위 '갈아타기'를 하려면 전세를 끼고 아파트를 매수하는 경우가 많다. 하지만 토지

거래허가제 같은 규제는 이 같은 거래마저 모두 투기로 취급하고, 집을 제때 사고파는 행위가 원천 차단되고 있다는 지적이다.

이 때문에 지난 3년여 동안 잠삼대청 일대에선 아파트 거래량이 비정상적으로 적은 '거래 소멸' 현상이 이어지기도 했다.

정부 취지는 이해되지만 다른 강남 지역과 비교해 형평성에 어긋난다는 목소리도 곳곳에서 나온다. 잠삼대청 지역 인근의 강남구 개포·도곡동, 서초구 반포동 일대나 용산구 한남동 등 주택 가격이 더 비싼 곳은 규제 대상에서 제외돼 있기 때문이다.

특히 토지거래허가구역은 최대 5년까지 지정할 수 있고 1년마다 재지정 연장 또는 해지 여부가 결정되는데 현 정부의 부동산 규제 완화 기조에 허가구역에서 풀릴 것으로 기대했다가 수차례 더 연장되면서 크게 실망한 주민이 적잖다.

시장에서는 최소 2024년 총선 전까지는 서울시가 잠삼대청 일대를 토지거래허가구역에서 해제할 가능성이 매우 낮을 것으로 내다본다. 규제 해제 후 서울 핵심 지역 아파트 가격이 치솟기라도 하면 총선에 큰 영향을 줄 수 있기 때문이다.

재건축 빨라진 압구정·대치 경매 후끈

재건축 아파트에 투자는 하고 싶은데 당장 실거주를 할 수 없는 수요자들은 토지거래허가제를 피해 경매로 눈을 돌리기도 한다. 토지거래허가구역이라도 경매는 일반 매매와 달리 허가제 신고 대상이 아니라서다. 경매는 자금 출처를 밝힐 의무도, 실거주 의무도 없다. 낙찰받은 뒤 전세를 놓을 수 있고, 높은 가격에 낙찰받아도 당장 들어가는 자금이 적고 직접 입주할 필요도 없다 보니 자금 여력이 부족한 투자자들이 '갭투자' 용도로 활용하는 모습이다.

실제로 최근 경매 추이를 살펴보면 토지거래허가구역, 특히 재건축 단지를 중심으로 유찰 없이 1회 차, 최소 2회 차에 낙찰되는 경우가 비일비재하다. 토지거래허가구역뿐 아니라 투기과열지구 내 재건축 경매 물건이 인기를 끄는 것도 같은 맥락이다.

2023년 8월 12일 서울 중앙지방법원에서 진행된 강남구 압구정동 현대4차 전용 118㎡ 경매에는 응찰자만 10명이 몰리며 뜨거운 경쟁이 펼쳐졌다. 이 물건 감정가는 44억3000만원으로, 최근 경매가 진행된 서울 강남권 단지 가운데 가장 높은 수준으로 책정됐다. 최종 낙찰 가격은 55억2799만9000원(낙찰가율 124.8%)이었다. 두 번째로 높은 입찰 가격도 51억3800만원으로 50억원을 훌쩍 넘었다.

2023년 5월 18일에는 대치동 은마아파트 전용 84㎡가 경매에 나왔는데 앞서 두 차례 유찰된 바 있는 이 아파트를 낙찰받기 위해

서울 토지거래허가구역 지정 현황

(단위:㎢)

지정권자	지정 지역	지정 기간	면적
서울 시장	**강남·서초 자연녹지지역**(강남구 개포·세곡·수서·율현·자곡·일원·대치동, 서초구 내곡·신원·염곡·원지·우면·방배·서초·양재)	2021년 5월 31일~ 2024년 5월 30일	27.29
	국제교류복합지구·인근 지역(강남구 삼성·청담·대치동, 송파구 잠실동)	2023년 6월 23일~2024년 6월 22일	14.4
	공공 재개발 후보지(기존) 8곳(종로, 동대문, 강북, 영등포, 동작, 관악)	2022년 1월 26일~2024년 1월 25일	0.13
	공공 재개발 후보지(신규) 16곳, 신속통합기획 재개발 사업 선점지 5곳(노원, 강동, 동작, 성동, 종로, 양천, 서대문, 송파, 동대문, 중랑, 성북, 영등포)	2021년 4월 4일~2024년 4월 3일	1.39
	주요 재건축 단지 등(양천, 영등포, 성동, 강남)	2023년 4월 27일~2024년 4월 26일	4.57
	신속통합기획 주택 재개발 후보지 16곳(종로, 용산, 성동, 동대문, 중랑, 성북, 강북, 은평, 마포, 양천, 강서, 구로, 영등포, 동작, 송파, 강동) ※ 일부 구역 지정 기간 상이	2023년 1월 2일~2024년 1월 1일	0.87
	신속통합기획 주택 재개발 사업 예정지 13곳(선정 7, 미선정 6)(종로, 중구, 동대문, 중랑, 강북, 마포, 양천, 구로, 영등포, 송파, 강동)	2022년 1월 29일~2024년 1월 28일	0.87
	신속통합기획(재개발) 공모 추천지, 신속통합기획 재건축 선정지 54곳(종로, 용산, 성동, 광진, 동대문, 중랑, 성북, 강북, 도봉, 은평, 서대문, 마포, 양천, 구로, 금천, 영등포, 동작, 관악, 송파, 강남)	2023년 1월 4일~2024년 1월 3일	3.38
국토부 장관	**강서구**(오곡동)	2021년 12월 26일~2023년 12월 25일	0.02
	강서구(과해, 오곡, 오쇠동)	2023년 5월 13일~2024년 5월 12일	2.19
	용산구(이촌, 한강로1·2·3가, 용산동3가)	2023년 5월 20일~2024년 5월 19일	0.77

*토지거래허가구역은 최대 5년까지 지정 가능하며, 1년마다 재심의 후 연장 또는 해지 결정   *자료:서울시

무려 45명의 응찰자가 몰렸다. 이 아파트는 최초 감정가(27억9000만원)의 95% 수준인 26억5288만원에 주인을 찾았다. 같은 달, 같은 면적 아파트 실거래가(24억3000만원)보다 2억원 이상 비싼 금액이었다. 이때만 해도 은마아파트 조합설립을 위해 주민 동의서를 한창 걷던 중이었다. 재건축 아파트는 조합설립 이전에 소유권을 확보해야 조합원 지위를 얻을 수 있다 보니 적절한 타이밍에 나온 경매 물건에 많은 응찰자가 몰렸다는 분석이다.

'추진위 패스' 조합직접설립제도

주민협의체가 1년 2개월 만에 직접 조합설립
사업 기간 대폭 줄이고 자금·전문 업체 지원까지
조합설립 과정서 주민 의사 충분히 반영 킨 어려워

주택 정비사업을 빠르게 진행하기 위해 조합설립추진위원회 설립을 건너뛰고 곧바로 조합설립으로 직행하는 재건축 단지와 재개발 구역이 서울에서 속속 등장하고 있다. '조합직접설립제도'를 통하면 정비사업 기간을 2~3년 정도 줄일 수 있고 조합설립비용도 지원받을 수 있어 정비사업에 속도를 내고 싶어 하는 곳에서 대안으로 꼽는다.

조합직접설립제도는 2016년 도입됐다. 주민(토지등소유자) 절반 이상이 동의하면 해당 지자체가 요청해 추진위원회 설립 절차를 생략하는 제도다. 통상적으로 재건축·재개발은 정비구역 지정 → 추진위원회 승인 → 조합설립인가 → 사업시행인가 → 관리처분인가 → 착공·준공 순으로 진행되는데 이 제도를 활용하면 추진위 단계를 건너뛸 수 있어 정비사업 기간을 줄일 수 있다는 취지다.

또 주민 4분의 3 이상으로부터 동의서를 받아오면 조합설립을 위한 동의서를 걷을 때, 조합 총회를 열 때 도움을 줄 전문용역 업체 선정비용까지 지자체(시·구)가 지원해준다. 아울러 추진위를 구성하고 운영하는 데 드는 운영비를 평균 2억원 정도 절감할 수 있다. 총회, 인건비, 업무 추진비 등 순수 소모비용을 모두 지자체가 지원해주기 때문이다.

통상 정비구역으로 지정된 후 조합을 설립하기까지 3년 6개월가량 걸린다고 보지만, 조합직접설립제도를 이용하면 이 기간이 평균 1년 2개월 정도로 단축되는 데다 공공 지원까지 받을 수 있다. 빠르면서도 원활한 사업 진행을 원하는 정비사업지에서는 구미가 당길 만한 대목이다.

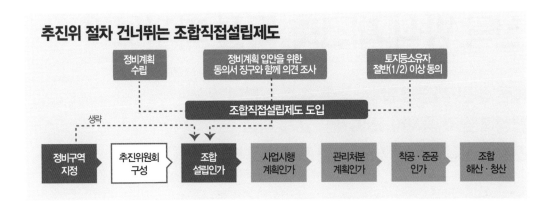

추진위 절차 건너뛰는 조합직접설립제도

정비계획 수립

정비계획 입안을 위한 동의서 징구와 함께 의견 조사

토지등소유자 절반(1/2) 이상 동의

조합직접설립제도 도입

생략

정비구역 지정 → 추진위원회 구성 → 조합 설립인가 → 사업시행 계획인가 → 관리처분 계획인가 → 착공·준공 인가 → 조합 해산·청산

서울에서는 재건축을 추진 중인 동대문구 청량리동 미주아파트가 조합직접설립제도 도입을 위한 주민 동의율 77%를 확보하는 데 성공했다. 이 단지는 빠르면 2024년 7월까진 조합설립인가를 받을 수 있을 것으로 예상된다. 공사비가 하루가 다르게 오르고 있어 빨리 재건축을 진행하는 게 도움이 될 것이라는 점이 주민 호응도를 높였다.

청량리미주·문래진주, 조합직접설립

재개발 사업지인 중구 신당10구역은 최근 조합직접설립제도 도입을 위한 주민 동의율을 75% 넘게 확보했다. 신속통합기획 대상지인 신당10구역은 올해 말까지 조합설립인가를 목표로 하고 있다.

일찍이 조합직접설립제도를 이용해 재건축 사업을 상당 부분 진행한 단지도 있다. 영등포구 문래동5가 문래진주아파트는 2023년 8월 관리처분인가를 받았고, 금천구 시흥동 남

서울무지개아파트도 재건축 관리처분인가를 기다리고 있다(2023년 9월 25일 기준). 양천구 신정동 수정아파트는 2023년 3월 서울시의 재건축 건축심의를 통과했다. 이들 단지가 정비구역 지정 후 조합설립인가를 받기까지 걸린 기간은 짧게는 9개월에서 길게는 2년 1개월 남짓이다.

단점도 없잖다. 조합설립인가까지는 시간을 절약하지만 그 과정에서 주민 의사가 충분히 반영되기 어렵고 조합설립 직후에는 협력 업체와의 계약이 종료되고 조합 집행부 소수만 오롯이 남게 된다. 물론 협력 업체야 다시 선정하면 된다지만 그동안 조합직접설립인가제도를 통해 조합을 빠르게 설립한 단지는 ▲문래진주 160가구 ▲남서울무지개 639가구 ▲신정수정 220가구 등 모두 비교적 소형 단지들이다. 제도 자체의 장점도 있기는 했지만 동의서를 빠르게 징구한 데는 가구 수가 적었던 덕도 없잖았다는 얘기다.

신탁 방식 재건축 득실 따져보기

빠른 추진·자금 조달 vs 높은 수수료 부담
협상력 높고 공사비 15%가량 낮게 책정
전문성 도움 되지만 성공 사례 드문 건 약점

최근 서울·수도권에서는 신탁 방식으로 재건축을 진행하려는 움직임이 활발하다. 여의도와 목동 주요 단지에 이어 강남권에서도 재건축 사업 추진을 신탁사에 맡기려는 단지가 부쩍 늘었다. 최근 공사비 증가 등에 따른 조합과 시공사 간 갈등으로 사업이 표류하는 것을 막기 위해 신탁사 참여 방식이 급부상하는 걸로 풀이된다. 다만 성공 사례가 많지 않은 점, 높은 수수료 등은 조합에 부담으로 작용해 득과 실을 잘 따져볼 필요가 있다.

신탁 방식이란 전문성을 갖춘 신탁사가 조합 대신 사업시행을 맡아 사업 전반을 관리하고 일을 추진하는 것을 말한다. 대신 조합은 신탁사에 수수료를 낸다. 조합보다 투명한 관리가 가능하다는 점, 조합과 시공사 혹은 조합 내분에 따른 공사 지연을 최소화할 수 있

다는 점이 장점이다.

구체적으로 민간이 추진하는 재건축 사업은 크게 조합 방식과 명의신탁에 따른 신탁 방식 등 두 가지로 나뉜다.

조합 방식은 현재 대부분 재건축 단지가 추진하는 방법이다. 주택 소유주로 구성된 조합이 임원진을 꾸리고 시공사 등과 계약한다. 조합이 시공사 선정과 각종 인허가, 분양 등 모든 절차를 맡아 진행한다. 즉, 입주민이 모든 사업을 알아서 해야 하는 구조다.

조합 방식 재건축은 별도 수수료 없이 주민 스스로 의사 결정을 할 수 있다는 장점이 있다. 다만 재건축은 사업비만 수조원에 달하는데 소위 '동네 주민'으로 구성된 비전문가들이 운영하면서 발생하는 문제점도 적잖다. 무엇보다 조합원 간 복잡하게 얽힌 이해관계를

서울 여의도에는 신탁 방식으로 재건축을 추진 중인 단지가 많다. 사진은 여의도 시범아파트.

조율하기 어렵다는 한계가 있다. 각종 비리로 조합 집행부가 교체되면서 사업이 기약 없이 지연되는 경우도 다반사다. 사업이 지체되면 조합원 분담금이 늘어 사업성이 떨어진다.

이 같은 문제를 해결하기 위해 등장한 사업 형태가 바로 신탁 방식이다. 2016년 도입된 신탁 방식은 조합이 일부 수수료를 지불하고 사업 진행 전반에 걸쳐 전문 신탁사가 관리하는 형태다. 신탁사를 시행사로 지정하려면 단지 전체 소유주의 75% 이상 동의와 동별 소유주의 50% 이상 동의를 확보하고 토지 면적의 3분의 1 이상을 신탁해야 한다.

신탁사가 시행을 대신 맡아줄 때 생기는 장점은 많다.

우선 사업 초기 단계부터 안정적인 자금 조달이 가능하다. 신탁사가 자체 신용도를 기반으로 주택도시보증공사(HUG) 보증을 통해 금융 회사로부터 자금을 조달할 수 있기 때문이다. 자금력이 충분하지 않은 조합 입장에서는 신탁사를 통해 사업비를 조달할 수 있는 셈이다.

신탁 재건축의 또 다른 큰 장점은 바로 사업 속도가 빠르다는 점. 신탁사가 시행을 맡으면 일단 조합을 설립하지 않아도 돼 추진위원회 구성에서 조합설립인가까지 소요되는 2~4년가량 시간을 줄일 수 있다. 각종 비리가 끊이지 않는 조합 방식보다 투명하게 사업을 진행할 수 있다는 장점도 있다.

신탁 방식 정비사업은 2016년 '도시 및 주거환경정비법' 개정에 따라 본격 도입됐는데 이때만 해도 보수적인 부동산 시장에서 빛을 못 보다 이런 장점이 알려지고 여의도, 목동 주요 단지들이 도입되면서 본격적으로 확산되기 시작됐다. 그 결과 도입 후 약 7년째 접어든 신탁 방식 정비사업은 사업 누적액이 2023년 말까지 약 50조원에 육박할 것이라는 추정이다. 업계에 따르면 신탁 방식으로 정비사업을 추진하고 있는 사업장은 전국에 40여곳으로 파악됐다.

조합설립 건너뛰는 신탁 방식 재건축 속도 vs 비용 절감 고민 성공 사례는 언제?

신탁 재건축, 어디서 하나?

신탁 방식 도입이 가장 활발한 곳은 서울 영등포구 여의도 일대 재건축 단지다. 여의도에서는 ▲한양(KB부동산신탁) ▲공작(KB부동산신탁) ▲광장3~11동(KB부동산신탁) ▲시범(한국자산신탁) ▲수정(한국자산신탁) ▲삼익(한국토지신탁) ▲은하(하나자산신탁) 등 16곳 가운데 7곳이 신탁 방식 재건축을 추진 중이다.

양천구 목동 일대에서도 신탁 방식 도입이 활발하다. 목동신시가지 재건축 단지도 잇따라 신탁사와 손을 잡고 있다. 목동10단지는 최근 한국토지신탁을, 목동14단지는 KB부동산신탁을 신탁사로 선정했다. 목동9단지도 뒤처진 속도를 만회하기 위해 2023년 5월 예비 신탁사로 한국자산신탁을 선택했다. 7단지는 신탁 방식 전환을 논의 중이다.

가로주택 정비사업 등 소규모 정비사업에서도 신탁사 진출이 활발하다. 2023년 6월 16일에는 코리아신탁이 경기 고양시 세인아파트 소규모 재건축 사업대행자로 지정·고시됐다. 이외에 한국토지신탁도 2023년 7월 10일 삼전동 '다모아 모아타운' 통합준비위원회와 신탁 방식 추진을 위한 MOU를 체결했다.

최근에는 강남권에서도 신탁 방식 재건축에 관심을 갖기 시작했다. '재건축 대어'로 꼽히는 서초구 서초동 '삼풍아파트(2390가구, 1989년 준공)'가 강남권에서는 최초로 신탁 방식 사업을 추진할지 업계 관심이 쏠린다.

"1~3% 수수료 부담" 이탈 움직임도

다만 현재 삼풍아파트에서는 신탁 방식과 조합 방식을 놓고 의견이 갈리고 있다. 전문적인 신탁사를 통해 신속하게 추진하겠다는 '신탁 방식'과 비용을 절감하면서 주민 합의 중심으로 진행하는 '조합 방식'에 대해 주민들이 서로 다른 목소리를 내고 있어서다.

재건축 방식을 두고 찬반 의견이 갈리는 이유는 신탁 방식에 장점만 있는 게 아니기 때문이다.

예컨대 신탁사를 사업 시행자·대행자로 지정하면 수수료가 발생한다. 통상 신탁사가 가져가는 수수료(보수)는 총 매출액(일반분양 수입)의 1~3%다. 사업 규모가 큰 서울 재건축 단지는 수수료만 해도 수십~수백억원에 이른다. 이 비용은 결국 주민 분담금에 포함된다.

계획이 바뀌어 신탁 계약을 해지하려 해도 명시된 조항이 발목을 잡기도 한다. 수탁자, 즉 소유자의 동의를 받는 과정이 까다로워서다. 계약서상 수탁자 전원 동의 또는 토지등소유자 80% 이상 동의를 받아야 한다는 점 등을 해제 요건으로 명시해놓기 때문이다. 신탁사마다 계약 조건이 제각각인 만큼 신중히 선택해야 하는 부분이다.

무엇보다 성공 사례가 많지 않은 것이 약점이다.

시장에는 신탁 방식으로 재건축을 추진 중인 곳이 많지만 아직 이 방식으로 준공까지 간 사례가 없다. 이런 불안감 때문에 한국토지신탁과 재건축 사업을 추진하던 서초구 '방배삼호'는 2023년 2월 조합 방식으로 방향을 틀었다. 방배7구역과 잠원동 '신반포4차'도 이전부터 신탁 방식을 추진했지만 주민 반발 등으로 조합 방식으로 돌아섰다.

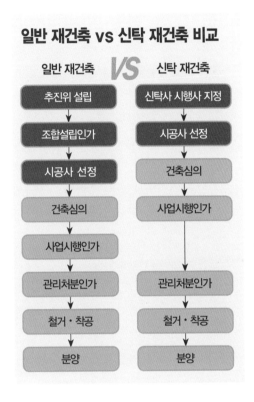

공사비는 오르고 집값이 내리는 시기에는 재건축 조합이 사업을 안전하게 추진하기 위해 신탁사를 찾지만, 향후 집값이 다시 오르는 등 시장이 안정화되면 언제든 조합 시행 방식으로 돌아서는 것이다.

물론 모아서 보면 금액이 크지만 정비사업이 10년 이상도 걸리는 점을 감안하면 큰 부담은 아니라는 시각도 있다. 최근 시공자의 공사비 증액 요구가 커지는 점을 감안하면 신탁사에 수수료를 내고 공사비를 철저하게 검증하도록 하는 게 유리할 수 있기 때문이다 .

2부

재건축 임장노트

부촌 1번지 **강남구**

서울 강남구는 명실상부한 대한민국 대표 도시다.
입지는 물론 상권과 교육 등 거의 모든 측면에서 부(富)의 상징처럼
여겨지는 곳이다. 노후 단지가 많다 보니 새 아파트가 속속 들어선
신흥 부촌 서초구 반포동·잠원동에 잠시 부촌(富村) 타이틀을 뺏기는
듯했지만 지금은 강남구에서도 압구정, 대치동, 개포동을 중심으로
재건축에 속도를 내는 등 부촌 타이틀을 되찾아오려는 움직임이 활발하다.

'왕의 귀환'…따라올 자 없다 '압구정'

반포에 밀렸던 1980년대 원조 부촌 압구정
신속통합기획으로 층수 높이고 재건축 속도
한강변 새 아파트 3.3㎡당 2억원 찍을까 기대

1980년대 서울 강남권 개발이 본격화하면서 한강변을 따라 줄지어 들어선 압구정동은 우리나라 최고 부촌으로 꼽힌다. 현대1~14차, 한양1~8차, 미성1·2차 등 대규모 아파트 단지들이 올림픽대로를 따라 곳곳에 터전을 잡고 있다. 20년 가까이 '강남 부촌 1번지' 명성을 이어가다 2000년대 이후 새 아파트가 줄줄이 들어선 이웃 지역에 '1등 주거지' 자리를 내줬지만 '원조 부촌'으로서의 압구정 명성은 여전하다.

아파트 8400여가구가 몰려 있는 압구정지구가 명성을 회복할 방법은 재건축밖에 없다. 준공 30년을 넘긴 후부터 50년을 바라보는 지금까지 재건축이 꾸준히 논의돼왔지만 지지부진했는데, 서울시는 이 많은 단지가 각자 재건축을 진행하는 것보다는 보기 좋게 묶어 진

행하는 게 좋겠다고 판단했고 이들 단지를 크게 6개로 묶어 특별계획구역으로 나눴다. 지금은 압구정1~6구역으로 불리고 있고 현재 1·6구역을 제외한 4개 구역이 서울시의 신속통합기획에 참여하기로 했다. 지구단위계획이 확정되지 않아 오랫동안 사업이 지지부진했었는데 서울시 신속통합기획을 계기로 처진 속도를 단숨에 끌어올리겠다는 주민 의지가 강하다. 최근에는 서울시가 '층수 완화' 방침까지 밝히면서 사업이 더욱 탄력을 받는 모습이다. 압구정이 50층 이상 높이의 1만1800여가구 '미니 신도시'로 탈바꿈하면 국내 최고 부촌으로 다시 도약할지도 관전 포인트다.

3구역

'구현대'로 알려진 압구정3구역은 현대1~7차,

재건축 물꼬 튼 압구정

구분	포함 단지	가구 수	층수·용적률
1구역	미성1·2차	기존 1233가구 → 미정	신속통합기획 미정
2구역	현대9·11·12차	기존 1924가구 → 약 2700가구	기존 13층 174% → 50층 내외 300% 이하
3구역	현대1·2·3·4·5·6·7차 현대10·13·14차, 대림빌라트	기존 3946가구 → 약 5800 가구	기존 15층 244% → 50층 내외 평균 323% 이하 (3종 300% 이하)
4구역	한양3·4·6차, 현대8차	기존 1341가구 → 약 1790가구	기존 13층 181% → 50층 내외 300% 이하
5구역	한양1·2차	기존 1232가구 → 약 1540가구	기존 13층 183% → 50층 내외 300% 이하
6구역	한양5·7·8차	기존 672가구 → 미정	신속통합기획 미정

*가구 수 등은 신속통합기획 시뮬레이션(안)으로 향후 정비계획 입안 시 최종 확정

*자료: 서울시

10·13·14차, 대림빌라트 등 총 3946가구 규모로 압구정 내 6개 정비구역 중 규모가 가장 크다. 동호대교와 성수대교 남단 사이에 위치해 압구정에서도 입지가 좋은 곳으로 통한다.

3구역은 추진위원회 시절이던 2019년 재건축 사업 주민설명회를 통해 최고 층수를 49층으로 하는 안을 공개한 바 있다. 그러나 서울시의 35층 층수 제한 문턱을 넘지 못해 사업이 답보 상태에 빠졌다. 그러다 서울시 기

조가 확 바뀌면서 지지부진하던 사업에 물꼬가 텄고, 3구역은 6개 구역 중 신속통합기획에 가장 먼저 신청했다.

압구정지구 내에서 가장 가구 수가 많고 3호선 압구정역과도 인접해 있다는 점에서 사업성이 높을 것으로 기대를 모으는 대장 구역이지만, 11개나 되는 단지들이 모여 있다 보니 이해관계는 첨예하게 다르다. 예컨대 현대4차는 5층짜리 저층 아파트라 아파트 평형

대비 대지지분이 크지만 제2종주거지역이라 재건축 후 용적률 250%를 적용받는다. 반면 나머지 단지들은 전부 제3종주거지역으로 용적률 300%가 적용된다. 현대1·2차 일부 가구의 경우 한강 조망이 가능한 희소성을, 현대6·7차는 역세권 입지를 강조한다.

2023년 한때 재건축 설계를 두고 서울시와 기 싸움을 벌인 탓에 사업에 제동이 걸릴 거라는 우려가 없지 않았지만 결국 8월 말 3구역 조합이 설계 업체를 다시 선정하기로 하면서 한숨 돌리게 됐다.

앞서 2023년 7월 3구역 조합은 희림건축 컨소시엄을 설계 업체로 정한 바 있다. 당시 기권·무효표 115표를 제외하고 희림건축은 1507표를 받아, 1069표를 받은 해안건축을 제쳤는데, 희림건축이 서울시가 허용하는 최대 용적률 300%를 초과하는 360%를 제시하면서 문제가 일었다. 서울시는 설계사 투표 전 희림건축을 설계 공모 지침을 위반했다며 경찰에 고발하고 조합에 공모 절차를 중단하라고 시정 명령을 내렸다. 조합은 투표를 강행했다가, 사업 지연을 우려한 내부 목소리가 커지자 설계 업체를 재선정하기로 했다.

2구역

3구역이 '구현대'로 불린다면 2구역은 '신현대'로 통한다. 현대9·11·12차 총 1924가구로 구성된, 면적 20만5478.03㎡에 달하는 대규모 사업장이다. 3구역과 마찬가지로 압구정역 역세권에 잠원 한강공원, 현대백화점을 끼고 있다. 신속통합기획안에 따라 가구 수가 2700가구 안팎으로 늘어날 것으로 예상된다.

2구역의 경우 일찌감치 '최고 49층'으로 재건축하는 방안을 추진해왔다. 2022년 1월 공고한 현상 설계 공모에서 건축 규모를 지하 3층~지상 49층으로 명시했다. 최근에야 층수 규제가 풀렸다지만 당시에는 서울시 '35층 룰'이 아직 살아 있던 터라 시장 주목을 받았다.

이후 설계 공모 결과 2구역은 2023년 6월 조합 정기총회를 통해 디에이그룹엔지니어링종

서울 한강 이북에서 바라본 강남구 압구정동 아파트지구.

합건축사사무소(이하 디에이건축)를 설계사로 정했다. 디에이건축은 '베르사유궁전'을 모티브로 설계안을 내놨는데, 모든 조합원 가구가 한강 조망이 가능하도록 했고 단지 중앙에 대형 공원을 두고 아파트 동들이 'ㄷ자'로 공원을 감싸고 있는 게 특징이다. 한강과 공원을 연결하기 위해 단지 중앙부를 과감하게 비워놨다. 101동부터 106동까지 총 6개동을 조합원에 공급하고, 한강변 첫 주동은 10층 높이의 테라스하우스로 구성하는 방안을 구상했다.

4·5구역

4구역은 2023년 9월 설계자 선정을 마쳤고, 5구역의 경우 선정 절차를 진행 중이다. 앞서 3구역 조합이 서울시 권고를 넘어서는 설계안(용적률 360%)을 채택하면서 시와 잡음이 생긴 것을 의식한 듯, 4·5구역은 설계자 모집 과정에서 '신속통합기획 틀 안에서' 공모작을 제안하라는 지침을 명확히 했다. 신속통합기획을 전면에 내세운 이유는 정비사업에 속도를 내려는 차원으로 풀이된다. 우선 설계자 간에 과열 경쟁을 차단해 소모적인 비용을 줄이는 것이다.

2·3구역이 압구정역과 현대백화점 생활권이라면 4·5구역은 성수대교와 분당선 압구정로데오역 생활권이다. 갤러리아백화점, 압구정로데오거리, 압구정 카페골목 등이 인접하다. 5구역은 청담초, 청담중, 청담고와 가깝다.

압구정지구에서 세 번째로 큰 4구역(한양3·4·6차, 현대8차 총 1341가구)은 압구정 6개 구역 가운데 가장 먼저 재건축 조합설립인가를 받았을 정도로 사업 추진 의지가 강하다. 2·3구역에 이어 설계자 선정을 위한 공모를 마치고 2023년 9월 총회를 진행했다. 현재 4구역 평균 용적률은 181%인데 재건축 후에는 용적률 300%, 50층 내외, 1790가구 단지로 재건축될 전망이다. 기부채납시설로는 한강변 조망데크공원이 들어설 예정이다.

5구역은 한양1·2차 1232가구가 거주하는 구역이다. 2021년 2월 6개 구역 중 두 번째로 조합설립인가를 받았다. 신속통합기획으로 제3종일반주거지역 용적률 300% 이하를 적용받아 50층 안팎의 약 1540가구를 재건축하려는 계획을 갖고 있는데, 2023년 9월 27일까지 설계안을 제출받아 추후 총회를 열고 조합원 투표를 거쳐 최종 설계자를 선정할 예정이다.

1구역

1구역은 아직 재건축 추진이 활발하지 않은 상황이다.

당초 1구역(미성1·2차 총 1233가구)도 신속통합기획에 참여할 의사를 보였다. 하지만 조합원 간 이해관계 탓에 조합설립까지 난항이 예상된다. 1구역은 미성1차(322가구), 미성2차(911가구), 상가 2개동으로 구성돼 있는데 용적률이 특히 낮고 대지지분이 큰 미성 1차에서 분리 재건축을 추진하자는 주장을 하면서 신속통합기획이 뒷전으로 밀려났다.

미성1차 입장에서는 미성2차에 비해 가구 수가 적으니 조합이 생기면 미성2차에 주도권을 뺏길 수 있다는 우려가 상당한 분위기다. 대지지분이 클수록 내야 할 추가 분담금이 줄 어드는데 1차 소유주들은 동일 주택형에 대한 추가 분담금이 1차와 2차 간 크지 않게 책정될까 우려하는 것이다. 추가 분담금 차이가 클 경우에는 반대로 미성2차 주민의 불만이 커질 수 있다.

하지만 각 단지가 단독 재건축을 추진하기에도 쉽지 않은 상황이다. 서울시는 미성1·2차가 각각 단독 재건축을 추진하려면 전체 소유주 60% 이상이 동의해야 하며 아파트 동소유주 50% 이상의 동의를 받아야 한다는 요구 조건을 내걸고 있기 때문이다. 신속통합기획에 참여 못한 상태에서 단독 재건축조차도 여의치 않자 1구역 주민 사이에서는 얼른 의견을 모아 신속통합기획에 참여하자는 목소리도 높다. 결론이 어느 쪽으로 나든 합의점을 찾으려면 상당한 시간이 소요될 것으로 예상되는 대목이다.

6구역

6구역(한양5·7·8차 총 672가구)은 6개 구역 중 가구가 가장 적고 사업 속도도 느리다.

8400가구 노후 아파트 1만1800가구 신축으로 토지거래허가구역이라 매매 거래는 활발하지 않아

구역 내에서는 한양7차만 유일하게 조합을 설립한 상태인데 서울시에 6구역 전체 의견을 전할 대표 협의체가 아직 없는 상황이다. 구역 내 유일하게 조합이 설립된 한양7차 조합을 해산하고 통합 재건축을 다시 추진하는 방안도 논의되는 분위기지만 이 역시 녹록지 않다.

우선 서울시가 공고한 압구정아파트지구 지구단위계획(안)을 두고 다른 구역보다 사업 면적이 좁은데도 6구역의 기부채납 비율이 일부 구역보다 높다는 불만이 있다. 다만이에 대해 서울시는 "'한강변 아파트 기부채납 비율 10%' 외에는 명시한 것은 없다"며 "주민들이 제시한 의견이 수용 가능한 수준이면 받아들일 수 있다"는 입장이다.

또 계획안에는 한양5·6·7차가 하나의 구역으로 묶여 있는데 이 안이 원안대로 서울시 심의를 거쳐 확정되면 3개 단지는 통합 재건축 방식만 추진할 수 있다. 이를 조정하려면 주민 의견 제안을 통해 정비구역 변경 절차를 거쳐야 한다. 한양7차는 한양5·8차 의견을 모아 총 672가구 규모로 통합 재건축을 추진하려 하지만 각 단지의 입장과 상황이 다르다. 한양7차는 한양5차보다 대지지분이 커 종전가액 산정 방법을 놓고 이견이 있는 것으로 알려졌다. 한강변에 대형 평형 위주로 구성된 한양8차 역시 대지지분이 높지만 나 홀로 아파트로 가구 수가 90가구에 불과하다. 통합 재건축에 참여하면 불리해질 것을 우려한다.

부자들의 로망 된 욕망 단지
3.3㎡당 2억원 시대 올까?

압구정 재건축은 복잡한 이해관계만큼이나 다양한 주민 의견과 서울시 의견을 수렴해야 하는 등 풀어내야 할 과제가 많다. 압구정동 일대가 토지거래허가구역인 점도 걸림돌이다. 서울시가 2023년 4월 압구정동을 토지거래허가구역으로 다시 지정했기 때문에 집을 사면 2년 동안 실거주해야 해 전세 등을 낀 '갭투자'가 불가능하다. 압구정 일대가 토지거래허가구역으로 묶여 있는 데다 가격도 상대적으로 높은 편이라 거래가 활발하지 않다. 실거주 의무 2년에 기존 주택들도 다 처분해야 하니 매수 문의가 많지 않은데 이 때문에 준공한 지 30~40년 이상 된 노후 아파트에 직접 거주하면서 추후 가치 상승을 노린 똑똑한 한 채 투자를 결심한 매수자들만 접근할 수 있는 곳이 됐다. 다만 실거주 의무를 피할 수 있는 경매 시장에서는 조합원 지위 양도가 가능한 매물에 대한 관심이 꾸준한 편이다.

이런 상황을 바꿔 생각하면 그만큼 압구정 재건축에 대한 사업 기대감이 높다는 뜻이기도 하다. 한강을 넓게 접하고 있는 데다 각 구역마다 교통망, 백화점 등 다양한 편의시설을 두루 갖춰서다. 압구정지구를 뛰어넘는 상급지를 찾기 힘든 만큼 재건축만 성공적으로 마치면 압구정지구가 반포지구에 내줬던 '최고 부촌' 명성을 되찾을 것이라는 기대도 높다. 부동산R114에 따르면 2023년 8월 4일 기준 압구정동 3.3㎡당 아파트값은 9708만원이다. 3구역 현대1차 전용 160㎡는 2023년 7월 23일 65억원(15층)에 새 주인을 찾았다. 해당 아파트는 한강변인 24동 로열층으로 3.3㎡당 1억2500만원 꼴이다.

압구정과 조건이 비슷한 한강변 아파트인 서초구 반포동 '아크로리버파크(2016년 입주)' 전용 84㎡는 2023년 7월 4일 38억1000만원(12층)에 거래됐다. 최고가를 찍었던 2022년 1월 21일 46억6000만원(8층)보다는 빠진 시세지만 여전히 3.3㎡당 1억1000만원을 훌쩍 넘는 가격이다. 이에 시장에서는 압구정에 들어설 '한강뷰' 새 아파트는 3.3㎡당 2억원을 넘을 거라는 기대도 크다. 압구정지구 재건축 단지들이 설계자 공모를 통해 재건축 이후 모습을 속속 공개하면서 기대감이 커지고 있어서다. 각종 과제에도 불구하고 압구정이 여전히 현금 부자들의 선호 지역인 이유다.

사교육 '욕망' 있는 한…대치동

탄탄한 학원가 주변으로 형성된 욕망 단지
래미안대치팰리스 전용 84㎡ 시세 31억원
은마·우선미·우쌍쌍 재건축 열망에 불 지펴

대치동은 사교육의 상징이자 강남 재건축의 상징으로 통하는 곳이다. '교육'과 '부동산 투자'를 모두 잡을 수 있기에 자녀를 둔 학부모 입장에서는 이른바 '욕망 아파트'가 집결한 동네기도 하다. 학원가와 부동산을 떼놓고 설명할 수 없는 곳이 대치동이다.

1990년대 대치동 일대에 들어선 중소 규모 학원들은 다수보다는 소수 학생을 대상으로, 특정 과목을 전문적으로 가르치는 방식으로 학생을 관리했다. 1995년 대입 전형이 다변화되자 명문대를 겨냥한 대치동 학원가의 맞춤형 교육은 더욱 각광받았다. IMF 외환위기에도 전문직, 명문대 선호 현상이 더욱 커진 덕에 불황을 비켜 갔다. 2000년대 대학에서 수시 모집이 확대되고 입학사정관제가 신설되는 등 전형이 다양해졌을 때나, 이후 입시 정책이

수시로 변할 때마다 학부모 수요를 정확히 캐치한 대치동 학원가 위상은 날로 높아졌다.

수능 난이도에 따라 대치동 집값이 널뛰는 일도 벌어졌다. 수능 난이도가 유독 높았던 2001년 학부모들이 앞다퉈 대치동으로 몰려들었다. 2001년 11월 3억8000만원에 팔렸던 은마 전용 84㎡가 12월에는 4억2500만원에 팔려 한 달 만에 12% 급등했다.

특히 2000년대 들어 아파트 재건축이 하나둘 논의되기 시작하자 대치동은 '사교육 1번지' 뿐 아니라 '부동산 투자 1번지'로도 떠올랐다. 오로지 자녀 교육을 위해 불편을 감수하고 입주하던 노후 아파트가 이제는 자녀 교육과 재테크를 동시에 실천하는 수단이 된 것이다.

대치동에는 일찌감치 사업을 마친 신축 아파트나 관리처분인가를 마치고 분양을 앞

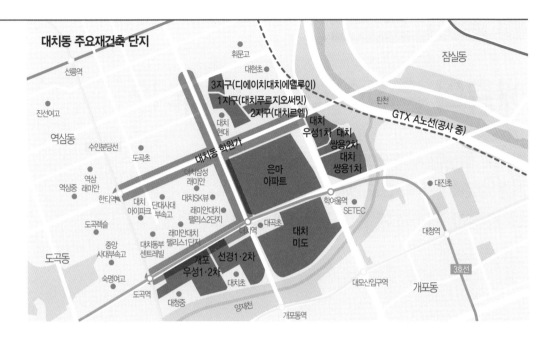

대치동 주요재건축 단지

둔 단지들이 있다. 청실아파트를 재건축해 2015년 입주한 '래미안대치팰리스1·2단지(각 1278가구·330가구)'가 아직까지 대치동 대장 단지로 자리매김하는 가운데 구마을에서는 '대치푸르지오써밋(1지구·489가구)'이 2023년 6월, '대치르엘(2지구·273가구)'이 2021년 9월 각각 입주했다. 3지구 '디에이치 대치에델루이(282가구)'는 분양 예정이다.

래미안대치팰리스1단지에서는 2023년 7월 전용 84㎡ 2채가 연달아 31억원에 각각 실거 래됐다. 2022년 고점(33억원)은 아직 회복 못했지만 2023년 초 부동산 침체기에 아랑 곳하지 않고 시세를 지켜가는 모습이다. 따라 서 대치동에서 재건축 투자를 계획했다면 래 미안대치팰리스 시세를 견주는 것이 좋다.

정작 재건축의 상징인 은마아파트나 이웃 단지 재건축 잠룡인 '우선미(개포우성1·2차,

선경1·2차, 대치미도)' '우쌍쌍(대치우성1차, 대치쌍용1·2차)'은 그간 사업 추진이 지지부 진했지만 현 정부 들어 규제 완화와 함께 진 척을 보이기 시작했다. 학군과 교통·기반시 설, 주변 환경은 물론, 강남 업무지구와도 가 까워 재건축이 진행되기만 하면 기존 대장 단 지 시세를 뛰어넘을 거라는 기대가 크다.

다만 강남구 삼성동, 청담동 등과 함께 대치 동 일대는 여전히 토지거래허가구역(2020년 6월~2024년 6월)으로 지정돼 있다는 점을 염두에 둬야 한다. 1년 이내에 기존 보유 주택 을 모두 처분하고 2년간 실제 거주할 사람만 주택을 살 수 있는 만큼 전세를 끼고 주택을 매수하는 '갭투자'가 불가능하다. 직접 거주할 요량으로 매매하는 방법, 실거주 의무를 피할 수 있는 경매를 통해 낙찰받는 방법 등 투자 전략을 다각도로 연구해야 하는 지역이다.

애증의 은마아파트, 드디어?

재건축 추진한 지 24년 만에 조합설립인가
기존 4424가구 → 31개동 5778가구로 신축
초과이익환수제·추가 분담금·GTX 등 과제 산적

은마아파트 어디까지 왔나

안전진단 — 구역지정 — 추진위원회 — 조합설립 ····· 사업시행 — 관리처분 ····· 철거착공 ····· 준공입주

대치동 은마아파트.

부동산에 관심이 없는 사람도, 서울에 살지 않는 사람도 한 번쯤은 들어본 이름이다. '사교육 1번지' 대치동 명성 때문이기도 하지만 서울 강남 재건축 시장에서는 압구정 현대, 잠실주공5단지와 함께 워낙 상징적인 단지라서다. 부동산 시장이 오르내릴 때마다, 정비사업 정책이 바뀔 때마다 은마아파트는 꼭 관심의 대상이 됐다. 1979년 준공해 2023년 기준 44년 차를 맞았다.

은마아파트는 재건축 사업이 처음 논의된

지 무려 24년 만에 조합설립인가를 받아내면서 시장을 들썩이게 했다. 2003년 재건축 조합설립추진위원회(이하 추진위) 승인 이후 무려 20년 만, 재건축이 처음 논의된 시점부터 따지면 24년 만이다. 다만 조합원 추가 분담금 문제와 '정비계획 및 구역 지정' 변경 절차도 남아 있어 해결 과제는 여전히 산적해 있지만 재건축 사업이 진척을 보이는 것만 두고도 현장은 한껏 들뜬 분위기다.

강남구청은 2023년 9월 26일 은마아파트 재건축 정비사업에 대한 조합설립인가를 처리했다. 앞서 은마아파트는 2023년 8월 19일 재건축 조합설립 총회를 개최했다. 2023년 5월 조합설립을 위한 기초 요건인 아파트 소유자 동의율 75%와 상가 소유자 동의율 50%를 모두 맞췄다. 총회를 앞두고 단지 내에 '상가 합의 및 조합설립 동의율 달성'을 축하하는 현수막이 내걸려 있는 모습은 최근 사뭇 달라진 재건축 분위기를 가늠케 한다.

앞서 은마아파트는 2010년 안전진단 통과 이후 2017년 49층 정비계획안을 마련했지만 서울시의 '35층 룰'에 가로막혀 심의도 받지 못했다.

재건축 한번 해보지 못한 채 재건축 대장주로 남는 듯했으나 정부의 규제 완화로 2022년부터 분위기가 바뀌기 시작했다. 2022년 10월 도시계획위원회 심의를 통과했고 이듬해 2월 서울시가 은마아파트 일대 4만3552㎡를 정비구역으로 지정하고 지구단위계획(구역) 지형도면 등을 확정 고시하면서 20년 넘게 답보 상태였던 재건축 사업이 본격적으로 물꼬를 텄다.

이후 은마아파트 재건축추진위원회는 한 달여 만에 조합설립을 위한 주민 동의서 징구를 모두 마치고 조합설립 총회를 열었다. 사업이 더뎠던 만큼 재건축에 대한 주민 열망은 높았고, 동의서 징구가 발 빠르게 이뤄졌다. 2023년 8월 19일에는 재건축 조합설립 총회를 열었고, 바로 조합설립인가를 신청했다.

| 은마아파트 평형별 대지지분 | | | | (단위:가구, %, 평) | |
단지명	준공연도	가구 수	용적률	평형	대지지분
은마	1979년	4424	204	31	14.6
				24	16.3

*1평은 3.305785㎡　　　*자료:네이버, 디스코, 서울부동산정보광장 등

은마 재건축 사업 일지와 향후 계획

2003년	재건축추진위원회 설립
2010년	3번 탈락 끝에 안전진단 통과
2012년	주민 갈등으로 정비계획안 무산
2017년	'35층 룰'에 정비계획안 심의 무산
2021년	기존 추진위 해임
2022년 3월	새 조합추진위 집행부 결성
2022년 10월	서울시 도시계획위 심의 통과
2023년 2월	정비구역 결정고시 완료
2023년 3월	추정 분담금 검증 절차
2023년 4월	조합설립 동의서 징구
2023년 8월	조합설립인가
2024년 5월	사업시행인가 (필요할 경우 정비계획 변경)
2025년 3월	관리처분인가
2027년	착공
2030년	입주

계획

강남구도 은마아파트 속도에 발맞춰 빠르게 조합설립인가를 내줬다.

이제 정식으로 모양새를 갖춘 은마아파트 조합은 높이 상향과 사업시행인가 절차 등에 집중할 것으로 보인다. 지난해 서울시 도계위

가 통과시킨 안은 은마아파트를 최고 35층 (높이 118m) 33개동, 5778가구(공공주택 678가구 포함)로 재건축하는 내용이었는데, 이후 일명 '35층 룰'을 폐지하겠다고 밝혔다. 이에 따라 조합은 최고 층수를 49층으로 높이는 방안을 추진할 계획이다.

또한 앞서 은마아파트 조합장 선거에 나왔던 두 후보 모두 '2년 내 이주 시작'을 공약으로 내건 바 있는데 이를 위해선 조합설립 이후 사업시행인가, 조합원 분양 신청, 관리처분계획인가를 모두 마쳐야 한다. 당초 2024년 5월까지는 사업시행인가를, 2025년 3월에는 관리처분인가를 받은 뒤 같은 해 여름께 이주 절차까지 속전속결로 마치겠다는 그림이었다.

역대 최고 분양가…분담금도 '억대'
76㎡→109㎡ 배정 시 7.7억 분담 예상

이제야 재건축 사업이 본궤도에 오른 모양새지만 은마아파트 재건축 사업이 원활하게 진행되기 위해서는 해결해야 할 과제도 적잖게 남아 있다. 특히 이번에는 앞으로 새로 지어질 은마아파트가 얼마에 분양될지, 조합원은 얼마를 추가로 부담해야 할지 추정 금액이 공개되면서 세간의 관심이다.

앞서 2023년 2월 고시에는 추정 분양가와 공사비, 조합원 분담금 등도 포함됐다. 결론부터 말하자면 재건축을 마친 은마아파트 일

은마아파트 재건축 추정 분담금		(단위:만원)
신청 평형	기존 소유 평형	
	전용 76㎡	전용 84㎡
전용 59㎡	(1억5421)	(4억5562)
전용 84㎡	4억1988	1억1847
전용 91㎡	5억1961	2억1820
전용 99㎡	6억9238	3억9098
전용 109㎡	7억7654	4억7513

*2023년 2월 정비계획안을 토대로 추정, 추후 변동 가능   *( )는 환급액
*자료:은마아파트 재건축추진위원회(현 조합)

반분양가는 전용 84㎡를 기준으로 26억원으로 추산됐다. 신청하는 평형에 따라 소유주 추가 분담금이 최대 7억7000만원에 달할 것으로 추정됐다.

추진위가 추정한 은마아파트 일반분양가는 3.3㎡당 7700만원이다. 역대 최대 분양가를 기록했던 서초구 반포동 '래미안원베일리(3.3㎡당 5653만원)'보다 2000만원 이상 높다. 추정 일반분양가의 경우 2023년 3월 강남구청이 검증 절차를 거쳐 3.3㎡당 7700만원에서 7100만원으로 조정하기는 했지만 여전히 역대 최고 분양가다.

어쨌든 3.3㎡당 7700만원을 적용했을 때 전용 84㎡ 기준 은마아파트 일반분양가는 약 26억원, 전용 59㎡는 약 19억원 수준이다. 가장 넓은 면적인 전용 109㎡ 일반분양가는 약 30억원이 될 것으로 보인다.

현재 은마아파트 추정 종전가액(전용 76㎡

19억원·전용 84㎡ 22억원)과 비례율(재산 인정 비율)을 고려하면 현재 전용 76㎡를 소유한 사람과 전용 84㎡를 소유한 사람이 전용 59㎡ 새 아파트를 배정받을 경우 각각 1억 5421만원, 4억5562만원가량을 이익으로 돌려받는다.

반면 전용 76㎡ 소유주가 더 넓은 평형으로 이동하려면 추가 분담금을 내야 한다. 신청 평형에 따라 ▲전용 84㎡는 4억1988만원 ▲전용 91㎡는 5억1961만원 ▲전용 99㎡는 6억9238만원 ▲전용 109㎡는 약 7억7654만원을 더 내야 한다.

기존 전용 84㎡ 소유자는 신청 평형에 따라 ▲전용 84㎡ 1억1847만원 ▲전용 91㎡ 2억1820만원 ▲전용 99㎡ 3억9098만원 ▲전용 109㎡ 4억7513만원 등 분담금이 발생할 것으로 추정된다. 만약 가장 작은 전용 59㎡를 신청한다면 4억5562만원을 환급받는다.

추가 분담금이 억대에 달하는 이유는 은마아파트가 반포의 저층 아파트 재건축 사업과 달리 중층 재건축 단지라 늘어난 일반분양 물량이 많지 않기 때문이다. 정비계획에 따르면 일반분양 가능한 가구는 676가구로 전체(5778가구)의 약 12%에 불과하다.

여기에 최근 인상된 공사비도 영향을 미쳤다. 은마아파트 공사비(3.3㎡당 700만원)는

서울 강남구 대치동 은마아파트. 3호선 대치역과 학여울역을 이용할 수 있는 데다 강남 8학군이 밀집해 있고 대치동 학원가와도 가깝다. 서울 강남권에서도 학군, 교통, 입지, 주변 환경 등을 모두 충족시키는 몇 안 되는 아파트로 꼽힌다.

서울 주요 재건축 단지 일반분양가 〈단위:3.3㎡당 만원〉

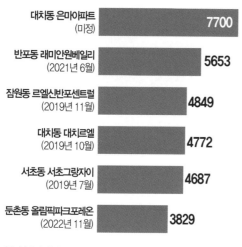

단지	분양가
대치동 은마아파트 (미정)	7700
반포동 래미안원베일리 (2021년 6월)	5653
잠원동 르엘신반포센트럴 (2019년 11월)	4849
대치동 대치르엘 (2019년 10월)	4772
서초동 서초그랑자이 (2019년 7월)	4687
둔촌동 올림픽파크포레온 (2022년 11월)	3829

*은마아파트는 추정 분양가로 강남구청은 3.3㎡당 7100만원으로 조정한 바 있음
*( )는 분양 시기   *자료:업계 취합

앞서 1년간 서울에서 정비사업을 진행한 사업지 7곳의 평균 공사비(3.3㎡당 668만7000원)보다 높게 책정됐다.

물론 이렇게 추정한 분담금과 공사비는 앞서 통과된 '35층 지구단위계획안'을 기준으로 산출한 것이고, 아직 사업 극초기 단계인 만큼 재건축 분담금이 확정된 금액이라고 볼 수는 없다. 은마아파트가 재건축 층수를 35층에서 50층 이상으로 올려 추진하는 방안을 검토 중이어서 3.3㎡당 공사비나 조합원 분담금 등이 추후 변동될 여지가 있다. 일단 조합이 꾸려졌으니 서울도시기본계획에 따라

최대 50층 등으로 재건축될 경우 주민 의견을 수렴해 사업비와 분양가, 비례율 등을 재검토하는 절차를 밟을 전망이다.

초과이익환수제 완화는 언제?

재건축초과이익환수(이하 재초환)도 걸림돌이다. 재초환은 재건축 사업으로 조합원 1인당 평균 3000만원 넘는 이익을 봤을 때 이익 금액의 10~50%를 부담금으로 환수하는 제도다. 서울 강남권 재건축 단지를 중심으로 조합원이 많게는 수억원의 부담금을 납부해야 하는 탓에 사업 추진에 걸림돌로 작용한다는 지적이 많았다.

그나마 재건축 부담금 제도를 개선하겠다며 최근 국회 논의가 진행 중이기는 하지만 여야 이견이 상당해 빠른 시일 내에 결론을 낼지 미지수다. 규제 완화가 이뤄지지 않으면 은마아파트 역시 사업 향방에 따라 재초환 부담금을 내야 할 수 있다. 현재 계획대로 진행해 억대의 추가 분담금을 내거나, 최고 층수와 일반분양 물량을 늘리고도 초과이익환수금을 뱉어내거나 어쨌든 부담이 커지면 조합원이 이탈하면서 사업 진행이 더뎌질 수 있다.

GTX C노선 · 층수 상향 숙제도

수도권 광역급행철도(GTX) C노선과 49층 상향도 숙제로 남아 있다. 우선 논란이 되고

있는 GTX C노선 관련 문제를 매듭지어야
한다.

은마아파트 주민들은 단지 지하를 관통하
는 GTX C노선 구간을 변경해달라고 국토교
통부에 지속적으로 요구해왔다. GTX 열차
가 단지 지하를 관통하면 지반이 붕괴될 위험
이 있다는 것. 35층 아파트의 경우 통상 지하
30m까지 주차장을 짓는데, 터널을 먼저 지
으면 재건축 과정에 어려움이 생길 수 있다는
논리다. 여기에는 터널이 단지 지하를 관통한
다면 용적률을 상향하기도 어렵고 기존 용적
률을 유지하지 못할 거라는 우려도 깔려 있
다. 주민 반발에 못 이겨 2022년 7월 GTX
C노선 시공사인 현대건설이 은마아파트 우회
노선안을 국토교통부에 제출하기도 했다.

하지만 2023년 5월 원희룡 국토교통부 장
관은 "재론의 여지는 없다"는 입장을 밝힌 상
태다. '수도권광역급행철도씨노선주식회사'는
2023년 8월 환경영향평가 초안과 관련 주민
설명회를 열고 제3의 타협안을 찾는 데 고심
하기도 했다. 국토교통부는 "재건축 단지 밑
을 지나가지 못한다는 요구 때문에 국가사업
이 변경되는 선례를 남길 수 없다"며 강경한
입장이어서 향후 GTX 노선이 은마 재건축
사업 진행에 변수로 작용할 가능성이 남아 있
다. 조합을 꾸린 은마아파트는 앞으로 GTX
C노선 문제 해결에 더욱 적극적으로 움직일
가능성이 있다.

3호선 대치·학여울역
대치동 학원가 인접
재건축 대장주 상징성
강남권 직주근접

최고 층수를 49층으로 높이는 등의 정비계
획 변경도 필요하다. 은마아파트의 현재 용적
률은 204%로 2023년 초 고시된 정비계획에
따르면 최고 35층·용적률 250%로 재건축된
다. 이로 인해 일반분양가를 3.3㎡당 7100
만원(강남구청 조정안)으로 책정해도 전용
76㎡의 소유주가 전용 84㎡를 분양받을 때
3억1600만원을 부담해야 할 것으로 추정된
다. 반면 전용 84㎡ 소유자가 동일 평형으로
이동할 시 1567만원만 부담하면 된다. 조합
설립인가를 받는 대로 정비계획을 변경하고
가구 수를 늘려 사업성을 개선해야 한다는 숙
제가 남았다.

대치동의 미스코리아 '우선미'

(우성·선경·미도)

우선미 중 가장 적극적인 미도, 최고 50층으로
신통기획이냐 일반 재건축이냐 고민하는 선경
3호선·수인분당선 더블 역세권 우성도 속도 낼까

2000년대 초 강남 큰손들 사이에서는 '우성에서는 백(권력) 자랑 말고, 선경에서는 학벌 자랑 말고, 미도에서는 돈 자랑 말라'는 우스갯소리가 있었다. 강남에서 처음 10억원을 넘긴 아파트가 이곳에서 나왔고 학계·법조계 인사들이 대치동을 중심으로 모여 살면서 생긴 말이다. 대치동에서는 이들 개포우성1·2차, 선경1·2차, 대치미도(한보미도맨션1·2차)를 묶어 '우선미'라고 부른다.

지금이야 준공된 지 40년 된 노후 단지지만 우선미는 여전히 대치동 부자를 상징하는 간판 아파트로 통한다. 재건축만 완료되면 대치동 일대에 입지를 견줄 만한 단지가 많지 않다.

한동안 재건축 논의만 진행됐지 별다른 움직임이 없던 우선미에서는 이제야 재건축을 본격적으로 추진하려는 움직임이 일고 있다.

맞은편 이웃 단지인 은마아파트 재건축이 가시화되고 있는 만큼 함께 분위기를 탈 가능성이 점쳐지는 곳이다.

대치미도

1983년 준공된 대치미도는 2017년 정비구역을 지정해달라는 신청서를 냈지만 반려되면서 재건축 추진이 지지부진했었다. 그러다 2022년 11월 1000가구 이상 대단지 가운데서는 처음으로 신속통합기획 재건축을 신청해 사업이 확정됐다. 미도1·2차 재건축추진준비위원회가 신속통합기획 신청을 위해 주민을 대상으로 참여조사를 진행한 당시 찬성률이 90%대였을 정도로 주민 호응도가 높았다. 서울시는 서울시대로 신속통합기획 설명회 단계부터 대치미도에 35층 이상 층수 상향과 역세권 고밀복합개발을 제안한 바 있다.

35층 규제 폐지 방침이 신속통합기획안에 반영된 대치미도가 재건축을 마치면 현재 2436가구에서 최고 50층 높이의 3800가구 규모 대단지로 탈바꿈한다.

하지만 막상 기획안이 발표된 후 주민 반응은 시큰둥하다. 신속통합기획안에서 서울시는 공공임대주택 등의 기부채납을 요구했다. 2022년 11월 주민설명회 당시 서울시는 임대주택 물량을 약 630가구로 제시한 바 있다. 이 때문에 주민들 사이에서는 임대 물량이 너무 많다는 반대 여론이 조성됐다. 일각에서는 차라리 '35층 룰'을 적용한 민간 재건축을 추진하자는 얘기까지 나왔다.

현재 대치미도는 임대주택을 줄이는 대신 공공청사나 체육시설, 도서관 등 공공·기반 시설을 기부채납하는 방안을 놓고 서울시와 논의 중이다. 강남구청이 논의 결과를 반영해 정비사업 공고를 내는 수순이다.

아직 정비구역 지정 전인 데다 신속통합기획이 적용되는 첫 강남 아파트인 만큼 민간 아파트 대비 사업성이 얼마나 좋아질지도 계산하기 쉽지 않다. 다만 일반 재건축 사업을 추진한다고 가정해도 대치미도 재건축 사업성은 꽤 높은 편이다.

대치미도는 14층짜리 중층 아파트인 데다 용적률이 179%에 달한다. 가구당 평균 대지지분은 79.86㎡다. 소위 재건축 사업성이 높다는 5층 이하 저층 단지들과 비교하면 용적률이 낮은 편이 아닌데도 대지지분이 높은 이유는 대치미도가 중대형 평형(전용 84~191 ㎡·34~66평)으로만 이뤄진 단지기 때문이

서울 강남구 대치동 '대치미도'는 강남권에서는 처음으로 신속통합기획으로 재건축 사업을 진행한다.

다. 가장 작은 평형이 전용 84~85㎡고, 전체 가구의 절반 이상이 40평대(1344가구)다. 재건축초과이익환수 부담금을 고려하지 않는다면 기존 평형과 동일하거나 비슷한 크기의 새 아파트를 분양받아도 추가 분담금 없이 이익을 환급받을 수 있는 조건이다.

선경1·2차

우선미의 또 다른 기대주인 선경1·2차는 1983년 준공된 1034가구 규모 아파트로 전용 84~174㎡ 중대형 면적으로만 구성돼 있다는 점에서는 대치미도와 여건이 비슷하다.

다만 선경1·2차의 경우 재건축 사업이 출발부터 녹록잖다. 추진준비위원회가 둘로 나뉘어 각기 다른 방식의 재건축을 추진 중이어서다. 선경1·2차는 '클린신속통합선경재건축준비위원회(이하 클선재)'와 후발 주자인 '대치선경재건축추진준비위원회(이하 대선재)'가 활동 중이다.

하나의 단지에 준비위가 둘로 나뉜 가장 큰 이유는 재건축 방식 때문이다. 두 준비위 모두 용적률을 현 179%에서 300%까지 상향하는 것을 가정하고 계획안을 마련했지만 클선재는 일반분양분을 최대한 확보한 통상적인 재건축을, 대선재는 일대일 재건축을 추진하고 있다. 두 방법 모두 장단점은 있다.

우선 일반분양분을 확보하는 재건축은 분양 수익을 통해 사업비를 충당할 수 있는 게 장점이다. 그만큼 조합원이 내야 할 추가 분담금이 줄어드는 구조다. 클선재는 일반분양을 통해 현재 1034가구를 최고 49층 아파트 1678가구(임대주택 204가구 포함)로 신축할 수 있다고 말한다. 일반분양 물량을 400여가구 이상 확보할 수 있는 셈이다.

다만 일반분양분을 확보하고 소형 아파트 의무 비율을 맞추는 과정에서 가구별 면적이 전체적으로 줄어들 수밖에 없다. 선경1·2차 소유주 중에는 평형을 기존보다 줄여 배정받아야 한다는 얘기다. 경제력이 있고 중대형 평형을 선호하는 일부 주민 입장에선 문제가 될 수 있는 대목이다.

일대일 재건축은 가구 수를 그대로 유지하거나 최소한으로 늘리는 방식이다. 대선재가 제안하는 '하이브리드 일대일 재건축' 계획안에 따르면 가구별로 평균 약 7평씩 넓힐 경우 1477가구(일반분양 279가구, 임대 164가구)를 지을 수 있고, 평균 약 9평씩 넓힐 경우 1452가구(일반분양 226가구, 임대 192가구)로 탈바꿈할 수 있다. 일반 재건축과 비교해 분담금 차이가 크지 않지만 향후 자산 가치는 더 크게 상승할 수 있다는 게 골자다. 다만 조합원 배정 평형이 15~18%가량 늘어나는 것이 일반 재건축과 비교해 큰 차별화 포인트는 아니라는 지적도 나온다.

두 준비위가 대립각을 세우는 가운데 2023년 7월 선경1·2차는 앞서 신청했던 신속통합기획 참여 신청을 철회했다. 클선재가 2023년 3월 주민 동의서 30%를 모아 신속통합기획을 신청했는데 대선재가 또 다른 주민 10% 의견을 모아 2주 만인 2023년 4월 철회 신청을 접수한 데 따른 것이다.

재신청이 가능한 단계에서 철회가 이뤄진 만큼, 선경1·2차는 향후 일반 재건축과 일대일 재건축, 신속통합기획 재신청 등을 폭넓게 고민할 것으로 보인다. 다만 정비구역 지정도 이뤄지지 않은 단계여서 사업이 본궤도에 오르려면 주민 의견을 하나로 모으는 게 관건이 될 전망이다.

개포우성1·2차

대지 17만4159.461㎡ 규모 개포우성1·2차(1140가구)는 재건축준비위원회가 만들어져 있기는 하지만 아직 주변 단지 대비 큰 움직임이 없다. 하지만 서울시가 재건축 사업에 대한 지원을 위해 신속통합기획 등을 제시했고 이웃 단지들을 비롯해 압구정3구역 등 강남권 주요 단지의 신속통합기획이 확정되자 개포우성1·2차도 속도를 낼 전망이다.

개포우성1·2차는 일단 동의율을 일정 수준까지 받으면 서울시의 신속통합기획에 참여할지도 검토할 계획이다. 개포우성1·2차 단지까지 신속통합기획을 신청할 경우 대치미도와 비슷한 층수를 적용한 고층 아파트로 지어질 전망이다. 전반적인 주변 환경은 이웃 단지

우선미 단지별 대지지분				단위:가구, %, 평, ㎡	
단지명	준공연도	가구 수	용적률	평형	대지지분
개포우성1차	1983년	690		31	15.88
				45	22.99
				55	28.17
			179	65	33.61
개포우성2차	1984년	450		31	15.49
				45	22.48
				55	27.68
선경1차	1983년	1034	179	31	15.74
				42	24.3
				48	24.39
				57	28.9
선경2차				31	16.27
				45	24.64
				55	28.98
미도1차	1983년	2436	179	34	17.59
				46	23.71
				57	29.32
				67	34.29
미도2차				35	17.85
				41	21.14
				45	23.05
				56	28.6
				66	33.89

*1평은 3.3㎡   *자료:네이버, 디스코, 서울부동산정보광장 등

인 선경, 대치미도와 비슷하지만 지하철 3호선과 수인분당선 환승역인 도곡역을 단지 바로 옆에 끼고 있다는 점이 플러스 요인이다.

속도 빠른 대치동 우등생 '우쌍쌍'

(대치우성1차·쌍용1차·쌍용2차)

우쌍쌍 세 단지 모두 사업시행인가 완료
재건축 후엔 2300여가구 아파트村 탈바꿈
통합 방식 이견에 일단은 각자도생 체제?

'우쌍쌍' 모두 사업시행인가 완료

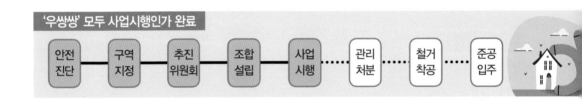

안전진단 → 구역지정 → 추진위원회 → 조합설립 → 사업시행 ····· 관리처분 ····· 철거착공 ····· 준공입주

은마아파트, 우선미와 함께 서울 강남구 대치동 대표 재건축 단지를 꼽으라면 '우쌍쌍(대치우성1차·쌍용1차·쌍용2차)'을 꼽을 수 있다. 서울시가 한강변 아파트 층수 규제를 기존 최고 35층에서 완화하자 최근에는 쌍용1차도 49층으로 층수 상향에 나서는 등 재건축 기대감이 커졌다. 대치동 대표 재건축 단지인 은마아파트와는 대로변을 두고 동일 학군을 끼고 있어 재건축 추진 이전부터 투자자 관심이 높았던 곳이다. 은마아파트와는 길 하나를 사이에 두고 맞닿아 있고 단지 옆으로는 양재

천과 탄천이 지난다. 탄천을 가로질러 잠실우성1·2·3차와 아시아선수촌이 보이는 위치다.

대치쌍용1차

'대치쌍용1차(이하 쌍용1차)' 재건축 조합은 최근 아파트 층수를 49층으로 높여 짓기로 결정했다. 조합은 사업시행계획 변경을 위한 절차를 밟고 있다.

1983년 준공된 쌍용1차는 지상 최고 15층 5개동 630가구 규모로 우리나라 학군 1번지인 대치동에 위치해 있다. 일찌감치 재건축을

추진해온 덕에 2018년 지하 4층~지상 35층 9개동 1072가구로 새로 짓는 사업시행인가를 획득해놨다.

쌍용1차가 이미 사업시행인가를 받아두고도 기존 35층에서 49층으로 정비계획을 바꾸기로 한 것은 주변 단지들이 일제히 층수 상향을 추진하고 있기 때문이다. 서울시가 올 1월 9년여 만에 35층 규제를 폐지하는 내용의 '2040 서울도시기본계획(2040 서울플랜)'을 발표한 이후 재건축을 진행 중인 인근 단지들은 속속 층수 계획을 수정하고 있다.

대치쌍용2차

바로 옆 '대치쌍용2차(이하 쌍용2차)'는 2017년 9월 일찍이 사업시행인가를 받아둔 상태다. 4개동 364가구에 불과한 사업장인데도 2018년 6월 대형 건설사 간 치열한 경쟁 끝에 현대건설이 시공권을 챙긴 바 있다. 현대건설이 내건 새 단지명은 '디에이치로러스'다.

당시 쌍용2차 시공권 입찰에 참여했던 건설사들은 쌍용2차 단지 규모가 작은 데도 많지만 대치동이라는 입지를 감안하면 분양 등 높은 사업성을 챙길 수 있는 곳으로 평가한 바 있다. 인기 주거지역에 자리 잡고 있는 데다 인근 재건축 단지를 묶어 대규모 브랜드 타운을 건설하는 전초전이 될 수 있어서다. 시공사 우선협상자인 현대건설은 수주전 당시 쌍용2차에 이어 쌍용1차, 대치우성1차도 수주

해 '디에이치' 브랜드 타운을 만들겠노라 각오를 밝힌 바 있다.

대치우성1차

쌍용1·2차 단지 북쪽에서는 '대치우성1차(476가구)'가 재건축 사업을 추진 중이다.

1984년에 준공된 대치우성1차는 2017년 조합설립인가 후 2021년 10월 서울시 건축심의를 통과했고 2022년 9월에는 사업시행인가를 받아냈다. 당시 심의를 통과한 정비계획안에 따르면 현재 최고 14층, 476가구 규모에서 최고 35층, 712가구(공공주택 86가구 포함)로 재탄생한다.

사업시행인가는 2022년 9월에 받은 만큼 대치우성1차 조합 역시 2040 서울플랜을 반영해 49층 높이로 계획을 수정하는 방안을 검토할 것으로 보인다. 당시 대치우성1차 조합은 "시공사를 선정하기 전이라도 2040 서울플랜이 나오면 49층짜리 계획안 준비에 돌입할 것"이라며 "미리 준비해 정비계획 수정 절차를 단축하겠다"고 밝힌 바 있다.

통합 재건축은 없던 일로?

일찌감치 사업시행인가를 마친 쌍용1·2차에 이어 2022년 대치우성1차까지 사업시행인가를 받아내면서 세 단지는 조합원들을 대상으로 통합 재건축 설명회를 진행하는 등 통합 논의까지 구체화하는 모습이었다. 사업 단

서울 강남구 대치동 '우쌍쌍(대치우성1차·쌍용1차·쌍용2차)'은 이웃 단지 은마아파트 못잖게 재건축 사업성이 높은 단지로 꼽힌다.

계가 비슷해진 세 단지를 합쳐 재건축하면 2500가구 넘는 하나의 대단지를 완성할 수 있다는 기대에서였다. 통합 재건축을 하면 개별 재건축보다 가구 수가 늘면서 사업비 절감 등 시너지 효과가 상당하다. 또한 대단지 아파트는 일대 시세를 이끄는 '대장주 아파트'가 될 가능성도 크다.

하지만 2023년 들어 대치우성1차 조합에서 잡음이 생기며 상황이 급변했고 '우쌍쌍' 통합은 논의 자체가 어려워진 형국이다.

당초 대치우성1차는 2022년 9월 사업시행인가를 받아낸 후 올 6월 시공사 선정까지 마치겠다는 계획을 갖고 있었다. 하지만 시공사 선정 시점을 두고 대치우성1차 내부에서 갈등이 생기기 시작했다. 대치우성1차 조합은 시공사를 먼저 선정한 이후 쌍용2차와 통합 재건축 논의를 이어가려 했고, 한편에서는 이를 반대했기 때문이다. 2023년 8월 기준 대치우성1차 조합장은 공석이다.

당초 대치우성1차 조합 측은 쌍용2차가 이미 시공사 선정을 마친 만큼, 대치우성1차도 시공사를 선정하고 전문 인력도 갖춘 뒤에 통합 재건축 논의를 진행해야 협상 우위를 점할 수 있다고 봤다. 반면 우정모(우성정상화모임)는 "시공사를 정한 후 통합 논의를 하자는 것은 말로만 통합을 주장하는 것"이라며 "실질적으로 통합 논의가 되려면 쌍용2차 쪽에서 원하는 조건도 검토해보고 우리가 이득을 얻어 갈 수 있는 부분도 반영해야 하는데 이전 조합장 측은 무조건 '이익적 통합'만을 내세운다"고 반대한다.

쌍용2차는 내부적으로 단지를 섞지 않고 재건축하는 '제자리 재건축' 방식을 고수한다. 하지만 통합 재건축을 할 경우 대치우성1차는 아파트 동 위치가 더 안쪽으로 밀리게 돼 제자리 재건축에 대해 조합원 간 부정적인 시각이 적잖은 것으로 전해진다. 이외에도 대치우성1차 입장에서는 상가 통합이 골치 아픈 변수다.

단지 내 일부 상가 소유주가 재건축에 반대하면서 상가를 제외한 채로 사업을 추진 중이지만 2018년 상가와의 토지 분할 소송에서 승소하고도 여전히 통합 가능성은 열어둔 상태다.

마지막으로 쌍용1차의 경우 대치우성1차, 쌍용2차 두 단지에 비해서는 통합 재건축에 소극적인 편이다. 사업 속도도 나쁘지 않고 우쌍쌍 세 단지 중 규모가 가장 크고 지하철역과도 가장 가까워 아쉬울 게 없는 분위기다. 시간이 오래 걸릴 통합 재건축보다는 단독 재건축을 빠르게 완성하자는 조합원 목소리가 더 큰 분위기다. 대치우성1차와 쌍용2차가 통합 논의를 먼저 본격화하면 쌍용1차도 검토에 나설 것으로 보인다.

대지지분을 비교해보자

쌍용1·2차는 모두 양재천과 맞닿아 있고 대지지분 역시 큰 차이는 없다. 면적이 비슷한 쌍용1차 전용 96㎡(옛 30평)와 쌍용2차 전용 95㎡(옛 30평)의 대지지분은 각각 55㎡(16.63평), 54.2㎡(16.39평)다. 대치우성1차 전용 95㎡ 대지지분은 51.86㎡(15.73평)로 쌍용1·2차보다 조금 더 적은 정도다.

그럼에도 조건이 비슷한 이웃 단지들을 굳이 비교하자면 쌍용1차가 입지나 규모 면에서 가장 유리하다. 대치우성1차와 쌍용2차도 지하철 3호선 학여울역과 도보 거리기는 하지만 단지 바로 건너편에 역을 둔 쌍용1차가 유

3호선 학여울역 양재천·탄천 조망

리하다. 단지 규모도 쌍용1차가 쌍용2차보다 훨씬 크다. 1차는 재건축을 통해 현재 630가구에서 1072가구 규모로 탈바꿈한다. 2차는 재건축 후 364가구에서 560가구로 탈바꿈한다. 대치우성1차는 476가구에서 712가구로 236가구 늘어난다. 일반분양 물량으로 확보할 수 있는 가구 규모에서 차이가 크다.

다만 현재 '최고 35층'을 기준으로 사업시행인가를 받아둔 대치우성1차와 쌍용2차도 최근 완화·확대된 층수 규제, 용적률 인센티브 등을 활용해 사업시행계획 변경을 추진할 가능성은 남았다. 용적률 인센티브를 받을 경우 지을 수 있는 가구 수가 늘어난다.

우쌍쌍 단지별 대지지분				(단위:가구, %, 평, ㎡)	
단지명	준공연도	가구 수	용적률	평형	대지지분
대치우성1차	1984년	476	179	31	15.73
				41	20.57
쌍용1차	1983년	630	169	31	16.63
				46	24.5
				53	28.23
쌍용2차	1983년	364	176	31	16.39
				43	22.77

*1평은 3.305785㎡   *자료:네이버, 디스코, 서울부동산정보광장 등

개포동 중층 단지들 '재건축 2라운드'

후발 주자 개포5단지, 2024년 착공 목표로 분주
개포6·7단지 건축심의 통과…시공사 선정 잰걸음
우성4·6·7차 추진위…'경우현'은 신통기획 확정

지난 몇 년간 재건축 사업이 유독 활발했던 지역을 꼽으라면 단연 서울 강남구 개포지구가 꼽힌다. 재건축 가능 연한(준공 30년 이상)을 훌쩍 넘겨 노후도 문제가 커지면서 곳곳에서 정비사업이 활발히 진행됐다. 사업 속도가 빨랐던 저층 단지들은 이미 소기의 성과를 거뒀다.

2023년 12월 개포주공1단지를 재건축한 '디에이치퍼스티어아이파크'가 준공하면서 서울 강남구 개포지구 저층 단지들이 약 1만 5000가구에 달하는 미니 신도시로 제 모습을 갖추게 됐다. 새 아파트들이 차례로 완공되자 그간 미처 재건축을 진행 못했던 주변 중층 단지들이 이번에는 사업에 속도를 내려는 모습이다.

이들 단지 대부분은 이제야 사업 첫발을 뗀 만큼 아직 단지별 사업성을 계산하기 쉽지 않다. 다만 사업 속도가 상대적으로 빠른 개포주공5단지의 예상 재건축 분담금 시뮬레이션을 참고해 어느 정도 사업성을 가늠해볼 수 있다.

'재건축 2라운드'를 시작한 개포지구가 정비사업을 모두 마치면 개포지구는 기존에 입주를 마친 단지를 포함해 3만여가구 미니 신도시급 주거 단지로 탈바꿈한다. 서울 강남권에서도 알짜 입지인 데다 건너 동네 구룡마을 개발까지 완료되면 개포동 일대가 강남권 랜드마크 입지를 다질 것이라는 기대가 크다. 인근 도곡동, 대치동과 가까워 편의시설이 잘 갖춰졌으면서도 이들 지역 노후 주거 단지에서 쾌적한 주거 환경을 찾아 유입되는 가구 등 잠재 수요도 탄탄하다.

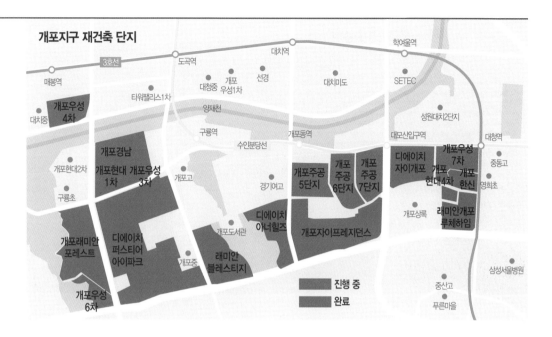

개포지구 재건축 단지

개포주공5단지

940가구 → 1277가구 사업시행인가

속도가 가장 빠른 단지는 1983년 준공된 '개포주공5단지(940가구)'다. 2023년 5월 강남구청에 사업시행인가를 신청했다. 2022년 12월 서울시 건축심의를 통과한 지 불과 5개월 만에 사업시행인가 절차에 돌입한 것. 앞서 서울시가 불필요한 행정절차를 간소화하도록 개포주공5단지를 '특별건축구역'으로 지정한 만큼 무리 없이 사업시행인가가 통과될 것으로 기대를 모은다. 특별건축구역으로 지정되면 창의적인 설계가 필요한 지역 특성에 맞게 용적률 등 건축 규제가 일부 완화되는 등 이점이 많다.

개포주공5단지 건축계획안에 따르면 개포주공5단지는 재건축을 통해 지하 4층~지상 35층, 1277가구로 탈바꿈한다. 전체 가구 가운데 장기 전세 주택으로 활용될 공공주택은 144가구, 일반분양 물량은 173가구가 될 것으로 보인다. 단지는 전용면적별로 ▲59㎡ 56가구 ▲74㎡ 220가구

개포주공5단지 재건축 예상 추가 분담금				(단위:만원)
기존 평형 (전용면적)	23평 (53.9㎡)	25평 (61.19㎡)	31평 (74.25㎡)	34평 (83.17㎡)
종전가액	15억2000	16억1000	18억1000	19억8000
권리가액	14억280	14억8586	16억7044	18억2734
신축 평형	신축 평형 부담(환급) 예정액			
25평(59㎡)	(1억4185)	(2억2491)	(4억949)	(5억6639)
34평(84㎡)	1억9532	1억747	(7710)	(2억3400)
39평(99㎡)	3억3510	2억5204	6746	(8943)
46평(114㎡)	5억7293	4억8987	3억529	1억4839
48평(120㎡)	6억6510	5억8204	3억9746	2억4056

*예상 추가 분담금 = 추정 부담금 = 조합원 분양가 – 권리가액
*(   )는 환급액

서울 강남구 개포동 '개포주공5단지'는 2022년 말 서울시 건축심의를 통과했다. 연내 사업시행인가를 받아내는 걸 목표로 하고 있다.

▲84㎡ 426가구 ▲98㎡ 241가구 ▲114㎡ 121가구 ▲128㎡ 4가구 ▲156㎡ 5가구로 다양하게 구성된다.

이미 예정 추가 분담금까지 나왔다. 만약 개포주공5단지 전용 61.19㎡(25평)를 보유한 조합원이 신축 후 전용 84㎡(34평)를 분양받는다고 가정하면 이 조합원은 분담금으로 1억747만원을 내게 될 전망이다. 전용 61.19 ㎡ 종전가액을 16억1000만원, 권리가액은 14억8586만원으로 가정했을 때의 계산이다. 평수를 보다 늘려 전용 99㎡를 분양받는다고 해도 이 조합원은 2억5204만원의 분담금만 내면 된다. 기존 주택과 비슷한 평형인 59㎡를 분양받는다고 가정하면, 이 조합원은 오히려 2억2491만원을 돌려받는다. 초과이익환수금은 별도다.

같은 방법으로 가장 큰 평형인 전용 83.17 ㎡(34평)를 보유한 조합원은 전용 59㎡ 신청 시 5억6639만원, 전용 84㎡ 신청 시 2억3400만원, 전용 99㎡ 신청 시 8943만원을 각각 환급받는다. 전용 114㎡를 분양받을 경우에는 1억4839만원만 부담하면 된다.

개포주공5단지는 사업시행계획인가를 거쳐 2024년에는 착공까지 하겠다는 목표를

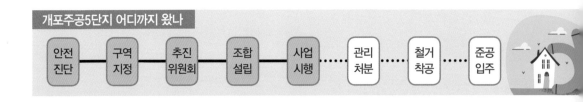

개포주공5단지 어디까지 왔나

안전진단 — 구역지정 — 추진위원회 — 조합설립 — 사업시행 ····· 관리처분 ····· 철거착공 ····· 준공입주

세우고 있다. 빠르면 2027년 준공하는 일정이다.

개포주공5단지는 재건축 후 이웃 신축 단지인 '개포자이프레지던스(3375가구, 2023년 2월 입주)'나 '디에이치아너힐즈(1320가구, 2019년 8월 입주)' 시세를 추월할 가능성이 높다. 두 단지보다 규모는 작지만 수인분당선 개포동역, 양재천과 맞닿아 있는 등 입지적 여건이 뛰어나서다. 서울부동산정보광장에 따르면 디에이치아너힐즈 전용 84㎡는 2023년 7월 28억원(8층)에 실거래된 바있다.

개포주공6·7단지
1960가구 통합 재건축 건축심의 통과

1983년 준공된 개포주공6·7단지(1960가구)는 통합 재건축을 진행하고 있다. 2021년 1월 조합을 설립한 데 이어 2023년 6월에는 서울시 건축심의를 통과했다. 개포주공6·7단지는 재건축을 통해 2698가구 규모 대단지로 탈바꿈한다.

일단 이번에는 최고 35층으로 심의를 받았는데 조합원은 일부 조합원 의견을 반영해 사업시행인가를 신청할 때는 최고 49층으로 변경하는 것도 고려하고 있다. 원안인 35층으로 추진해 빨리 재건축을 진행하자는 조합원 의견이 좀 더 우세하기는 하지만 다양한 방안을 두고 사업성과 속도, 재건축 이후의 아파트 가치 등을 고려해 최종안을 도출할 것으로 보인다.

경남·우성3차·현대1차
의기투합한 '경우현' 신통기획 확정

1984년 나란히 준공된 개포경남·우성3차·현대1차, 이른바 '경우현'도 통합 재건축을 추진 중이다. 서울시가 경우현을 통합 재

개포주공6·7단지 어디까지 왔나

안전진단 — 구역지정 — 추진위원회 — 조합설립 ···· 사업시행 ···· 관리처분 ···· 철거착공 ···· 준공입주

개포경남 · 우성3차 · 현대1차 양재천변 특화 디자인 조감도.
(서울시 제공)

건축하는 내용의 신속통합기획안을 2023년 8월 확정하면서 재건축은 훈풍을 탔다.

신통기획안에 따르면 서울시는 경우현을 양재천 수변과 녹지가 어우러진 친환경 단지로 만들겠다는 방침이다. 단지 내 남북으로 통경구간과 공공보행통로를 계획하고 이를 주변 단지와 연계해 양재천부터 대모산까지 이어지는 개포지구의 통경과 보행축을 완성하는 것이 골자다.

경우현은 재건축을 통해 50층 내외의 2340가구 대단지로 바뀌게 된다. 최고 높이는 창의적이고 혁신적인 디자인을 도입하는 경우 더 높아질 수도 있다. 전체 가구 수도 향후 구체적인 정비계획안을 짜는 과정에서 변동될 수 있다. 단지는 녹지 풍부한 양재천을 끼고 있는 데다 수인분당선 구룡역이 가깝다.

남은 우성 단지들도 퍼즐 '착착'

이외에도 개포우성 단지들은 2022년부터 재건축추진위원회를 설립하고 사업을 이어나가고 있다. 일원동 개포우성7차는 2022년 11월 강남구로부터 추진위 설립을 승인받았다. 기존 17개동 802가구인 노후 단지를 허물고 1234가구로 신축하는 게 목표였다. 지금은 기존 설계보다 5층 더 높인 최고 40층 건립을 목표로 사업을 이어나가고 있다.

개포우성6·4차도 2022년 9월 추진위 설립을 완료했다. 개포동 개포우성6차는 2023년 내 조합설립을 목표로 절차를 밟고 있다. 기존 8개동 270가구를 허물고 417가구 규모로 재건축한다는 그림을 그린다. 행정구역상 도곡동인 개포우성4차는 기존 459가구를 허물고 1080가구 아파트 단지를 조성한다.

한편 사업 속도가 빠른 일원동 개포한신(364가구, 1984년 입주)은 일찌감치 사업시행인가를 통과해 2022년 GS건설을 시공사로 선정해뒀다. 개포한신아파트는 재건축을 통해 지하 3층~지상 35층, 3개동, 498가구와 부대복리시설을 짓는다.

개도 포기한 동네? 개도 포르쉐를 탄다!

서울 강남구 개포지구는 1981년 양재천 남쪽인 개포·일원동 일대에 형성된 택지개발지구다. 전체 649만㎡ 규모로 1981년 지정 당시에는 택지개발지구 중 최대 규모였다. 1982년부터 이곳에 저층 단지가 집중적으로 지어졌다. 강남에 위치했지만 전용 30~60㎡의 소형 주택이 많고 집값이 워낙 저렴해 서민 보금자리로 불렸다. 허허벌판 진흙탕과 논, 밭, 구릉지 속에 아파트만 덩그러니 놓여 있고 편의시설이 부족한 탓에 주거 환경은 그야말로 최악이었다.

1990년대 후반 들어 강남 개발이 본격적으로 진행됐고 재건축 바람까지 불면서 개포 아파트 가격은 2000년대 중반 한때 3.3㎡당 4000만원대까지 치솟았지만 재건축 사업 속도는 기대만큼 빠르지 못했다. 정부가 집값 상승 진원지인 재건축 아파트에 집중 규제를 하면서 재건축은 주춤했다. 집값은 비싸지만 '낡은 동네' 이미지에서 벗어나지 못했다. 개포를 가리켜 '개도 포기한 동네'라는 우스갯소리까지 나올 정도였다.

시간이 지날수록 노후도 문제가 커지면서 곳곳에서 정비사업이 활발히 진행됐다. 사업 속도가 빨랐던 저층 단지들은 이미 소기의 성과를 거뒀다. 개포주공2단지는 '래미안블레스티지(1957가구, 2019년 2월 입주)'가 됐고, 개포주공3단지를 재건축한 '디에이치아너힐즈(1320가구, 2019년 8

고급차와 낡은 아파트. 약 17년 전, 2006년 개포동 모습이다.

월)', 개포시영을 헐고 지은 '개포래미안포레스트(2296가구, 2020년 9월)', 일원대우를 재건축한 '디에이치포레센트(184가구, 2021년 1월)', 개포주공8단지를 재건축한 '디에이치자이개포(1996가구, 2021년 7월)', 일원현대였던 '래미안루체하임(850가구, 2018년 11월)'까지 합쳐 그동안 8400여가구 신축 아파트가 줄줄이 입주했다. 2023년 3월에는 개포주공4단지를 신축한 '개포프레지던스자이(3375가구)'가 입주했고 2023년 말부터는 개포주공1단지를 재건축한 '디에이치퍼스티어아이파크(6702가구)'가 집들이를 한다.

새 고급 아파트가 위용을 뽐내는 개포지구는 어엿한 신흥 부촌으로 떠올랐다. 입주장이 시작된 2018년 한때 분양권·입주권 거래가 활발해지면서 개포동 시세가 압구정마저 앞지른 적도 있었다. 서울 부유층 주거 수요가 몰리면서 이제는 '개도 포르쉐 타는 동네'로 불린다.

도심 한복판 보물 단지 '동현아파트'

낮은 용적률·건폐율 덕에 가구당 대지지분 19평
전용 84㎡ → 84㎡ 이동 시 추정 분담금 1200만원
7호선·분당선 강남구청역에 위례신사선 개통 예정

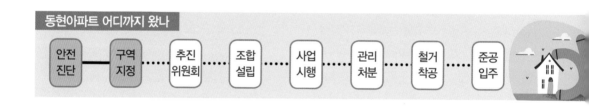

동현아파트 어디까지 왔나

안전진단 ── 구역지정 ···· 추진위원회 ···· 조합설립 ···· 사업시행 ···· 관리처분 ···· 철거착공 ···· 준공입주

이렇다 할 신축 대단지가 없던 논현동에서는 '동현아파트(548가구)'를 신축하려는 움직임이 한창이다. 동현아파트는 2017년 안전진단을 최종 통과한 뒤 6년 만인 2023년 정비구역으로 지정됐다. 일단 밑그림은 6개동, 최고 14층, 548가구 규모인 동현아파트를 10개동, 최고 35층, 905가구(공공주택 126가구 포함) 규모로 신축하는 것이다. 전용면적별로는 ▲59㎡ 286가구 ▲84㎡ 445가구 ▲106㎡ 126가구 ▲133㎡ 48가구 등으로 구성된다.

소위 '메이저' 재건축 지역도 아니고 단지는 이제야 정비구역으로 지정된 만큼 갈 길이 멀지만 나름의 매력은 있다. 동현아파트는 12~14층 아파트인데도 용적률이 174.5%, 건폐율은 15%밖에 안 된다. 동간 거리가 넓을 뿐 아니라 가구당 대지지분도 크다는 의미다. 실제로 동현아파트의 가구당 평균 대지지분은 65.1㎡(19.47평)다. 가구당 대지지분이 높을수록 재건축 사업성이 우수한 단지로 꼽힌다.

강남구청에 공개된 동현아파트 정비계획안에는 소유자별 분담금 추산액과 산출 근거가 담겨 있는데, 안에 따르면 권리자(소유자)

논현동 동현아파트

분양가 추정액은 전용면적별로 ▲59㎡ 15억 5000만원 ▲84㎡ 20억7000만원 ▲106㎡ 24억5000만원 ▲133㎡ 30억6000만원이다.

이를 반영해 전용 84㎡ 소유주가 같은 면적을 분양받으려면 약 1200만원만 추가로 분담하면 되고, 전용 106㎡를 분양받을 때는 약 4억원을 더 줘야 한다. 아파트의 종전 자산가액이 84㎡는 19억7000만원, 119㎡는 22억 1000만원으로 추정됐는데 여기에 추정 비례율 104.5%를 적용한 가격이다. 물론 정확한 분담금 액수는 향후 사업이 진행되면서 몇 번이고 변동되고는 하지만 현재로서는 동현아파트 사업성이 나쁘지 않다.

투자를 염두에 두고 있다면 2동 31평과 4~6동 31평 대지지분이 각각 17.2평, 16.2평으로 미세하게 다르다는 점 정도는 기억하자. 애초에 1~3동은 최고 12층, 4~6동은 최고 14층으로 지어지면서 대지지분에 차이가 생겼다. 고작 1평 차이지만 이 작은 차이 때문에 같은 31평 소유주 사이에서도 40평대 새 아파트를 신청할 수 있는 우선권이 생길 수도 있기 때문에 기억해두는 것이 좋다.

지분을 논외로 하더라도 동현아파트는 입지면에서 장점이 많다. 단지는 7호선·수인분당선 강남구청역이 가까운 더블 역세권이다. 학동사거리에 경전철 위례신사선이 개통하면 교통 여건은 더욱 좋아질 전망이다. 차량을 이용하면 강남대로, 봉은사로, 논현로, 도산대

서울 강남구 논현동 '동현아파트'가 905가구 규모 새 아파트 단지로 재건축하기 위한 정비구역 지정을 통과했다.

로, 언주로 등 많은 도로가 관통하고 있어 도심 내 이동이 용이하고 올림픽대로, 강변북로 등으로 진입하면 도심 곳곳으로 이동하기도 편리하다.

압구정로데오거리와 신사동 가로수길이 가까워 다양한 카페, 식당 등을 이용하기 좋고 현대백화점, 갤러리아백화점, 코엑스 등 상권과 멀지 않다. GTX A·C노선이 지나는 삼성역 복합환승센터와 현대자동차그룹 글로벌비즈니스센터(GBC) 개발, 영동대로 지하화 등 주변에 개발 호재도 꽤 있다.

재건축의 성지 서초구

서초구는 강남구와 비교해 재건축 사업이 활발하게 진행돼온 지역이다.
일찍이 재건축 사업을 마치고 입주해 '선례'로 삼을 단지가 많은 데다
입주나 분양을 앞둔 단지, 8부 능선을 넘은 단지, 조합설립 단계에 있는
단지들도 반포지구, 방배동 일대에 골고루 포진해 있다.
재건축 투자를 고민 중인 수요자 입장에서는 입지별,
사업 단계별 선택의 폭이 넓은 지역이기도 하다.

'국평 40억원' 시대 열어젖힌 반포동

(전용 84㎡)

갓 입주한 원베일리 45.9억원…아리팍 제쳐
새 아파트 입주하며 신흥 부촌으로 떠올라
반포·잠원에 사업 초기부터 졸업반까지 골고루

대한민국 '신흥 부촌' 하면 가장 먼저 떠오르는 곳은 단연 반포다. 명문 학군에다 사통팔달 교통을 자랑하는 반포자이(반포주공3단지 재건축), 래미안퍼스티지(반포주공2단지)가 일찍이 서울 랜드마크 단지로 떠오른 덕분이다. 세화고, 반포고 등 명문 학군이 자리 잡은 데다 지하철 3·7·9호선, 신세계백화점이 인접하는 등 탁월한 교통, 편의시설도 한몫했다.

반포자이, 래미안퍼스티지가 반포 재건축의 1라운드 격이었다면 2라운드는 아크로리버파크(신반포1차) 때 시작됐다. 2014년 2차 공급 당시 3.3㎡(평)당 4130만원에 분양하며 '평당 4000만원 분양가' 시대를 열었다. 2018년 입주한 반포써밋, 반포래미안아이파크도 4000만원 넘는 가격에 분양하며 흥행 열기를 이어갔다.

반포동이 부촌으로 떠오르는 데는 앞서 입주한 이들 단지들이 일등 공신 역할을 했다. 아크로리버파크는 재건축 후 입주하면서 가격이 치솟은 대표 단지인데 2021년 9월 전용 84㎡가 42억원에 팔리면서 처음으로 '국평 40억원' 시대를 열었다.

아크로리버파크 이후에는 2021년 6월 3.3㎡당 5653만원에 후분양해 화제를 모았던 래미안원베일리(2990가구, 신반포3차·경남)가 바통을 넘겨받았다. 2023년 8월 말 본격적인 입주를 시작했는데 입주 직전 전용 84㎡ 입주권이 45억9000만원에 손바뀜하면서 화제를 모았다. 래미안원베일리 전용 200㎡ 펜트하우스는 2023년 1월 100억원에 거래돼 화제를 모으기도 했다.

인근에선 641가구 규모 래미안원펜타스

(신반포15차)가 일반분양(292가구)을 앞두고 있고, 또 그 옆에서는 반포동 최대 재건축 단지 반포주공1·2·4주구가 2024년 봄 착공을 준비 중이다. 재건축 후 최고 35층, 55개 동, 총 5002가구 규모 디에이치클래스트로 태어난다. 공사비 규모만 2조6400억원에 달해 입주를 마치면 반포동 대장 단지가 될 것으로 기대를 모은다. 건너편에는 1·2·4주구와 따로 재건축을 진행 중인 반포주공3주구가 2023년 5월 래미안트리니원(2091가구) 공사에 착수했다. 이들 단지가 공사를 마치면 반포동 재건축은 사실상 마무리된다.

반포지구 범위를 넓혀 잠원동 쪽으로 이동하면 무려 27차에 이르는 크고 작은 한신 단지들이 각자의 속도에 맞춰 재건축이나 소규모 재건축, 리모델링 등 정비사업을 진행 중이다. 주요 단지 중 한신4지구를 통합 재건축한 '신반포메이플자이(3307가구)'는 2023년 분양을 목표로 사업을 진행 중이다.

이번 장에서는 1800여가구 재건축 추진에 속도를 내고 있는 잠원동 신반포4차와 신통기획 9부 능선을 넘은 신반포2차, 서울 강남권에서는 처음으로 공공 재건축을 추진 중인 신반포7차를 들여다보자.

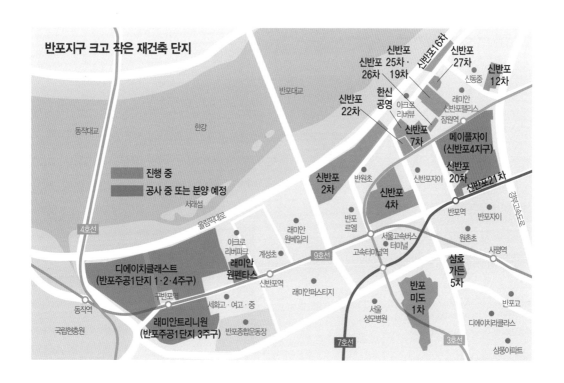

계산기 두드리는 신반포4차

35층 1758가구 → 49층 1828가구로 계획 변경
전용 84㎡ → 84㎡ 이동 시 1.5억 분담금 예상
수영장 '지분 쪼개기'는 사업성에 마이너스 우려

신반포4차 어디까지 왔나

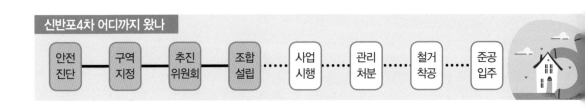

안전진단 — 구역지정 — 추진위원회 — 조합설립 ····· 사업시행 ····· 관리처분 ····· 철거착공 ····· 준공입주

잠원동 신반포4차는 일대에서도 기대를 모으는 주요 재건축 단지다. 한강 조망은 확보하지 못했지만 한강공원까지 걸어서 5분이면 도착 가능하다. 반원초·경원중·세화여고·반포고·서울고 등에 자녀를 보낼 수 있어 학부모 선호도가 높은 단지다. 지하철 3·7·9호선 고속터미널역 초역세권에 신세계백화점, 뉴코아아울렛 등 유통시설이 가깝다. 고속버스터미널 바로 앞에 위치한 역세권 단지라는 점에서 향후 고속버스터미널 인근이 개발되면 가장 수혜를 입을 단지로도 꼽는다. 현재 1800

여가구를 신축하는 것을 목표로 재건축 사업에 속도를 내고 있다.

2023년 6월에는 신반포4차 조합이 서초구청에 정비계획변경안을 제출했는데 여기 포함된 대략적인 추가 분담금 내역이 눈길을 끈다.

서초구청에 공개된 추산 내역에 따르면 전용 84㎡를 소유한 조합원이 같은 평형 새 아파트를 배정받을 경우 1억5408만원가량의 분담금을 내야 하는 것으로 나타났다. 기존 전용 84㎡ 권리가액이 22억2582만원가량이

고, 같은 평형 새 아파트 조합원 추정 분양가가 23억7990만원인 점을 감안한 계산이다.

같은 방법으로 전용 115㎡ 소유주가 동일 평형을 배정받으면 약 1억9149만원, 전용 113㎡는 약 1억2133만원의 추가 분담금을 내야 할 것으로 추정된다. 물론 조합이 제출한 분양가, 권리가액, 비례율은 어디까지나 정식으로 감정평가를 거치지 않은 '추정치'인 만큼 금액은 변동될 여지가 있다.

1979년 입주한 신반포4차는 1212가구 규모 아파트다. 지금은 준공 45년 차를 맞았지만 재건축 가능 연한(30년)을 채우기도 전인 2003년 일찌감치 안전진단에 통과한 후 곧바로 재건축추진위원회를 구성했다.

다만 당초 계획과 달리 아파트 인근 뉴코아쇼핑센터 상가 소유주들과 아파트 단지 뒤편 수영장 부지 소유주들과 지분 문제가 정리되지 않으면서 조합설립에 어려움을 겪었다. 아파트와 뉴코아쇼핑센터(구관·1관)가 하나의 부지로 엮여 있는데 당시 상가 측 조합원들은 부지를 분리해 재건축을 진행할 것을 요구했기 때문이다.

이에 조합(당시 추진위원회)은 아파트만 단독으로 재건축하기 위해 법원에 토지 분할 소송을 제기하기도 했지만 지분 정리가 지연되면서 함께 조합설립을 신청하는 방향으로 돌아섰다.

우여곡절 끝에 신반포4차는 상가 부지를

정비구역에 포함해 2019년 말 재건축 조합설립인가를 받고 본격적인 재건축에 돌입했다. 당초 신속통합기획을 신청했지만 2022년 다시 민간 재건축으로 방향을 선회하고 지하 2층~지상 35층, 1758가구로 조성하는 안을 추진해왔다.

그러다 서울시가 올해 초 '35층 룰 폐지'를 골자로 하는 2040 서울플랜을 발표했고 한강변 재건축 단지들이 49층으로 층수 상향을 시도하자 신반포4차도 49층 재건축에 돌입했다. 층수 계획이 변경되면서 가구 수는 1828

신반포4차 추정 분담금 산정 방식		(단위: ㎡, 평, 만원)
권리자 추정 분양가액(A)		
전용면적	평형	조합원 분양가
59	23	18억4810
84	34	23억7990
92	37	25억4040
101	40	27억2540
115	45	30억620
123	48	31억6680
131	51	32억8550
145	56	35억4130
167	64	58억3640
추정 권리가액(B)		
개별 종전자산 추정액 × 추정 비례율		
추정 분담금(A - B)		
개별 추정 분양가액 − 추정 권리가액 ※(+)는 부담, (−)는 환급		

*신반포4차 추정 비례율은 79.22%

*자료: 서초구청

가구로 늘었다. 조합은 정비계획 변경안을 구청에 제출하고 심의 등 후속 절차를 기다리는 상황이다.

조합원 자격으로 새 아파트를 분양받을 경우 기대되는 시세 차익도 적잖다. 입지 조건이 비슷한 단지들과 비교해보면 재건축 후 신반포4차 시세를 짐작해볼 수 있다.

예를 들어 신반포4차와 길 하나를 두고 맞붙은 '반포르엘1차'에서는 전용 97㎡가 2023년 3월 14일 33억6000만원(5층)에 주인을 찾았다. 2023년 8월 기준으로 호가가 37억원에서 40억원을 넘긴 매물도 나와 있다. 단지 규모가 더 큰 신반포4차 조합원이 비슷한 면적(전용 101㎡) 새 아파트를 추정 분양가대로 27억2540만원에 분양받는다고 가정하면

'고터' 트리플 역세권
교통 · 학군 · 상권 3박자
한강공원 5분 거리
사업시행 전까지 조합원 기회

입주 시점에는 시세가 수억원가량 올라 있을 거라는 기대를 해볼 수 있다.

다만 단지 입지나 사업성이 좋은 것과 별개로 수영장 부지 지분 쪼개기는 신반포4차 사업성에 마이너스(-) 요소로 작용할 수 있다(1부 '재건축 상가로 새 아파트 마련하기' 참고).

서울 서초구 잠원동 신반포4차 단지 전경. 단지 앞 대로변에 반포쇼핑타운 상가 단지가 보인다.

사업시행인가 전까지
조합원 지위 양도 가능

어쨌든 신반포4차는 2023년 6월 공석이던 조합장을 새로 뽑았다. 새 조합은 앞으로 총회에서 49층 설계안에 대한 의결 절차를 추진할 계획이다. 2024년 상반기 중 사업시행인가를 받아 2029년에는 입주하는 것을 목표로 하고 있다. 그동안 지지부진했던 재건축 사업에 박차를 가한다는 계획이다.

만약 투자를 염두에 두고 있다면 사업시행인가가 나기 전까지 기회가 있다.

신반포4차는 2019년 12월 조합설립인가를 받았다. 조합설립 이후에는 조합원 지위 양도가 불가능하니 부동산 열기가 뜨거웠던 2020년에도 1212가구나 되는 단지에서 매매 거래가 단 한 건도 없었다. 주택을 매수하더라도 조합원이 될 수 없고 추후 현금 청산을 받고 끝나기 때문이다.

2023년 들어 손바뀜이 잦아진 것은 예외 조항 영향을 받았기 때문. 조합설립인가 후 3년 이내에 사업시행인가 신청이 없으면 향후 조합이 사업시행인가를 낼 때까지는 매매를 통해 주택을 취득한 사람도 조합원 자격 취득이 가능하다. 신반포4차의 경우 2023년 1월부터 거래하는 매물이 이 예외 조항에 해당한다.

읽을거리
신반포2차와도 비교해보기

2차는 한강 조망권
49층 2050가구로

교통·학군·상권 '3박자'를 갖춘 신반포4차가 아쉬워할 만한 딱 한 가지는 '한강 조망권'이다. 그런 면에서 신반포2차는 교통, 교육, 단지 규모, 사업 속도 등 많은 부분에서 신반포4차와 비슷하지만 한강변에 위치했다는 장점 덕에 높은 점수를 받는 단지다.

신반포2차는 2023년 6월 최고 49층 높이로 재건축하는 신속통합기획안을 확정했다. 신반포2차 조합은 2024년 이주, 2028년 입주 목표를 내걸고 2023년 3월부터 조합원 동의 징구 절차를 밟아 동의율을 확보해왔다. 이르면 2023년 9~10월 중 정비계획 고시가 날 것으로 보인다.

신통기획안에 따르면 1978년 준공된 신반포2차는 한강변 층수 제한이 폐지된 덕에 용적률 299.5%, 건폐율 21.9%를 적용받아 현재 12층, 1572가구에서 지상 최고 49층, 2050가구 규모 대단지로 재탄생할 수 있게 됐다. 조합에 따르면 40층 이상 동은 8개동이 될 전망이다. 기존 재건축 계획은 용적률 262.1%, 건폐율 19.5%에 최고 층수 35층, 총 1823가구였다.

'강남 1호 공공 재건축' 신반포7차

320가구 → 1045가구, 사업성 좋고 분담금 크게 줄어
공공 재건축 추진 덕에 한신공영 부지와 합치게 돼
잠원역 역세권에 반포역·고속터미널역도 가까워

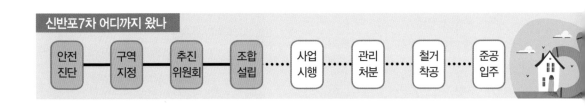

신반포7차 어디까지 왔나

안전진단 — 구역지정 — 추진위원회 — 조합설립 ····· 사업시행 ····· 관리처분 ····· 철거착공 ····· 준공입주

한국토지주택공사(LH)와 서울주택도시공사(SH공사) 등 공공이 참여하는 '공공 재건축'은 서울 강남권 단지에서 유독 인기가 없던 방식이다. 허가 절차가 간소화되면서 사업 속도가 빠르지만 대신 늘어난 용적률의 일부를 임대주택으로 지어야 해 많은 단지가 꺼려왔기 때문이다.

그래서 잠원동 신반포7차(한신7차)는 강남에서 최초로 공공 재건축을 진행하는 단지라는 점에서 유독 눈길을 끈다. 한때 공공 재건축 방식에 따른 공공 기여를 놓고 서울시와 이견을 보이기도 했지만 신반포7차는 사업성과 분담금 등을 고려해 강남권에서 처음으로 공공 재건축 방식을 택했다.

1980년 준공된 신반포7차는 2015년 조합 설립을 마쳤지만 단지 규모(320가구) 자체가 크지 않다 보니 상대적으로 사업성이 낮았고 사업 속도가 지지부진했다. 인근 단지와 통합 재건축도 추진해봤지만 결국 무산되면서 재건축 사업은 더 지연됐다. 그러다 이를 타개할 대안으로 공공 재건축을 내세우며 속도가 붙기 시작했다.

공공 재건축은 공공이 재건축 사업에 참여해 각종 규제를 완화하고 주택 공급을 기존 대비 1.6배까지 확대하는 사업이다. 특히 용적률 인센티브가 적용돼 층수를 최대 50층까지 허용하고 각종 인허가 기간을 단축시킬 수 있으며 분양가상한제를 적용받지 않는 것이 가장 큰 장점으로 꼽힌다.

옹졸했던 소규모 단지
한신공영과 합쳐 그럴싸하게

사업성이 개선되는 것 외에 공공 재건축이 신반포7차에 유리한 이유는 또 있다.

앞서 신반포7차는 신반포22차 그리고 인근의 한신공영빌딩 잠원사옥 부지와 합쳐 재건축하는 방안을 검토해왔다. 2019년 10월 조합은 서울시와 협의해서 기부채납 비율 20% 상향, 용적률 230%로 가닥을 잡았지만 당시 강남 집값을 잡는다는 명목 때문에 결국 서울시 인허가를 받는 데 실패했다.

신반포7차가 민간 재건축 사업에 난항을 겪었던 이유는 한신공영 부지와도 연관이 있었다. 신반포7차와 한신공영 잠원사옥은 엄밀히 말하면 하나의 필지로 묶여 있다. 하지만 한신공영 부지는 공동주택을 지을 수 없는 상업용지다. 하나의 필지에 주거용지와 상업용지가 모두 있는 것이다.

만약 한신공영 부지를 포함해 신반포7차가 민간 재건축을 하는 경우 기부채납 비율

한신공영과 부지 합친 신반포7차		
구분	신반포7차	한신공영
위치	서울 서초구 잠원동	
부지면적	2만3000㎡	1만1600㎡
가구 수	320가구	빌딩

신반포7차 재건축 사업 방식 비교		
구분	민간 재건축	공공 재건축*
용적률	최대 300%	최대 500%
규모	지하 3층~ 지상 최대 35층	지하 4층~ 지상 최대 40층
가구 수	810가구 (임대 161가구)	1045가구 (임대 127가구)
총수입	1조2417억원	1조6804억원

*공공 재건축 방식에 따른 효과는 추정치임   *자료:조합 설명, 업계 취합

10~15%, 용적률이 210%로 추가 용적률 인센티브가 없어진다. 신반포7차만 단독 재건축한다면 용적률 250%를 받을 수 있지만 단지 규모가 옹졸해진다. 즉 통합 재건축은 수익성이 떨어지고, 그렇다고 신반포7차만 추진하면 조합원 추가 분담금이 늘어나게 된다. 이런 복잡한 이유들 때문에 쉽사리 사업을 진행할 수 없었던 것으로 알려져 있다.

반면 공공 재건축을 추진하면 얘기가 달라진다. 공공 재건축을 추진하면 한신공영 부지를 포함해 해당 필지를 일괄적으로 '준주거지역'으로 용도 변경할 수 있다. 용적률은 500%까지 늘어나고 층수는 기존 35층 대신 40층까지도 지을 수 있다. 일반분양 물량

서울 강남권에서는 처음으로 공공 재건축 방식으로 정비사업을 진행하는 잠원동 신반포7차.

이 늘어나니 조합원 분담금도 줄어든다. 신반포7차 재건축 단지는 현재 3종일반주거지역으로 320가구에 불과하고, 민간으로 사업을 추진하면 810가구까지 재건축할 수 있지만, 공공으로 추진하면 1045가구까지도 지을 수 있다. 이 가운데 일반분양은 471가구, 공공분양과 임대주택은 각각 127가구다. 새 단지에는 DL이앤씨의 하이엔드 브랜드인 '아크로'가 적용될 예정이다.

가구당 부담금 6억서 2억대로
공공 기여액 부담금 산정서 제외

마침 정부의 규제 완화로 재건축 부담금도 크게 낮아지면서 신반포7차는 아예 40층이던 기존 층수 계획을 49층으로 높이는 방안까지 추진하기로 했다.

신반포7차 조합이 층수 제한 완화를 검토하고 나선 것은 그간 강남권 재건축 사업의 가장 큰 걸림돌이었던 재초환 부담금 문제 등이 상당 부분 해소됐기 때문이다. 앞서 국토교통부는 재건축 부담금 합리화 방안에 공공임대와 공공분양 매각대금을 부담금 산정에서 제외하겠다고 밝혔다. 신반포7차의 경우 공공임대 방식으로 127가구, 공공분양 방식으로 127가구를 공급할 예정인데 이를 모두 매각하면 1270억원의 수익이 발생한다. 이를 개편안에 따라 모두 감면받으면 부담금이 크게 줄어들 수 있다.

신반포7차는 아직 재건축 사업 초기 단계에 있기 때문에 준공일 기준으로 조합원 대다수가 10년 장기 보유 혜택을 누릴 수 있는 상황인데, 조합원 사이에서는 한신공영 부지의 종전 가치를 인정받는 등 개편안 혜택을 받으면 재건축 부담금이 크게 줄어들 것으로 기대를 모은다. 일대 중개업계에 따르면 46평(전용 140㎡)을 소유한 조합원은 당초 최대 6억원가량 부담금을 낼 것으로 전망됐는데, 이 부담이 2억원대로 줄어들 수도 있다.

동일 평형 배정 시 분담금 없이 환급
재건축 부담금 내고도 이익 남는 셈

재건축 부담금은 낮아진 반면 조합원이 돌려받을 이익은 더 늘어날 전망이다.

한국부동산원이 LH 의뢰를 받아 신반포7차 공공 재건축 사업성을 분석한 자료에 따르면 신반포7차 35평을 보유한 조합원은 같은 면적(전용 84㎡)의 새 아파트를 분양받고도 추가 분담금 없이 5억800만원을 환급받는다. 조합원 분양가에서 권리가액을 뺀 값으로 권리가액이 조합원 분양가보다 높으면 환급금이 발생한다.

같은 사람이 평형을 줄여 24평(전용 59㎡)을 신청하면 환급받을 금액이 9억9800만원에 달한다. 재건축 부담금을 내고도 이익이 남는 셈이다. 만약 현재보다 넓은 46평을 신청해 분양받는다면 각각 8800만원의 분담금만 내면 된다.

46평을 보유한 조합원도 분담금 없이 새 아파트를 분양받을 수 있다. 해당 조합원이 같은 평형을 분양받을 경우 4억9700만원을 환급받을 것으로 추정된다. 51평 아파트를 신청하면 돌려받을 환급금이 2억5900만원이다. 가장 작은 24평을 신청하면 환급금은 15억8300만원으로 훌쩍 뛴다. 이는 2021년 12월 기준으로 분석해 비례율 95.01%, 권리가액 21억9300만원(35평), 27억7800만원(46평)을 각각 적용한 값으로 향후 정식 감정평가 결과와 사업 여건 등에 따라 달라질 수 있다. 만약 같은 아파트를 민간 재건축으로 다시 지을 경우 46평형 소유주는 6억2300만원, 51평형 소유주는 8억5700만원을 추가로 내야 한다.

입지도 훌륭하다. 한강변에 가깝고 3호선 잠원역 역세권이다. 반포역·고속터미널역도 도보로 이용하고, 뉴코아아울렛과 신세계백화점 강남점, 잠원 한강공원이 가깝다. 반원초를 배정받는 학군이며 길 하나 건너면 경원중이 위치해 있다.

신반포7차 공공 재건축 사업성 분석해보니 (단위:만원)			
기존 평형 (예상 권리가액)	분양 평형	조합원 추정 분양가	조합원 추정 분담금
35평 (21억9300)	24평	11억9500	(9억9800)
	34평	16억8500	(5억800)
	46평	22억8100	8800
46평 (27억7800)	24평	11억9500	(15억8300)
	46평	22억8100	(4억9700)
	51평	25억1900	(2억5900)

*( )는 환급액, 비례율 95.01% 가정, 향후 감정평가 결과와 사업 여건에 따라 변동 가능
*자료:한국부동산원

우리가 원조 부촌 방배동 '신동아'

방배동 단독주택·아파트 재건축 속속 마무리
신동아는 뒤늦게 시작했지만 진행 속도 빨라
포스코 고급 브랜드 '오티에르' 달고 35층으로

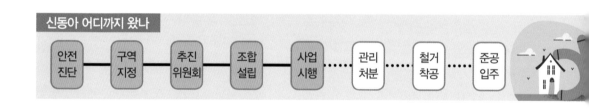

신동아 어디까지 왔나

안전진단 — 구역지정 — 추진위원회 — 조합설립 — 사업시행 ····· 관리처분 ····· 철거착공 ····· 준공입주

방배역 1번 출구를 나와 동쪽으로 3분가량 이동하면 구축 단지 특유의 고즈넉한 감성을 자아내는 신동아가 눈에 들어온다. 복도식과 계단식이 혼재한, 40년 된 노후 단지다. 아파트는 낡았지만 동간 간격이 넓고 산책로가 조성돼 있다. 신동아 재건축 사업은 사업시행인가, 시공사 선정에 이어 관리처분인가 신청을 위한 총회까지 마쳤다.

그간 서울 서초구 방배동 일대 재건축 사업은 아파트 단지보다 단독·다가구·다세대·연립주택이 많은 저층 주택가를 중심으로 추진

돼왔다. 단독주택 재건축은 주택 등을 허물고 새 아파트를 짓는다는 점에서는 언뜻 '재개발'과 비슷하지만 재건축은 주변 도로와 공원 등 기반시설이 이미 양호하기 때문에, 이를 새로 짓지 않아도 된다. 또 아파트 재건축과 비교하면 단독주택은 노후도 등 일정 요건만 충족하면 안전진단을 거치지 않아 사업 속도도 빠른 편이다. 저층 주택가였던 방배3구역을 재건축해 2018년 입주한 '방배아트자이'도 단지 규모가 크지는 않지만 단독주택 재건축이라 비교적 원활한 사업이 가능했다.

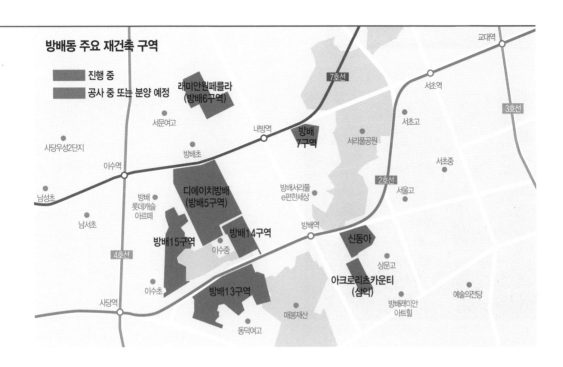

방배동 주요 재건축 구역

- 진행 중
- 공사 중 또는 분양 예정

래미안원페를라 (방배6구역)
방배7구역
디에이치방배 (방배5구역)
방배14구역
방배15구역
방배13구역
신동아
아크로리츠카운티 (삼익)

사당우성2단지, 서문여고, 방배초, 내방역, 서리풀공원, 서초고, 교대역, 7호선, 서초역, 3호선, 서초중, 이수역, 남성초, 남서초, 방배롯데캐슬아르페, 방배서리풀e편한세상, 2호선, 서울고, 4호선, 이수중, 방배역, 상문고, 서울의전당, 사당역, 이수초, 매봉재산, 방배래미안아트힐, 방배래미안아트힐, 동덕여고

 방배아트자이가 임광1·2차, 신동아, 삼익, 경남 코앞에서 제 모습을 갖춰가자 이들 노후 아파트 단지도 더욱 의욕적으로 재건축 사업을 추진하기 시작했다. 이 중 경남은 '방배그랑자이(758가구)'로 신축돼 2021년 7월 입주했고, 삼익도 부지런히 재건축을 추진해 '아크로리츠카운티(707가구)' 분양을 앞두고 있다.

 이들 단지 가운데 교통·학군 입지가 가장 좋은 곳을 꼽아보라면 단연 신동아아파트다. 지상 15층 6개동에 총 493가구 규모 신동아는 대단지는 아니지만 강남권에 위치해 있고 서리풀터널, 강남순환도로를 비롯해 서초 IC 등을 이용할 수 있는 교통 요지에 자리 잡았다. 대중교통을 이용한다면 도보 5분 거리에 지하철 2호선 방배역이 있는 게 장점이다.

2·4호선 환승역인 사당역까지 마을버스로 이동 가능한 입지다. 이미 입주를 마친 방배 아트자이, 방배그랑자이와 비교해도 지하철 역이 훨씬 가깝다.

 또한 인근에 고속버스터미널, 서울성모병원, 예술의전당, 서리풀공원 등 생활 인프라가 잘 갖춰진 편이다. 서울고, 상문고 등을 포함한 명문 학교가 가까이 포진해 있고 단지 주변에 효령대군묘와 매봉재산이 있어 녹지가 많은 편이다.

 신동아는 3만7902.6㎡ 대지 위에 방배동 988-1 외 2필지에 용적률 299.98%와 건폐율 16.39%를 적용해 지하 3층~지상 최고 35층, 7개동, 총 843가구 규모 아파트를 새로 짓는 사업이다. 전용면적별 가구 수는 ▲ 60㎡ 이하 150가구 ▲60㎡ 초과~85㎡ 이

포스코이앤씨가 프리미엄 아파트 브랜드 '오티에르'를 적용해 내놓은 조감도. (포스코이앤씨 제공)

하 357가구 ▲85㎡ 초과~115㎡ 이하 170가구 ▲115㎡ 초과 166가구 등이다. 임대주택은 109가구가 공급될 예정이다. 예정된 공사비는 3746억원 규모다.

신동아는 1982년 입주해 이미 10년 전에 재건축 연한(30년)을 넘겼다. 일찍이 재건축을 추진하며 2006년 정비 '예정' 구역으로 지정됐으나 이후 별다른 진척을 보이지 않다가 12년 만인 2018년 정식 정비구역으로 지정됐다.

정비구역에 정식으로 지정되기까지는 오래 걸렸지만 그 이후부터 되짚어보면 신동아는 여타 단지와 다르게 사업이 빠르게 추진된 편이다.

실제로 신동아는 2020년 12월 높은 동의율(90.5%)로 조합 집행부를 출범시켰다. 이

뿐 아니라 불과 1년 7개월 만에 사업시행인가를 받아냈다. 조합원 총 550명 가운데 65세 이상 비율이 40%에 달하는 신동아는 투자 목적의 외지인보다 수십 년간 실거주해온, 재건축 후에도 실거주할 예정인 조합원이 많은 편이다. 주거 환경 개선에 대한 조합원 열의가 높은 덕분에 사업이 빠르게 추진됐다는 분석이 가능하다.

2023년 1월에는 시공사 선정까지 마치며 사업이 순항하는 모습이다. 시공은 포스코이앤씨(옛 포스코건설)가 맡아 자사 프리미엄 아파트 브랜드 '오티에르'를 적용하기로 했다. 포스코이앤씨는 오티에르 출시 이전부터 신동아를 오티에르 최초 적용 사업지로 염두에 두고 수주전을 펼쳤다. 2023년 7월 31일 열린 임시총회에서 관리처분계획에 대한 안건이 타결돼 이제 강남구청에 인가를 신청하고 결과를 기다리는 일만 남았다.

가구당 평균 대지지분 23평

신동아는 지상 15층짜리 중층 아파트인 데다 용적률이 173%나 된다. 그런데도 가구당 평균 대지지분은 76.89㎡(23.3평)다. 소위 재건축 사업성이 가장 높다는 5층 이하 저층 단지들과 비교하면 용적률이 높은 편인데도 대지지분이 높다. 그 이유는 신동아가 전용 102~167㎡ 중대형 평형으로만 이뤄진 단지기 때문이다. 가장 작은 평형이 전

용 102~106㎡(33~34평)고, 전용 139㎡(45평), 167㎡(54평) 아파트도 각각 120가구, 52가구나 된다.

다만 신동아는 서울에서도 시세 파악이 쉽지 않은 단지 중 하나다. 매물이 많지 않고 거래가 드물어서다. 이 단지는 2023년 1~7월 통틀어 실거래가 2건밖에 없었다. 2023년 4월 전용 102㎡와 105㎡A 두 채가 각각 22억 2000만원(5층), 21억7500만원(3층)에 팔린 게 전부다. 2022년에는 거래가 단 한 건도 없었다. 일대 중개업계에 따르면 방배동 신동아는 조합원 지위 양도가 가능한 매물이 꽤 있

는데도 거래가 적은 편이다. 신동아를 포함해 방배동 일대 재건축 사업이 모두 완료되면 방배동 일대가 1만가구 고급 주거지로 거듭날 것이라는 기대가 커 매물을 던지는 조합원이 별로 없다.

시세 파악이 쉽지 않은 대신 차라리 비교적 최근 입주한 인근 단지를 기준으로 미래 시세를 가늠해보는 것이 바람직하다. 방배아트자이 전용 59㎡는 2023년 7월 19일 14층 아파트가 17억2500만원에 실거래됐다. 2023년 8월 기준으로 18억~21억원에 호가가 형성돼 있다.

서울 서초구 방배동 신동아아파트는 2호선 방배역과 가깝고 학군, 주변 환경이 우수해 재건축 사업성 점수가 높다.

돌아온 압서방? 방배동은 상전벽해 중

방배동에서는 신동아 외에도 단독주택가 여러 구역에서 재건축 사업이 진행되고 있다. 서초구 반포동과 잠원동, 동편으로는 동작구 흑석동에 가려 크게 주목받지 못했지만 뛰어난 입지 덕에 소규모 사업에도 1군 건설사의 하이엔드 브랜드가 붙는 모습이다. 재건축을 모두 마친 방배동에 1만여가구 신축 주거지가 형성되면 과거 '압서방(압구정·서초·방배)'으로 불리던 강남권 전통 부촌 이미지를 되찾을지 관심이 모인다.

서초구 재건축 포털에 따르면 방배동 일대에선 방배5~8구역, 방배13~15구역, 방배임광1·2차, 방배신삼호 등 총 12곳이 재건축 사업을 진행 중이다. 방배3구역(방배아트자이), 방배경남아파트(방배그랑자이) 등 이미 사업이 완료된 곳도 있지만 대부분 아직 '현재 진행형'인 구역들이다.

이 가운데 사업이 빠른 곳은 일반분양 일정이 임박한 방배5구역(래미안원페를라)과 방배6구역(디에이치방배)이다. 두 구역은 지하철 4·7호선 이수역과 7호선 내방역을 잇는 사당로를 두고 서로 마주 보고 있다.

현대건설이 시공을 맡은 방배5구역은 방배동 재건축 단지 중 가장 규모가 크다. 지하 4층~지상 최고 33층, 29개동, 3065가구 규모 대단지로 거듭난

다. 특히 임대주택을 제외한 2799가구 중 일반분양이 1600여가구로 배정돼 강남 입성을 노리는 수요자들의 관심이 큰 곳이다.

방배5구역은 동 위치에 따라 4·7호선 이수역과 7호선 내방역, 2호선 방배역, 2·4호선 사당역까지 도보로 이동할 수 있는 위치다. 또 단지 북측 서리풀터널이 2019년 뚫리면서 이를 통해 강남 업무지구로 접근성이 크게 개선됐다.

다만 방배5구역 내 지으려는 '초품아(초등학교를 품은 아파트)'가 무산되고 정비계획안이 변경되면서 일반분양이 2023년 내 이뤄지기는 어려워 보인다. 기존 초등학교 부지에는 다른 공공시설이 들어설 예정이다. 해당 정비계획안 변경에 따른 주민 공람, 서울시 도시계획위원회 심의 등을 거치면 일반분양은 2024년에나 이뤄질 것으로 보인다. 2026년 8월 준공을 목표로 하고 있다.

방배6구역은 내방역과 가깝다. 주택가 사이에 있어서 내방역에서 10분 정도 걸어 들어가야 하는 입지다. 주택가 사이에 위치해 상권이 크게 형성되지 않은 대신 주거 환경이 조용한 편이다. 방배본동 삼호아파트와 가까운 입지로, 삼호아파트 재건축과 함께 상승세에 편승할 수 있는 조건이다. 재건축이 완

료되면 6구역에는 지하 4층~지상 최고 22층, 16개동, 총 1079가구 규모의 '래미안원페를라'아파트가 들어선다. 2025년 4월 준공 예정이다.

앞서 방배동 5·6구역은 적잖게 부침을 겪었다. 5구역은 당초 2021년 4분기 첫 삽을 뜨려다가 공사 부지에서 오염토가 검출되면서 반년 넘게 착공이 미뤄졌다. 6구역의 경우 2016년 대림산업(현 DL이앤씨)을 시공사로 선정했지만 공사비 증액 문제 등을 둘러싼 갈등 끝에 지난해 9월 시공사와 계약을 해지했다. 이후 삼성물산과 수의 계약으로 시공 계약을 맺었다.

방배13~15구역은 5·6구역에 비해 사업 속도는 더딘 편이지만 입지나 규모 면에서 뒤지지 않는다. 지하철 2·4호선 사당역을 중심으로 포진해 있다. 이주가 완료된 방배13구역은 최근 부지 내 종교시설 보상 문제라는 고비를 넘기면서 사업이 탄력 받게 됐다. 13구역은 최고 22층 35개동, 2369가구 규모로 탈바꿈할 예정이다. 당초 최고 층수가 16층이었지만 2022년 11월 서울시가 정비계획 변경을 의결하면서 층수 제한이 완화됐다. 전용 60㎡ 이하 소형 가구는 1218가구에서 1130가구로 줄이고, 대신 전용 85㎡ 이상 대형 가구를 늘려 사업성이 좋아졌다는 평이다.

방배15구역도 2022년 9월 정비구역으로 지정·고시되고 2023년 4월 조합설립추진위원회 승인을 받는 등 사업에 속도를 내고 있다. 2011년 정비 예정구역으로 결정된 이후 11년 만이다. 이 구역은 제1·2종 용도지역이 섞여 있어 사업 진행이 더뎠는데 2022년 서울시가 7층 층고 규제를 폐지하면서 다시 속도를 내고 있다. 최고 층수 25층으로, 총 1688가구 규모 아파트로 신축될 예정이다.

방배14구역은 2014년 정비구역 지정 이후 8년 만인 2022년 3월에야 정비계획 변경안이 수정 가결됐다. 지하 3층~지상 11층, 10개동짜리 460가구로 지어진다. 시공사는 롯데건설이다.

방배7구역은 방배동 재건축 사업지 중에서는 규모가 작은 편이다. 작은 규모와 적은 조합원 수에 비해 신축 가구 수가 상대적으로 많은 편이다. 7호선 내방역과 서리풀공원 등이 근처에 위치해 있어 역세권과 숲세권 입지를 동시에 갖췄다. 2022년 재건축 가구 수를 347가구에서 316가구로 줄이는 정비계획 변경결정안이 고시됐다.

래미안원페를라 조감도. (삼성물산 제공)

'신탁 방식' 추진하는 서초동 삼풍

안전진단·신탁사 예비 선정 동시에 척척
법조타운·업무지구 가까운 강남 한복판 입지
높은 용적률 아쉬워…추후 인센티브가 관건

　한때 서울 강남 고급 아파트의 대명사로 꼽혔던 서초구 서초동 삼풍아파트가 재건축 사업을 향해 잰걸음 중이다. 이제 시작 단계지만 정밀안전진단 절차를 진행하면서 신탁사 선정에도 나서는 등 재건축 사업이 속도감 있게 진행되는 모습이다. 고급 주택이 밀집한 입지인 데다 2300가구 넘는 대단지라 재건축 기대감이 높다.

　1988년 준공한 삼풍아파트는 최고 15층, 24개동, 총 2390가구 규모 매머드급 대단지다. 전용 79~165㎡ 중대형 평형으로 구성돼 있다. 서울중앙지법 길 건너 맞은편에 위치해 법조계 인사들이 다수 거주하는 곳이다.

　준공 당시에는 최고 분양가(3.3㎡당 133만원)를 기록하는 등 국내에서 손꼽혔고 1990년대까지만 해도 압구정 현대아파트, 잠실 아시아선수촌과 함께 나름 고급 아파트로 통했지만 지금은 고급 주상복합, 재건축을 마친 신축 단지에 둘러싸여 주변 단지에 비해 시세는 조금 낮은 편이다.

　사정이 이렇다 보니 삼풍아파트에는 재건축을 갈망하는 소유주가 꽤 많았다. 그러나 높은 용적률 등을 이유로 재건축 사업이 지지부진했는데 2022년 5월 예비안전진단을 통과하며 훈풍이 불기 시작했다. 여기에 2023년 1월부터 안전진단 기준이 완화되는 등 호재가 이어졌다. 이를 기회로 삼풍아파트는 정밀안전진단 절차까지 빠르게 진행시키는 모습이다.

　삼풍아파트 재건축추진준비위원회(준비위)는 삼풍아파트가 2022년 예비안전진단을 여유 있게 통과한 만큼 정밀안전진단도 수월히 통과할 것으로 기대한다. 삼풍아파트는 예비안전진단에서 '구조안전성'과 '건축마감·설비 노후도' 부문에서 D등급, '주거환경' 부문에서 E등급 평가를 받았다. 2023년은 재건축 안전진단 개정안에 따라 구조안전성 비중이 낮아지고, 주거환경, 설비노후도 비중은 높아진 만큼 삼풍아파트에는 평가 기준이 유리해졌다는 것이다.

정밀안전진단 결과 발표를 기다리면서 삼풍아파트 준비위는 부지런히 우선협상대상 신탁사(사업시행자) 선정도 마쳤다. 신탁 방식이 확정되면 서울 강남권에서는 1호 사업지가 된다. 조합은 사업을 빠르게 추진하기 위해 서울시의 패스트트랙 신속통합기획도 함께 추진 중이다. 추진위는 시공사 선정부터 사업인가까지의 과정을 2027년까지 마무리하겠다는 계획이다.

준비위가 재건축에 나름의 자신감을 보이는 데는 이유가 있다. 강남권 한복판 입지 등 장점이 적잖아서다. 삼풍아파트는 서울중앙지방법원과 서울중앙지방검찰청, 서울고등법원 등 서초 법조타운과 강남 업무지구가 가깝다. 2·3호선 교대역을 비롯해 9호선 사평역이 도보권이다. 동 위치에 따라서는 2호선·신분당선 강남역, 9호선·신분당선 신논현역, 3·7·9호선 고속버스터미널역도 멀지 않다. 단지 주변에 이용 가능한 노선이 많고 가구 수가 많아 재건축을 마치고 나면 재평가받을 수 있는 단지다.

서울 서초구 서초동 삼풍아파트가 '신탁 방식' 재건축을 추진한다. 강남 지역에서 신탁 방식 재건축이 추진되는 첫 단지다.

문제는 용적률이다. 삼풍아파트는 현재 용적률 221%, 최고 높이 15층짜리 중층 아파트다. 통상 정비업계에서는 아파트 용적률이 180%보다 낮아야 재건축 사업성이 있다고 평가한다. 신속통합기획 등을 통한 용적률 상향이 이뤄져야 무난하게 재건축을 추진할 수 있는 상황이다. 또한 일부 소유주를 중심으로 결성된 삼풍통합재건축준비위원회(통준위)가 신탁 방식을 반대하고 있어 이를 조율하고 정비구역 지정까지 무사히 마쳐야 하는 과제가 남았다.

물 들어오는 **송파구**

송파구에는 준공 30년 이상 된 아파트가 4만여가구 있다. 송파구 아파트 3채 중 1채는 노후 아파트다.
서울 노후 아파트 중 10%가량은 송파구에 몰려 있을 정도로 주택 노후도가 심화하는 지역이다.
바꿔 말하면 앞으로 재건축 사업을 통해 천지개벽할 가능성이 크다는 의미다. 과거 각종 규제로
재건축 사업이 속도를 내지 못하던 단지들이 최근에는 의미 있는 진척을 보이고 있다.
다만 멈춰 있던 재건축이 동시다발적으로 추진되기 시작하면서 사업성만큼 인허가 속도전이 관건이
될 전망이다. 이주 시점의 혼란을 방지하기 위해 지자체가 순번을 조정할 것으로 예상되는데,
순번에 따라 단지별로 재건축 시점이 몇 년 이상 차이가 날 수 있기 때문이다.

'엘·리·트' 이을 잠실 단지 어디일까

(엘스·리센츠·트리지움)

뽕밭에서 한강변 금싸라기 땅으로
지하철 2·8·9호선 지나는 교통 입지
쇼핑·문화·여가 인프라 모두 갖춰

'누에 치는 방(蠶室)'에서 지명을 따온 잠실은 1970년대 공유수면매립 사업이 진행되면서 본격적으로 개발됐다. 송파강을 막고 매립한 이후 한강의 섬이었던 잠실은 75만평의 육지로 탈바꿈했다.

오늘날의 잠실은 10만명이 거주하는 대규모 주거 단지로 탈바꿈해 압구정, 반포, 이촌동 등과 함께 금싸라기 땅으로 평가받는다. 백화점부터 마트, 쇼핑몰, 놀이공원, 종합운동장까지 모든 편의시설을 갖춘 지역으로 쇼핑·문화·여가 생활을 즐기기 더할 나위 없는 곳이다.

또 잠실은 단지에 따라 지하철 2·8·9호선을 이용할 수 있고 올림픽대로를 통해 테헤란로로 이동하기 편하다.

거의 같은 시기에 지어진 잠실주공1~4단지는 2000년대 들어 준공 30년을 넘기지 못한 채 재건축이 진행됐다. 이들 단지는 엘스, 리센츠, 트리지움, 레이크팰리스로 새롭게 태어나 잠실 일대 아파트 시세를 20년간 주도해 왔다.

그 옆으로 1978년 준공된 잠실주공5단지가, 탄천 인근에서는 우성1·2·3차(1842가구), 아시아선수촌(1356가구)이 재건축 사업을 진행 중이다.

잠실역 동쪽 신천동에서도 장미아파트(3522가구), 미성·크로바(1350가구), 진주아파트(1507가구)가 재건축을 추진해왔다. 이 중 미성·크로바와 진주는 재건축 사업이 막바지 다다라 일반분양을 남겨뒀고, 장미아파트(1~3차)는 마지막 재건축 주자로 기대감이 높다.

잠실 주요 재건축 단지

진행 중
분양 예정

단지명	준공연도	현재 가구 수	재건축 후 가구 수	가구당 평균 대지지분(㎡)	진행 단계
잠실주공5단지	1978년	3930	6815	75.9	조합설립인가
장미1차	1978년			71.07	
장미2차	1978년	3522	5200	58.18	조합설립인가
장미3차	1984년			82.98	
진주(잠실래미안아이파크 예정)	2025년(예정)	1507	2678	–	공사 중
미성·크로바(잠실르엘 예정)	2025년(예정)	1350	1865	–	공사 중
우성1·2·3차	1981년	1842	2680	65.01	조합설립인가
우성4차	1983년	555	825	57.09	조합설립인가
아시아선수촌	1986년	1356	미정	110.88	안전진단 통과

*재건축 후 가구 수는 사업 진행 단계, 조합 결정, 인허가 결과 등에 따라 변경될 수 있음
*자료:서울시 정비사업 정보몽땅, 다원중개, 네이버부동산 등

'될놈될' 송파 대장주 잠실주공5단지

(될 놈은 된다)

준공 46년 차 한강변 재건축 단지
50층 확보하고 70층까지 드라이브
대지지분율 거의 1 대 1…환급금 예상

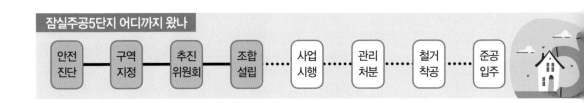

잠실주공5단지 어디까지 왔나

안전진단 ─ 구역지정 ─ 추진위원회 ─ 조합설립 ···· 사업시행 ···· 관리처분 ···· 철거착공 ···· 준공입주

1978년 준공된 잠실주공5단지는 건축 당시 잠실주공 5개 단지 가운데 규모도 가장 컸을 뿐 아니라 1~4단지와 달리 고급·대형으로 지어진 아파트였다. 2·8호선 잠실역과 가깝고 단지 북쪽으로는 한강을 끼고 있어 강남권 대표 재건축 단지로 꼽혀왔다.

재건축 연한*을 채우기 전인 1996년부터 재건축을 추진해왔지만 27년가량 우여곡절이 계속되며 사업이 아직도 초기 단계에 머물러 있다. 일찍이 재건축을 마치고 잠실 대장 단지 역할을 해온 1~4단지와는 대조적인 모습이다. 이 때문에 대치동 은마아파트와 묶여 수십 년째 강남권 재건축의 양대 상징으로 여겨지기도 한다. 높은 사업성에 대한 기대가 오히려 사업 추진의 발목을 잡은 경우다.

지지부진하던 잠실주공5단지 재건축 사업은 마침내 진척을 보이고 있다. 2022년 2월

---

*오늘날 아파트 재건축 연한(30년)은 재건축이 무분별하게 도입되는 것을 막고자 2000년대 초반 도입됐다.

최고 50층, 6815가구(공공주택 611가구 포함)로 재건축하는 정비계획안이 서울시 심의를 통과했고, 지금은 이를 원점으로 돌려 70층으로 재건축을 추진하기로 했다. 잠실주공5단지를 최고 70층으로 재건축하는 정비계획변경안은 조합원 동의 요건을 충족해 2023년 9월 26일 송파구청에 제출됐다.

정비계획변경안에 따르면 잠실주공5단지는 층수를 높이는 대신 건폐율은 줄어 기존 15층 30개동 3930가구에서 최고 70층 28개동 6303가구로 거듭나게 된다.

이를 위해 잠실주공5단지는 신속통합기획 자문 방식으로 재건축 사업을 추진한다는 계획이다. 한강변 층수 규제 등을 대폭 완화한 2040 서울플랜 발표로 준주거지역 용적률을 400%까지 확보할 길이 열리자, 고심 끝에 용적률 혜택이 있고 빠른 사업이 예상되는 서울시 신속통합기획 자문 방식 선회를 추진한 것이다. 조합은 신속통합기획 신청 요건인 동의율 30% 이상을 확보해 이미 2023년 5월 송파구에 신청한 상태다. 송파구는 최근 이에 대한 의견을 조합에 보냈고 서울시 자문위원회와의 자문도 진행 중인 것으로 알려졌다.

초과이익환수, 반갑지 않아

다만 잠실주공5단지 일부 주민이 신속통합기획을 반대하는 상황은 변수로 꼽힌다.

신속통합기획 자문 사업은 토지등소유자

잠실주공5단지 기존 재건축 정비계획

위치	서울 송파구 잠실동 27번지
용도지역	제3종일반주거 · 준주거지역
주 용도	공동주택과 근린생활시설
면적	35만8077㎡
규모	지하 4층~지상 50층
가구 수	6815가구(공공주택 611가구 포함)

*자료:서울시

30% 이상이 동의할 때 선정 가능하지만, 주민 10%가 반대하면 신청을 철회할 수도 있다. 아직 정확한 신분 확인 절차는 남았지만 잠실주공5단지 내 비상대책위원회(비대위)가 송파구청에 철회 요청서를 제출한 것으로 알려졌다. 과반수 동의를 받아 신속통합기획 자문 방식을 신청했음에도 사업이 '순항'하기 녹록잖아 보이는 지점이다.

또 현행법대로라면 잠실주공5단지는 초과이익환수제 적용이 확실하다. 재건축 과정에서 집값이 많이 오르면 그만큼 초과이익환수제 분담금 규모가 커지는 구조다 보니 잠실주공5단지처럼 재건축 사업이 장기화된 아파트는 수천만원, 수억원 이상 추가 세금을 낼 가능성이 남아 있다. 잠실주공5단지는 재건축 사업이 아직 초기 단계에 있는 만큼 초과이익환수제가 완화된다 하더라도 추가 분담금을 얼마나 부담해야 하는지 명확하게 계산하기 어려운 상황이다.

목돈을 최소 5년 이상 묶어놔야 한다는 점도 부담스럽다. 송파구가 여전히 투기지역으로 지정돼 있을 뿐 아니라 매매 시세는 대출이 아예 불가능한 20억원대에 형성돼 있다. 반면 전세는 층·향·평형에 따라 4억~6억원 중반대에 책정돼 있다. 취득세 등을 포함해 자기자본이 20억원은 있어야 매수가 가능한 셈이다. 또 조합권이나 일반분양 이후 분양권 매매는 어렵기 때문에 10억원에 달하는 돈을 5년 이상 묵혀야 한다. 잠실이 토지거래허가구역(2020년 6월~2024년 6월)으로 지정돼 있어 직접 거주하지 않으면 투자자가 진입하기에도 쉽지 않다.

전용 76㎡ 대지지분 74.5㎡

과제가 산적했지만 잠실주공5단지 자체가 갖는 장점은 탁월하다. 잠실주공5단지가 반

잠실주공5단지 평형별 대지지분		(단위:가구, 평, ㎡)	
평형 (전용면적)	가구 수	대지지분	
		평	㎡
34평(76㎡)	2280	22.53	74.5
35평(81㎡)	300	24.49	80.98
36평(82㎡)	1350	24.49	80.98

*1평은 3.305785㎡, 소수점 셋째 자리는 버림
*자료:서울부동산정보광장

포주공1단지 1·2·4주구(디에이치클래스트)와 함께 강남권 재건축 대장주로 묶인 가장 큰 이유는 대지지분율이 높아서다. 통상 재건축 아파트 대지지분은 보유 평형의 3분의 1 수준으로 본다. 하지만 잠실주공5단지 전용 76㎡의 경우 대지지분이 대략 74.5㎡로 거의 1 대 1 비율이다. 지분이 많다는 것은 그만큼 조합원 자격을 얻고 있을 때 발생하는 이익이 크다는 의미다.

전용 76㎡ 물건을 보유하고 있다면 전용 102㎡ 아파트 한 채를 배정받고도 수억원을 돌려받을 수도 있는 조건이다. 이는 일반분양가를 3.3㎡당 4500만원 선에 책정했을 때를 가정한 얘기다. 몇 년 전만 해도 터무니없는 가격이라는 비판이 많았지만 최근 강남권 새 아파트 분양가와 잠실권역 평균 시세를 감안해 볼 때 충분히 현실성 있는 가격으로 평가된다.

인근에 2008년 입주한 엘스나 리센츠는 2023년 들어 시세가 많이 빠지기는 했지만 2023년 8월 엘스 전용 84㎡가 22억6500만

서울 송파구 잠실동 잠실주공5단지 전경. 중층 단지지만 동간 간격이 80m에 이를 정도로 넓고 대지지분이 높은 게 특징이다.

원(11층), 22억9000만원(13층)에, 리센츠 전용 84㎡는 24억3000만원(20층)에 실거래됐다. 3.3㎡당 약 7000만원 수준이다. 잠실주공5단지는 잠실역과 가까운 입지 덕에 새 아파트로 준공되는 시점에는 엘스나 리센츠와 비교해 가치가 높을 수밖에 없다.

15층 이하 중층 단지치고 기존 용적률이 드물게 낮다는 점도 잠실주공5단지의 매력이다. 재건축업계에서는 15층 이하 중대형 면적 재건축 아파트의 경우 용적률이 180% 이하면 사업성이 좋은 것으로 보는데 현재 잠실주공5단지 용적률은 그보다 한참 낮은 138%다. 2022년 초 잠실주공5단지가 제3종주거지역에서 준주거지역(서울시 기준 용적률 400%)으로 종상향된 덕분에 추가로 확보할 수 있는 용적률도 넉넉하다. 이에 따라 잠실주공5단지는 조합원 물량을 제외하고 추가로 확보해 일반분양할 수 있는 가구가 2000여가구에 달할 것으로 예상된다. 정비업계는 잠실주공5단지 일반분양 수익으로 공사비와 사업비를 조달하고도 이익이 남을 것으로 점친다. 최고 층수를 50층까지 확보해둔 가운데 70층 상향까지 추진하면서 사업성뿐 아니라 희소성까지 높아졌다. 장기간 자금을 묶어둘 여유만 있다면 지금도 충분히 매력적인 투자처다.

입지 자체도 우수하다. 단지 인근에는 백화점과 대형마트 등 편의시설은 물론 한강시민공원, 서울아산병원, 삼성의료원과도 가깝다. 잠실종합운동장 복합개발(MICE)이 예정돼 있는 점도 호재다.

잠실주공 안 부러운 장미아파트

2호선 잠실나루역 옆 한강변 단지
2·8호선 잠실역·석촌호수도 도보권
인근 미성·크로바, 진주 재건축 막바지

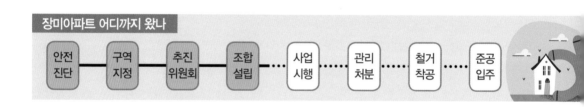

장미아파트 어디까지 왔나

안전진단 — 구역지정 — 추진위원회 — 조합설립 ···· 사업시행 ···· 관리처분 ···· 철거착공 ···· 준공입주

통합 재건축을 추진 중인 신천동 장미 1·2·3차아파트(이하 장미아파트)는 잠실 한강변 마지막 재건축 주자 격이다. 이미 조합설립을 마쳤다. 2021년 말 서울시 신속통합기획에 이름을 올렸고, 서울시가 기획설계 용역을 발주한 만큼 2023년 중 청사진이 나올 전망이다.

1979년(1·2차), 1984년(3차) 입주한 장미아파트는 1970~1980년대 서울 강남 개발 역사의 상징으로 손꼽힌다. 강남권(강남·서초·송파구)에 수많은 아파트가 들어섰고, 세월이 흘러 하나둘씩 구축 단지가 됐는데 그중에서도 한강 조망이 가능한 단지들은 꾸준히 인기를 끌어왔다. 송파구에서는 잠실주공5단지(3930가구)가 재건축 대장 단지로 꼽히지만 1·2·3차를 합친 장미아파트(3522가구)도 그에 못잖은 규모를 자랑한다.

상징적인 재건축 사업지인 잠실주공5단지와는 길 하나를 두고 마주 보고 있어 입지도 비슷하다. 한강변에 위치한 데다 지하철 2·8호선 환승역인 잠실역과 가깝고 단지 동편으로는 2호선 잠실나루역이 지난다. 잠실대교,

서울 송파구 신천동 장미아파트는 이웃 단지 잠실주공5단지 못잖은 규모와 한강변 입지를 자랑한다.

올림픽대로, 강변북로 진입도 용이하다. 홈플러스가 단지 가까이에 있고 도보로 10~20분이면 롯데월드몰, 롯데백화점, 롯데마트, 석촌호수에 도착한다.

서울아산병원과도 가깝다. 학원가가 가깝고 주변으로 유해시설이 전무해 자녀 교육에 관심이 많은 학부모들에게 인기가 높다. 이런 장점을 살리면 앞으로 신축 아파트촌(村)이 될 잠실권역에서도 손꼽히는 선호 단지가 될 수 있는 여건이다.

이런 호평을 발판 삼아 장미아파트는 여느 한강변 단지처럼 오래전부터 재건축을 추진해왔다. 2005년 정비구역으로 지정됐지만 주변 단지에 비해 사업 추진이 더뎠다. 상가

규모가 큰 상황에서 재건축에 동의하지 않는 소유주가 많았기 때문이다. 이 아파트 상가 조합원은 870여명에 달한다. 상가의 경우 재건축을 진행하는 동안 영업을 할 수 없어 재건축 사업에 회의적이거나 반대하는 경우가 많다.

이후 아파트와 상가의 개발 이익과 비용을 별도로 정산하는 독립정산제 방식으로 사업 방향을 잡으면서 상가 동의율이 단기간에 올랐고 2020년 조합설립인가까지 받는 속도전을 펼친 덕에 정비구역 해제 위기를 벗어났다.

장미아파트는 2020년 2월 재건축 조합이 설립됐고, 이후 몇 차례 조합설립변경인가를

거쳐 사업시행인가를 준비하는 중이다.

2021년에는 신속통합기획 정비사업에 합류하기로 하면서 사업 기대감이 더욱 높아졌다. 신속통합기획 방식은 기획 방식과 자문 방식 2가지로 나뉘는데 장미아파트는 기획 방식으로 진행 중이다. 향후 서울시와 자문단, 주민 대표 등이 회의를 거쳐 기본정비계획을 수립하게 된다.

3년 내 관리처분 받겠다는 포부
종상향만 가능하면 50층 꿈 실현?

구체적인 정비계획안은 아직 나오기 전이지만 장미아파트 재건축 조합은 2024년 하반기 사업시행인가를 받아 2030년 상반기에는 새 아파트를 완공하는 것을 목표로 삼았다. 2023년 3월 2대 조합장으로 선출된 조합장이 3년 내 관리처분인가를 받겠다는 공약을 내걸고 많은 득표를 받았다. 계획한 대로 재건축 사업이 이뤄진다면 장미아파트는 약 5200가구 새 아파트와 부대복리시설을 갖춘 초대형 단지로 탈바꿈한다.

일각에서는 장미아파트도 이웃 단지인 잠실주공5단지처럼 50층 재건축을 추진할 거라는 기대 섞인 전망도 내놓는다.

다만 50층 재건축 가능성을 두고는 전망이 엇갈린다. 장미아파트는 이미 2018년 50층 재건축 추진에 나서려다 한 차례 무산된 적이 있는 만큼 기본정비안을 수립하는 데도

3522가구 대단지
한강 조망 가능
신속통합기획 진행 중

장미아파트 평형별 대지지분				(단위:%, 가구, 평, ㎡)	
단지 · 평형		용적률	가구 수	대지지분	
				평	㎡
장미1차	28평	184	532	13.2	43.66
	32평		672	15.47	51.15
	38평		336	18.36	60.7
	45평		308	22.25	73.58
	56평		168	28.79	95.18
	64평		84	33.75	111.6
장미2차	27평	200	294	13.27	43.88
	32평		490	15.55	51.41
	38평		392	18.45	61
	45평		126	22.36	73.94
장미3차	47평		120	24.48	80.94

*1평은 3.305785㎡, 소수점 셋째 자리는 버림
*자료:서울부동산정보광장 등

적잖은 시간이 걸릴 가능성이 있다는 진단이다.

반면 잠실 일대가 서울시 대표 관광 특구로 지정돼 운영되고 있는 데다 역세권 초대형 단지인 만큼 향후 잠실주공5단지와 같은 기준이 적용될 수 있다는 기대 섞인 전망도 적잖은 만큼 앞으로 기대하고 지켜볼 만한 사업지다.

재건축조합설립추진위원회가 당시 내놓은 재건축 예상 조감도. (서울시 정비사업 정보몽땅 제공)

도심 속 조용한 주거지 우성1·2·3차

**다리 건너면 삼성동 업무지구, 대치동 학원가
더블 역세권에 단지 옆으로 흐르는 탄천 매력
코엑스~종합운동장 MICE 개발 수혜 단지**

우성1 · 2 · 3차 어디까지 왔나

안전진단 — 구역지정 — 추진위원회 — 조합설립 ···· 사업시행 ···· 관리처분 ···· 철거착공 ···· 준공입주

탄천변 우성1·2·3차(1842가구, 이하 잠실우성)도 잠실에서 기대를 모으는 재건축 단지다. 1981년 입주해 2023년 기준으로 입주 43년 차를 맞았다. 그동안 초대형 단지인 잠실주공5단지(3930가구)나 대지지분이 상대적으로 높은 이웃 단지 아시아선수촌(1356가구) 재건축에 가려 주목을 덜 받았지만 지하철 9호선 개통(2015년), 영동대로 개발과 현대차 신사옥 글로벌비즈니스센터(GBC) 건축 등 개발 호재가 이어지면서 장기 가치 상승이 기대되는 단지로 떠올랐다.

잠실우성은 2006년 재건축추진위원회 설립 후 이렇다 할 진척을 보이지 않다가 2021년에야 조합을 설립했다. 이후 정비계획안을 내놨다가 2022년 '잠실우성 재건축 정비계획 변경안'을 내놨는데 여기에는 잠실우성을 2680가구 규모 아파트 단지로 신축한다는 계획이 담겨 있다.

계획안에 따르면 제3종일반주거지역인 잠실우성은 용적률 299.86% 이하를 적용받아 지상 35층 이하 29개동, 2680가구 규모의 신축 단지로 조성된다. 전용면적별로는

▲60㎡ 미만 643가구 ▲60~85㎡ 978가구 ▲85㎡ 초과 1059가구로 지어진다. 당초 계획(2700여가구)과 비교해 소형 주택형이 186가구 줄었고 중대형은 171가구 늘었다. 이에 따라 전체 가구 중 중대형 비중이 39.52%를 차지한다. 또 정비계획안에는 문화복지시설 건축계획을 없애고 대신 공원 면적(8040㎡)을 당초보다 두 배가량 늘려 녹지를 확보한다는 계획도 포함돼 있다.

잠실우성 재건축 사업성을 따질 때 주요 비교 대상은 바로 옆 단지인 아시아선수촌이다. 아시아선수촌은 2023년 6월에야 안전진단을 최종 통과한 사업 초기 단지지만 전용면적 대비 대지지분율이 잠실우성보다 높다. 대지지분은 아파트 소유주가 가진 실제 땅의 가치다. 보유 대지지분이 많을수록 재건축 사업 시 조합원 분담금이 적거나 환급받을 확률이 높다.

잠실우성 전용 96㎡의 대지지분은 약 53.4㎡(16.1평)다. 반면 아시아선수촌 전용 99㎡ 소유주는 대지지분만 79.99㎡(24.2평)를 보유했다. 대지지분율로는 아시아선수촌이 앞선다. 이런 이유로 시세는 아시아선수촌이 늘 수억원씩 앞서 있다. 바꿔 말하면 아시아선수촌 시세보다 낮은 초기 투자 금액으로 비슷한 조건의 재건축 아파트에 투자할 수 있다는 의미다.

또한 잠실우성에 주목하는 이들은 장점으

서울 송파구 잠실동 잠실우성 단지 내부 모습.

로 입지를 꼽는다.

송파구 잠실동에 나란히 위치한 두 단지는 모두 지하철 2·9호선 종합운동장역을 끼고 있다. 9호선 급행열차가 종합운동장역에 선다. 단지에서 다리 하나를 건너면 삼성동과 대치동이다. 잠실 스포츠·마이스(MICE, 회의·포상관광·컨벤션·전시) 복합공간 조성 사업, 영동대로 개발, 현대차 신사옥 GBC 건축 등 주변의 개발 호재가 이어지고 있어 일대 아파트 가치 상승이 예상되는 점도 매력이다.

여기까지는 아시아선수촌과 같은 조건이지만 잠실우성은 단지 바로 옆에 탄천을 끼고 있다. 다만 여느 송파권 단지가 그렇듯 잠실우성 재건축은 아직 사업 초기 단계다. 사업시행인가, 관리처분인가, 이주, 철거, 착공, 분양 등을 거치려면 장기 투자를 각오해야 한다.

미니 신도시 첫발 뗀 올림픽 3대장

1만1390가구 3개 단지 안전진단 나란히 통과
위치는 각각 다르지만 역세권·개발 호재 공통점
이제 시작 단계라 각종 인허가 절차 한참 남아

올림픽훼밀리타운 어디까지 왔나

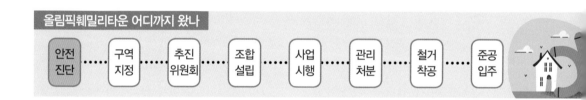

안전진단 ···· 구역지정 ···· 추진위원회 ···· 조합설립 ···· 사업시행 ···· 관리처분 ···· 철거착공 ···· 준공입주

송파구에서 대표 재건축 잠룡인 '3인방'도 사업에 시동을 걸었다. 잠실동 아시아선수촌 (1356가구), 방이동 올림픽선수기자촌(5540가구), 문정동 올림픽훼밀리타운(4494가구) 등 이른바 '올림픽 3대장'이 2023년 들어 줄줄이 안전진단에 통과하며 사업에 속도를 내는 모습이다. 보통 송파구 재건축 하면 잠실주공5단지를 떠올리지만, 올림픽 3대장도 3개 단지를 합치면 1만가구 넘는 미니 신도시급이다.

정비구역 지정, 추진위원회·조합 구성, 사업시행인가, 관리처분인가까지 각종 인허가와 분양 과정 등을 거쳐야 하지만 각 단지 입지를 고려했을 때 길게 보면 사업성이 나쁘지 않다.

올림픽훼밀리타운

올림픽 3대장 중 속도가 가장 빠른 단지는 올림픽훼밀리타운이다. 올림픽훼밀리타운은 2023년 1월 말 송파구 정밀안전진단에서 E등급(44.73점)을 받아 재건축이 확정됐다. 2021년 9월 재건축추진준비위원회를 구성한

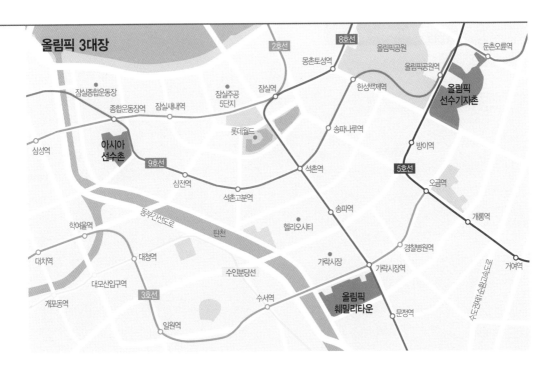

올림픽 3대장

지 1년 4개월 만이다.

1988년 준공된 올림픽훼밀리타운은 지상 최고 15층, 56개동, 4494가구 규모다. 지하철 3·8호선 환승역인 가락시장역이 단지 정문 쪽, 8호선 문정역이 후문 쪽에 있는 역세권 단지다. 가락시장을 건너 북쪽에는 헬리오시티(9510가구)가 있다.

이 아파트는 모든 평형이 30평형대 이상의 중대형으로만 구성돼 있다. 다른 올림픽 3대장도 비슷하지만 송파구에서 중산층 이상이 거주하는 것으로 알려져왔다. 근처에 있는 가원초도 선호도가 높은 초다.

하지만 올림픽훼밀리타운 남쪽 문정2동은 개발이 더뎌 오랫동안 낙후돼 있었다. 올림픽훼밀리타운이 '조금 외진 곳'이라는 이미지가 강했던 이유다. 그러나 최근 개발 호재들이 잇달아 몰리면서 분위기가 바뀌는 양상이다. 우선 주거 환경에서 감점 요인이었던 가락시장의 현대화 작업이 마무리됐고 단지 남측에는 문정법조단지가 들어섰다.

탄천 건너 수서 역세권 개발 사업의 수혜도 예상된다. 수서 역세권 개발 사업은 환승센터와 차량기지 개발 사업으로 나뉘어 있는데, 환승센터 복합개발 사업은 SRT 수서 역세권 내 11만5927㎡ 규모에 백화점을 비롯한 상업·업무시설을 짓는 프로젝트다.

서울시는 또 최근 지금의 수서차량기지 위를 인공 데크로 덮어 차량기지 기능은 데크 하부에 두고 데크 상부와 주변에는 녹지 공간, 9~16층 건물을 올린다는 구상을 밝히기도 했다. 교통 여건도 좋아질 전망이다. SRT·3호선·수인분당선 환승역인 근처 수서

올림픽선수기자촌 어디까지 왔나

안전 진단 ····· 구역 지정 ····· 추진 위원회 ····· 조합 설립 ····· 사업 시행 ····· 관리 처분 ····· 철거 착공 ····· 준공 입주

역에 수도권 광역급행철도(GTX) A노선이 들어서고, 가락시장역에는 위례신사선이 지나갈 예정이기 때문이다.

하지만 위례신사선이 올림픽훼밀리타운을 관통하는 만큼 안전 문제를 제기하는 주민과 개발 호재로 보는 주민들 사이 의견이 맞서고 있는 점은 풀어야 할 문제다.

다만 올림픽훼밀리타운은 용적률이 194%대라 재건축 사업성이 높다고 보기는 힘들다. 근처 성남공항 때문에 고도 제한의 영향도 받는다.

개발업계선 근처 아파트 단지들을 기준으로 볼 때 최고 25~28층까지는 재건축이 가능할 것으로 전망하는데, 재건축이 불가능해지지는 않지만 사업성이 아시아선수촌이나 올림픽선수촌보다 월등하다고 보기는 어렵다.

올림픽선수기자촌

올림픽선수기자촌(이하 올림픽선수촌)은

2023년 2월 중순 재건축 확정 통보를 받았다. 2022년 3월 1차 정밀안전진단에서 53.37점으로 D등급을 받아 조건부 재건축 판정을 받은 지 약 11개월 만이다.

당초 올림픽선수촌은 조건부 재건축 판정을 받으면서 공공기관 적정성 검토(2차 안전진단)를 앞둔 상태였다. 그러나 정부가 2023년 1월 초 발표한 재건축 안전진단 규제 완화로 기존 안전진단 결과가 소급 적용되면서 재건축이 확정됐다.

올림픽선수촌은 '올림픽 3인방' 중에선 가장 동쪽에 위치해 있다. 최근 분양돼 화제가 됐던 둔촌주공(올림픽파크포레온)과 보성고를 사이에 두고 붙어 있다. 단지 내로 성내천이 흐르며 드넓은 올림픽공원과 도로 하나를 두고 마주하고 있다.

송파구에서도 가장 동쪽이기는 하지만 대중교통 입지는 훌륭하다. 5·9호선 환승역인 올림픽공원역과 접해 있기 때문이다. 9호선

방이동 올림픽선수기자촌은 향후 재건축을 통해 1만1000여가구 규모의 매머드급 단지로 탈바꿈할 전망이다.

올림픽 3대장 장단점 분석			
구분	올림픽선수기자촌	아시아선수촌	올림픽훼밀리타운
위치	방이동	잠실동	문정동
토지 용도	제3종일반주거지역	제3종일반주거지역	제3종일반주거지역
준공연도	1988년	1986년	1988년
구성	122개동 5540가구	18개동 1356가구	56개동 4494가구
용적률	137%	152%	194%
가구당 평균 대지지분	89.1㎡(27평)	110.88㎡(33.6평)	67.98㎡(20.6평)
지하철	❺·❾ 올림픽공원역	❷·❾ 종합운동장역	❸·❽ 가락시장역
안전진단 통과	2023년 2월	2023년 6월*	2023년 1월
장점	올림픽공원 인접, 높은 대지지분	업무지구 인접, 높은 대지지분	2곳보다 빠른 사업 속도, 수서 역세권 개발 수혜
단점	2곳보다 외곽에 위치	상대적으로 느린 사업 속도	높은 용적률, 성남공항 고도 제한

*아시아선수촌은 예비안전진단 통과 후 정밀안전진단 절차 중
*자료:다원중개

급행역이기도 하다. 도심·여의도·강남 등 어느 업무지구로든 이동하기에 편리하다. 단지 자체가 크기 때문에 동마다 지하철역까지 거리가 천차만별이기는 하지만 올림픽선수촌3단지 주민이라면 9호선 둔촌오륜역을 이용할 수도 있다.

자차를 이용한다면 서하남IC를 통해 수도권제1순환고속도로, 중부고속도로를 이용하기 편리하다. 서울 내에서 이동하려면 올림픽대로를 주로 이용한다.

높은 대지지분도 장점이다. 같은 제3종일반주거지역인데도 용적률이 아시아선수촌(152%)이나 올림픽훼밀리타운(194%)보다 낮은 137%다. 건폐율도 12%에 불과해 동 사이

간격이 넓어 탁 트여 있다는 느낌을 받는다.

올림픽선수촌은 향후 재건축이 이뤄지면 1만1000여가구 규모의 매머드급 단지로 탈바꿈할 전망이다.

신속통합기획을 거쳐 최고 45층 높이 재건축을 추진할 계획도 갖고 있는데 올림픽선수촌 재건축신속통합위원회(신통위)는 주민설명회를 통해 2025년 정비계획안을 확정한 뒤 2028년 시공사를 선정하고, 2029년에는 관리처분인가, 2033년에는 입주를 마치겠다는 계획을 밝힌 바 있다.

또 용적률 300%를 적용해 기존 24층 이하 122개동, 5540가구를 43층 이하 65개동, 1만1000여가구로 탈바꿈하겠다는 구상이다.

아시아선수촌 어디까지 왔나

안전진단 ···· 구역지정 ···· 추진위원회 ···· 조합설립 ···· 사업시행 ···· 관리처분 ···· 철거착공 ···· 준공입주

기존 방사형으로 분포된 각 동 배치는 유지하되 판상형과 타워형을 혼재해 동간 거리를 확보하고 주거 쾌적성을 높일 수 있는 단지 배치도를 공개하기도 했다.

다만 일반 재건축을 추진하자는 의견도 적지 않아 주민들 간 이견이 있는 상황이라 신속통합기획이 순조롭게 추진될지는 미지수다.

아시아선수촌

아시아선수촌은 2023년 5월에 진행된 1차 정밀안전진단 결과 조건부 재건축(D등급) 판정을 받았는데 2차 안전진단이 불필요하다는 의견이 모여 재건축이 확정됐다.

이 아파트의 가장 큰 장점은 뛰어난 입지다. 지하철 2·9호선 환승역인 종합운동장역과 5분 거리에 위치해 있고, 탄천을 건너면 바로 삼성역이다. 잠실역 인근 업무지구와도 지하철로 두 정거장이다.

특히 영동대로 복합 사업, 잠실운동장 마이스(MICE) 개발 사업이 진행되는 등 굵직한 개발 호재도 있어 미래 가치가 높은 단지로 꼽힌다. 입지 자체로 보면 웬만한 강남권 아파트 중에서도 최상위권이다. 그러면서도 단지 안에 녹지가 풍부한 데다 바로 옆에 아시아공원이 있고 옆으로 탄천이 흘러 주거 환경도 쾌적하다는 평가다. 동간 간격도 넓고 대지지분도 상당해 재건축 속도는 올림픽 3대장 중에서 가장 느리지만 파괴력은 가장 강할 수 있다는 평가를 받는다.

실제로 아시아선수촌아파트는 1990년대 압구정 현대아파트, 서초동 삼풍아파트와 더불어 서울 3대 랜드마크 아파트로 꼽혔다. 지금은 그 명성이 조금 줄어들었지만 여전히 '잘 지은 아파트'로 꼽힌다.

1986년 서울 아시안게임에 출전하는 선수단 5000여명이 숙소로 사용할 목적으로 지어졌기 때문에 설계에서부터 시공까지 상당히 까다롭고 엄격한 품질관리를 통해 건축됐다. 국내에서는 처음으로 국제현상설계공모까지 실시했다.

지하주차장 도입, 필로티 구조, 1층 정원 등 당시로는 혁신적이었던 설계를 도입했다. 국내 건축사에서도 아파트 설계의 변혁 모델로 자주 거론된다.

대부분의 가구가 대형 평형으로 구성돼 투자 접근이 쉽지 않기는 하다. 가장 작은 평형이 전용 99㎡(37평)고 주력 평형은 전용 134㎡(51평)와 전용 151㎡(56평)다.

신속통합기획 놓고 올림픽 3대장 온도 차

서울시 재건축 신속통합기획을 놓고 올림픽 3대장은 사뭇 다른 행보를 보이고 있다.

올림픽선수촌은 신통기획 신청 요건인 동의율 30%를 갖추고, 주민 설득에 적극 나서고 있다. 반면 올림픽훼밀리타운과 아시아선수촌은 주민 의견 수렴을 받고 있지만 신중을 기하는 모습이다. 3개 단지가 가격, 용적률, 주변 개발 호재 등 입지별 차이점이 적잖아 신통기획을 두고 온도 차가 있을 것이라고 내다봤다.

올림픽선수촌은 세 단지 중 신속통합기획에 적극적인 편이다.

올림픽선수촌 재건축신속통합위원회(신통위)는 신축 단지에 적용할 법정 상한 용적률을 300%까지 올려 최고 42층, 65개동 1만1000여가구로 재건축한다는 구상이다. 앞서 주민설명회를 통해 2025년 정비계획안을 확정한 뒤 2028년 시공사를 선정하고, 2029년에는 관리처분인가, 2033년에는 입주를 마치겠다는 계획을 밝힌 바 있다.

다만 올림픽선수촌에는 신속통합기획 방식을 원하는 신통위 외에도 일반 재건축을 원하는 '올림픽선수촌재건축추진단(추진단)'이 2018년부터 꾸려져 있어 주민 간 의견을 통일하기 쉽지 않아 보인다. 신통위는 용적률을 300%로 높이고 추가 분담금을 최소화하는 방안을, 추진단은 용적률을 낮추더라도 명품 단지로 짓는 방안을 주장한다. 추진단은 정비구역 지정 인허가를 받기 위해 소유주 동의서를 모으는 중이다.

올림픽훼밀리타운과 아시아선수촌은 주민 의견 수렴을 먼저 하겠다는 입장이다. 주민 의견이 담긴 '정비계획안(가안)'을 만들고 신속통합기획 장단점을 충분히 비교한 뒤 신청 여부를 결정하겠다는 구상이다.

두 단지가 신속통합기획을 고민하는 이유는 각자 다르다. 올림픽훼밀리타운은 현재 용적률이 194%로 다른 단지보다 높은 편인 데다 성남공항이 가까워 고도 제한 영향을 받는다. 일반적으로 신속통합기획에 참여하는 이유는 공공 기여를 하는 대신 용적률 혜택을 받아 사업성을 높이려는 목적인데, 고도 제한에 가로막혀 사업성이 떨어지면 신속통합기획에 참여하는 의미가 없다는 얘기다.

아시아선수촌은 인근 대형 개발 호재가 많아 '시간은 우리 편'이라는 분위기다. 장기적으로 아파트 값 상승이 기대되는데 굳이 신속통합기획에 참여해 사업성을 깎아먹을 이유가 없다는 입장이다.

신속통합기획을 섣부르게 추진했다가 주민 반대에 부딪힐 수 있는 점도 올림픽훼밀리타운, 아시아선수촌이 신중한 이유다. 신속통합기획 재건축 자문 방식은 주민 10%만 반대해도 신청을 철회할 수 있다. 신속통합기획 신청 후 대상지로 선정되면 토지거래허가구역에 묶이는 점도 부담이다.

"우리도 헬리오처럼" 가락동

헬리오시티 성공 후 가락·문정·오금동서 재건축 탄력
중층 단지지만 '강남 3구' 프리미엄 + 양호한 사업성
가락프라자·삼환·극동·미륭 조합 시공사 선정 박차

2023년 여름. 지하철 5호선 개롱역 3번 출구를 나와 10분가량 걸으면 '삼환가락' '가락극동' '가락프라자' 등 재건축 사업을 추진 중인 단지들이 줄줄 등장한다. 사업 속도가 빠른 편인 가락프라자아파트 외벽 등에는 사업자 선정을 앞두고 건설사들이 내걸어둔 현수막이 눈길을 끈다.

'가락미륭' 단지 정문에도 건축심의 통과를 축하하는 내용으로 제작한 건설사들의 현수막이 곳곳에 걸려 있다. 개롱역 1번 출구와 가까운 '가락우창'에는 정비구역 지정에 최선을 다하겠다는 재건축추진위원회의 현수막과 성공적인 재건축 사업을 응원한다는 내용의 건설사 현수막이 나란히 걸려 있다.

이처럼 서울 송파구 끝자락에 있는 가락동(문정·오금동 일부 포함)에서는 준공 30년을 넘긴 노후 단지마다 재건축 추진 분위기가 무르익었다.

단지 대부분이 조합을 설립했고 속도가 상대적으로 빠른 단지들은 시공사 선정을 앞두고 있어 치열한 건설사 수주전을 예고하고 있다. 2023년에는 확실히 재건축이 속도를 낼 듯한 분위기가 되자 매물도 연초와 비교해 3분의 1가량 줄었다.

서울시 '정비사업 정보몽땅'에 따르면 현재 송파구 가락동 내에서 정비사업을 추진 중인 곳은 총 10곳이다. 이 중 아직 조합 청산이 되지 않은 '가락시영(헬리오시티)'과 지역주택조합 사업지 2곳을 제외한 7곳에서 재건축(4곳), 리모델링(1곳), 가로주택정비사업(1곳), 소규모 재건축(1곳) 등 다양한 유형의 정비사업이 진행 중이다.

가락동에서 재건축을 추진하는 단지는 '가락프라자' '삼환가락' '가락극동' '가락미륭' 등 4곳이다.

4개 단지 모두 조합설립을 마쳤다. 행정구역상 가락동은 아니지만 단지 이름에 '가락'이 들어가는 주변 지역 단지까지 포함하면 재건축을 추진 중인 곳은 더 많다. 문정동에선 '가락1차현대'가 조합설립을 마쳤고, 3·8호선 가락시장역 역세권인 '올림픽훼밀리타운(4494가구)'도 문정동에 위치했다. 오금동에선 '가락상아1차'가 사업시행인가를 받아둔 상태고, '가락우창'이 정비구역 지정을 추진 중이다.

이들 단지는 각 위치에 따라 5호선 개롱역 또는 3호선 경찰병원역, 3·8호선 가락시장역 초역세권이거나 도보로 이용할 수 있는 거리에 위치했다.

SRT 고속철도 수서역까지 이동하기 편리한 위치다. 수도권제1순환도로, 분당수서간고속화도로 등을 이용해 수도권과 전국 각지로 이동하기 용이하다.

같은 송파구여도 입지나 선호도 면에서는 잠실권역이나 '올림픽 3대장(올림픽선수촌·아시아선수촌·올림픽훼밀리타운)'에 못 미치지만 여전히 '강남 3구' 프리미엄을 누리는 지역이 가락동이다.

가락프라자

가락동에서도 재건축 사업 속도가 가장 빠른 곳은 '가락프라자'다. 현재 4만5808.8㎡

대지에 총 11개동 672가구 규모로 용적률은 179%다.

중층이기는 하지만 대지가 제3종일반주거지역에 위치했고 가구가 전용 84~156㎡ 중대형 평형으로 구성돼 사업성이 양호한 것으로 평가받는다. 재건축을 통해 최고 34층 1068가구 규모로 거듭날 전망이다.

가락프라자는 공동 시행 건설업자 선정 절차를 추진 중이다. 공동 시행 방식은 조합이 시행에 나서 건설사가 시공만을 맡는 일반적인 방식과 달리, 시공사가 조합의 사업비와 운영비 등을 조달하고 개발 이익과 미분양 등 각종 위험까지도 함께 짊어지는 사업 방식이다.

가락프라자 재건축 조합은 사업 방식을 '조합 방식'에서 '시공사 공동 시행 방식'으로 변경하고 이르면 2023년 9월 중 재건축 사업

을 함께 추진할 시공사를 선정할 계획이다. 이를 위해 조합 측은 2023년 4월부터 조합원 동의서를 받고 있다. 2023년 8월 8일에는 사업시행계획인가 신청서를 접수했다.

삼환·극동·미륭·우성1차

가락프라자를 선두로 정비구역으로 지정됐거나 조합설립을 마친 삼환가락, 가락극동, 가락미륭도 곧 시공사 선정에 돌입할지 관심을 모은다.

1985년 준공한 삼환가락은 2017년 11월 정비구역으로 지정된 후 2019년 4월 조합설립인가를 받았다. 2023년 7월 19일 사업시행인가를 위한 조합원 총회를 열었다. 이 단지는 현재 최고 12층, 648가구에서 최고 35층, 1101가구로 재건축될 예정이다.

1984년 준공한 가락극동은 2020년 6월

지역	단지명	준공연도	현재 가구 수	계획 가구 수	진행 단계	가구당 평균 대지지분
가락동	가락프라자	1985년	672	1068	조합설립인가	70.95
	삼환가락	1985년	648	1101	조합설립인가	63.03
	가락극동	1984년	555	1070	조합설립인가	71.94
	가락미륭	1986년	435	612	조합설립인가	46.86
	가락우성1차	1986년	838	967	정비계획안 심의 통과	41.91
문정동	가락1차현대	1984년	514	842	조합설립인가	66
오금동	가락상아1차	1984년	226	405	사업시행인가	60.06
	가락우창	1985년	264	미정	2차 정밀안전진단 통과	65.01

가락동 일대·주변 주요 재건축 추진 단지 (단위:가구, ㎡)

*2023년 8월 16일 기준, 가락동과 문정·오금동 일부 단지를 포함, 재건축계획은 조합 사정에 따라 변경될 수 있음
*자료:서울시 정비사업 정보몽땅, 다원중개, 업계 취합

서울 송파구 가락동 '가락극동' 아파트 단지.

조합설립인가를 받았다. 현재 대지 4만111.5㎡에 7개동 총 555가구가 입주해 있는데 가락극동 조합은 이곳에 건폐율 19%, 용적률 300%를 적용해 지하 2층~지상 35층 아파트 1070가구와 부대복리시설 등을 공급한다는 구상이다.

1986년 준공된 가락미륭은 15층, 435가구 규모 중층 단지다. 2023년 7월 서울시의 건축심의를 조건부로 통과했다. 2021년 4월 조합설립인가를 받은 지 2년 3개월 만에 건축심의를 통과해 비교적 순조롭게 사업을 추진 중이다.

가락미륭은 재건축을 통해 최고 21층 612가구로 거듭난다. 재건축 단지치고 대지 규모가 작은 편이라 일반분양 증가분이 인근 단지 대비 적은 편이다.

'가락우성1차'는 최근 정비계획안이 서울시 심의를 통과했다. 서울시는 2023년 7월 24일 열린 제3차 도시계획위원회 분과소위원회(수권)에서 가락우성1차 재건축 정비계획안을 수정 가결했다. 가락우성1차는 3만 5043.77㎡ 대지에 1986년 준공된 9개동

838가구 규모 노후 단지다. 가락동 일대 단지 중 재건축 후발 주자에 속하지만 입지는 가장 뛰어나다는 평가를 받는다. 3·8호선 가락시장역 역세권이고 8호선 문정역도 멀지 않다.

가락우성1차는 2022년 초 992가구로 신축하겠다는 계획안을 제출했다가 좌절된 바 있는데 가구 수를 992가구 → 967가구로 줄이고 용적률을 299.43% → 280.24%로 낮추고 나서야 계획안이 통과됐다.

이번 결정을 통해 가락우성1차는 당초 계획안보다 1.64%포인트 높은 용적률 281.88% 이하를 적용해 최고 층수 26층, 총 967가구 새 아파트로 재건축할 수 있게 됐다.

가락1차현대 · 상아1차 · 우창

이외에 문정동 '가락1차현대'는 1984년 준공된 8개동, 14층 514가구 규모 아파트다. 가락극동, 삼환가락처럼 초역세권은 아니지만 굳이 따지자면 3호선 경찰병원역과 가장 가깝다. 8호선 문정역도 도보로 이용 가능한 거리다.

가락1차현대는 2019년 4월 조합설립인가를 받은 후 2023년 2월 말 서울시 건축심의를 통과했다. 재건축을 통해 지상 22층 아파트 8개동에 총 842가구 규모 단지를 신축한다. 125가구는 공공주택으로 짓고 나머지 717가구를 조합원과 일반에 분양한다는 구

5호선 개롱역
3호선 경찰병원역
3·8호선 가락시장역
수도권제1순환고속도로

상이다.

개롱역 북쪽 오금동에서는 '가락상아1차'와 '가락우창'이 재건축을 추진 중이다.

1984년 준공된 가락상아1차는 대지 1만3580㎡에 3개동, 총 226가구짜리 아파트 단지라 재건축 단지치고는 가락미륭보다도 규모가 작다.

하지만 사업 속도가 느리진 않다. 2020년 6월 조합을 설립하고 2022년 5월에는 사업시행인가까지 받아냈다. 가락상아1차는 현재 용적률이 178%인데 조합은 이곳에 용적률 299.75%를 적용한 지하 2층~지상 30층 규모 아파트 4개동 405가구와 부대복리시설 등을 신축한다는 계획이다. 시공은 GS건설이 맡았다.

가락우창은 2022년 말 2차 정밀안전진단을 통과한 뒤 2023년 8월 초 조합원 의견을 수렴해 건축계획을 바꾼 상태다. 2023년 여름 기준 정비구역 지정을 위한 작업을 진행 중이다.

중층 한계 딛고 성공할까
용적률 200% 미만이면 해볼 만

한동안 지지부진했던 가락동 단지들이 재건축에 활기를 띠는 것은 송파구 대장 지역인 잠실권역에 이어 방이동까지 재건축 분위기가 무르익으면서 가락동도 덩달아 흐름을 탄 것으로 분석된다.

'잠실주공5단지' 정비계획안이 7년 만에 통과되면서 인근 단지와 지역들이 자극을 받았고, 여기에 가락시영을 재건축한 '헬리오시티(9510가구, 2018년 12월 입주)'가 서울 대표 거대 단지로 떠오르면서 상징성을 갖게 된 것도 주효했다.

물론 헬리오시티를 빼고 본 가락동은 중층(12~15층) 단지가 대부분이라 잠실의 여느 재건축 단지와 비교하면 재건축 사업성이 썩 좋아 보이지는 않는 지역이다.

일반적으로 조합은 일반분양에서 낸 수익으로 공사비와 사업비 등을 충당하는데, 단지의 기존 용적률이 높을수록 재건축 후 일반분양 몫으로 뺄 수 있는 물량이 적어지기 때문이다.

하지만 가락동, 문정동, 오금동 일대 재건축 단지들은 용적률이 200% 미만이면서 중대형 평형으로 구성된 곳이 대부분이다. 가구당 평균 대지지분이 적잖은 편이다.

'강남 3구' 입지를 강조해 일반분양가도 적잖게 받을 수 있는 조건이다. 대지지분이 크고 일반분양가가 높을수록 조합원이 내야 할 추가 분담금은 낮아진다. 즉 가락동은 조합원이 평형을 크게 늘리거나 고급화에 목매지 않는 이상 사업성을 기대해볼 만한 사업이라는 의미다.

다만 같은 송파구여도 입지나 선호도 면에서는 잠실권역 등에 비해 떨어지다 보니 아직은 재건축 속도가 상급지 분위기를 따라갈 수밖에 없는 여건이다.

현재로서는 조합 단계 단지들이 신속하고 잡음 없이 다음 절차(시공사 선정)를 완료해야 가락동에 지펴진 재건축 불씨를 꺼뜨리지 않을 것으로 보인다.

한강변 재건축, 강북에도 있다

흔히 서울 정비사업을 얘기할 때 '강남은 재건축, 강북은 재개발'로 정의하는 경우가 많다.
하지만 상대적으로 저렴한 가격에 한강과 접해 있는 강북 한강변 아파트 인기도 강남 못잖다.
강북 한강변 아파트는 남쪽으로 한강이 위치해 북향으로 한강을 볼 수 있는 강남 아파트보다
조망권 가치가 뛰어나다. 강남 한강변 아파트는 일반적으로 북쪽 베란다나 주방에서 한강을
바라봐야 한다면, 강북 아파트는 한강을 안방과 거실에서 제대로 바라볼 수 있다는 얘기다.
한강 이북 지역에서는 용산구 동부이촌동, 마포구 성산동, 성동구 응봉동,
광진구 광장동 일대 노후 단지들이 재건축을 추진 중이다.

'회장님 동네' 명예 회복할까 동부이촌동

한강맨션, 한강변 최고 68층 재건축 추진
서빙고동 신동아, 신속통합기획 합류
이촌·서빙고동 일대 재건축 규제 완화 반겨

서울 용산구 동부이촌동은 남쪽으로는 한강, 북쪽으로는 남산 자락과 국립중앙박물관, 용산가족공원에 둘러싸여 배산임수 지형의 표본으로 손꼽힌다. 한강 조망권을 갖춘 데다 주거 환경이 좋아 1970년대부터 전통 부촌으로 인기를 끌어왔다.

하지만 세월을 이길 수는 없는 법. 하수관에 수시로 문제가 생기는 등 주택 노후도가 심각해졌다. 재건축이 절실했지만 그동안 사업 추진이 쉽지 않았다가 최근 몇 년 새 조금씩 진척을 보이기 시작했다.

이제는 일대 노후 아파트 재건축이 보다 쉬워질 전망이다. 2023년 5월 서빙고아파트지구(이촌동·서빙고동)로 묶여 있던 이곳이 지구단위계획구역으로 바뀌어서다. '아파트지구'에는 아파트만 지을 수 있었지만 '지구단위

계획'으로 바뀌면 각종 규제가 완화되고 재건축이 쉬워진다. 또 각 단지들은 '특별계획구역'으로 지정해 한강변과 가까운 단지가 많은 만큼 혁신적인 디자인을 도입하면 용적률 인센티브를 제공하겠다는 게 서울시 구상이다.

토지 용도·높이 규제가 완화된 덕분에 동부이촌동 단지들은 보다 편하게 재건축 정비계획을 세울 수 있게 됐다. 이번 지구단위계획에 포함된 이촌동·서빙고동 아파트 단지는 30곳이다. 이곳에서는 건영한가람·이촌코오롱·강촌·한강대우·이촌우성 등이 리모델링을, 한강맨션·한강삼익·왕궁맨션·신동아가 재건축을 추진 중이었는데 토지 용도·높이 규제가 완화된 덕분에 보다 편하게 재건축 정비계획을 세울 수 있게 됐다. 동부이촌동은 이제 래미안첼리투스급 아파트가 잔뜩 들어

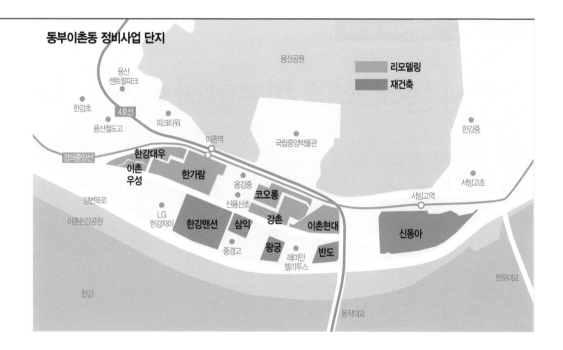

동부이촌동 정비사업 단지

리모델링
재건축

용산공원
용산센트럴파크
한강초
4호선
용산철도고
파크타워
이촌역
국립중앙박물관
한강중
경의중앙선
한강대우
이촌우성
한가람
용강중
코오롱
신용산초
서빙고초
강변북로
LG한강자이
한강맨션
삼익
강촌
이촌현대
서빙고역
이촌한강공원
중경고
왕궁
래미안첼리투스
반도
신동아
반포대교
한강
동작대교

설 미래 부촌으로 기대를 모은다.

한강맨션

동부이촌동 단지 중에서도 한강과 맞붙어 있는 '한강맨션'은 동부이촌동에서도 대장 아파트로 꼽힌다. 1971년에 지어져 50년도 넘은 주택 단지 한강맨션은 공급면적 88~180㎡ 중대형 아파트 660가구로 조성돼 있다.

한강맨션 재건축 사업은 비교적 순조롭게 이뤄진 편이다. 2017년 조합이 설립됐고 2년 뒤 재건축계획이 서울시 건축위원회 심의를 통과했다. 2021년 환경영향평가 심의를 통과해 2022년 1월에는 GS건설을 시공자로 선정했다. 2022년 11월 말에는 조합이 설립된 지 5년 만에 관리처분계획인가도 받아냈다. 계획대로라면 한강맨션은 2024년 1월 착공해 3년 뒤 지상 35층 15개동, 총 1441가구로 탈바꿈한다. 2023년 4월 용산구청에 최고 층수를 68층으로 설계한 정비계획변경안을 신청해 화제를 모은 바 있다.

한강맨션 재건축이 비교적 순조롭게 진행될 수 있었던 건 높은 사업성 덕분이다. 지어

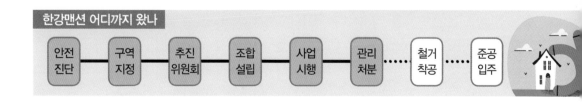

한강맨션 어디까지 왔나

안전진단 → 구역지정 → 추진위원회 → 조합설립 → 사업시행 → 관리처분 ···· 철거착공 ···· 준공입주

서울 용산구 이촌동 '한강맨션' 단지 전경.

진 지 50년도 넘었지만 한강을 남쪽으로 조망하는, 대지지분이 높은 저층 단지다. 건물은 낡았지만 한강에 접한 토지 가격만 쳐도 인근 단지보다 재건축 수익성이 높다. 예를 들어 한강맨션 전용 103㎡의 대지지분은 74.58㎡ (22.6평)다. 무상지분율(가구당 대지지분에 무상으로 덧붙여주는 비율)이 160%라고 가정한다면 재건축 후 받을 수 있는 면적이 약 120㎡(36평)로, 이는 추가 부담금이 없을 경우 수억원의 이익금을 돌려받을 수 있다는 의미다.

왕궁아파트

2008년 조합설립인가를 받은 왕궁아파트(왕궁맨션)는 1974년 입주한 총 5개동 250가구 규모 아파트다. 전용 102㎡ 1개 타입으로만 구성돼 있다.

왕궁아파트는 당초 공공 재건축으로 사업을 진행하려다 2023년 3월 이 계획을 백지화했다. 공공 재건축을 통해 종상향과 용적률 완화 등이 이뤄질 것으로 예상했지만 효과가 기대에 미치지 못해서다. 기부채납을 하면 종상향을 통해 최고 50층까지 올릴 수 있을 것

왕궁아파트 어디까지 왔나

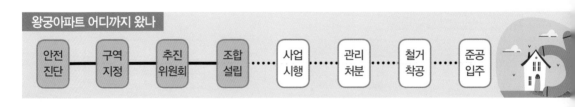

안전진단 — 구역지정 — 추진위원회 — 조합설립 ···· 사업시행 ···· 관리처분 ···· 철거착공 ···· 준공입주

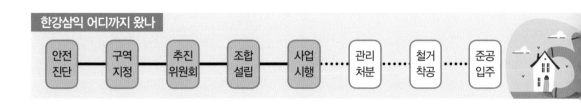
한강삼익 어디까지 왔나

안전
진단 — 구역
지정 — 추진
위원회 — 조합
설립 — 사업
시행 ···· 관리
처분 ···· 철거
착공 ···· 준공
입주

으로 기대했는데 경과가 지지부진하다는 이유로 철회 의사를 밝혔다.

그렇게 민간 재건축으로 선회한 왕궁아파트는 용적률을 260~270%로 더 올리는 방향으로 정비계획 변경을 준비 중이다. 신속통합기획에 참여해 계획안을 마련하고 있다. 특히 한강변 바로 앞에 위치한 5동의 경우 재건축 후에도 조망권을 보장하는 내용으로 정관을 작성한 것으로 알려졌다. 이 때문에 같은 면적인데도 5동 매물은 다른 동에 비해 매물 호가가 수억원 높다.

한강삼익

한강삼익은 1979년 입주한 2개동짜리 252가구 규모 아파트다. 이미 12층 높이로 지어진 단지라 다른 동부이촌동 재건축 단지에 비해 사업성은 상대적으로 낮은 편이다. 2020년 5월 사업시행인가를 받아냈고 2023년 중

관리처분계획인가를 목표로 사업을 추진 중이다. 2023년 3월에는 최대한 많은 가구에 한강 조망권을 확보해주기 위해 건축심의를 새로 받았는데, 지금은 최고층을 5개층 높여서 35층으로 조성하는 계획을 추진 중이다.

한강삼익 단지와 한강 사이에는 중경고가 위치해 있다 보니 재건축이 되더라도 저층부 가구가 한강 조망권을 모두 확보하기는 어려운 조건이다. 그렇다고 초고층으로 지어서 조합원의 조망권을 100% 확보해주는 방식을 채택하기도 어려운 상황이다. 겨울철에는 단지 서북쪽에 있는 신용산초 일조권을 방해할 수 있어서다.

반도아파트

한강삼익, 왕궁맨션과 함께 이촌동 재건축 '소규모 3인방'으로 꼽혀온 반도아파트(192가구)도 최근 재건축 대열에 전격 합류했다.

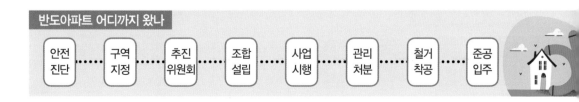
반도아파트 어디까지 왔나

안전
진단 ···· 구역
지정 ···· 추진
위원회 ···· 조합
설립 ···· 사업
시행 ···· 관리
처분 ···· 철거
착공 ···· 준공
입주

재건축 임장노트 141

2023년 7월 정밀안전진단 용역을 착수한 상태다. 결과는 이르면 2023년 10월 발표된다.

래미안첼리투스 바로 옆에 위치한 반도아파트는 사업성이 높지 않아 재건축 사업이 잠잠했던 곳이었다. 2000년 무렵부터 재건축이나 리모델링을 추진하자는 움직임이 있었지만 기존 용적률이 214%로 높았고, 주민 추진 의지도 약해 성사되지 못했다. 하지만 규제 완화 흐름을 타고 슬슬 추진 동력을 얻는 모습이다.

신동아

행정구역상 서빙고동인데 동부이촌동과 세트로 묶이는 신동아아파트는 2023년 3월 신속통합기획에 합류했다. 당초 단지는 신속통합기획 정책이 나온 2021년 하반기에 일찌감치 후보지 신청을 했으나, 일부 주민 반대 등이 있어 어려움을 겪다 1년여 만에 결정을 내렸다.

1984년 준공된 신동아는 최고 13층, 15개동, 총 1326가구 규모다. 1980년대 초 여의도 63빌딩을 건설 중이던 신동아그룹이 반포대교 북단의 공영레미콘공장 부지에 지은 대규모 아파트다. 용산구에 있는 아파트 중 덩치가 가장 크다. 정남향으로 한강 조망이 가능하고 서빙고역 역세권에 용산공원과도 가깝다. 이런 입지에 단지 규모도 커 압구정 현대아파트, 여의도 시범아파트와 함께 서울 3대 대장주가 될 거라는 평가를 받기도 했다.

신동아는 2020년 11월 조합설립인가를 받아 현재 사업시행인가를 준비 중이다. 단지 동북쪽으로 개발 잔여지를 접하고 있는데 서울시가 신동아와 이 부지를 통합 개발하는 방향으로 사업을 유도하고 있어 관심을 모은다.

어쩔 수 없이 리모델링 택했는데… 재건축으로 선회하는 단지 나올까?

한편, 서울시의 '서빙고아파트지구 지구단위계획(안)'에 따라 기존에 리모델링을 추진 중이던 동부이촌동 단지 가운데 재건축으로 선회하는 곳이 나올지도 관심사다. 서울시는 2023년 하반기에 서빙고아파트지구 지구단위계획을 최종 결정 고시할 예정이다.

이번 계획안에는 서빙고아파트지구 내 정비사업을 추진하는 단지 10곳이 특별계획구역으로 지정됐다. 정비구역 지정 전인 ▲신동아 ▲한강대우 ▲이촌우성 ▲한가람 ▲코오롱 ▲

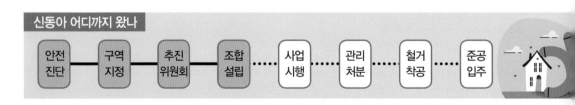

신동아 어디까지 왔나

안전진단 — 구역지정 — 추진위원회 — 조합설립 ····· 사업시행 ····· 관리처분 ····· 철거착공 ····· 준공입주

서울 용산구 서빙고동 신동아아파트 단지. 단지 옆으로 렉스아파트를 재건축한 래미안첼리투스가 보인다.

강촌 등 6곳과 정비구역 지정이 완료된 ▲한강맨션 ▲한강삼익 ▲왕궁 ▲반도 등이다.

이 가운데 한가람(2036가구), 이촌우성(243가구), 강촌(1001가구), 코오롱(834가구), 한강대우(834가구) 등 이촌역 일대 5개 단지는 리모델링 조합을 설립했거나 조합설립을 추진 중이다. 한가람(GS건설·현대엔지니어링 컨소시엄)과 코오롱(삼성물산), 이촌우성(SK에코플랜트), 강촌(현대건설)은 시공사 선정까지 마쳤다.

애초에 이들 단지가 재건축이 아닌 리모델링을 선택한 이유는 용적률 때문이었다. 이들 단지가 위치한 제3종일반주거지역의 법정 용적률 상한이 300%(서울시 조례 250%)인데, 이미 모든 단지가 300%를 훌쩍 넘겨 지

어진 탓에 재건축이 불가능했다. 한강대우 용적률은 355%, 이촌우성은 332%, 한가람은 358%, 코오롱은 317%, 강촌은 339%다.

하지만 이번에 서울시가 '종상향' 카드를 제시하면서 재건축 길이 열리게 됐다. 준주거지역으로 종상향되면 법적 용적률 상한은 500%(서울시 조례 400%)까지 완화될 수 있다. 물론 최종 용적률은 주택 밀도와 주변 일조권 등을 고려해 결정될 것이라는 게 서울시 설명이지만, 기존 리모델링 추진 단지로서는 재건축도 하나의 선택지로 고려할 수 있게 된 셈이다. 이에 따라 계산기를 다시 두드려보는 입주민이 생길 수도 있는데 재건축 사업에 물꼬를 틀지, 원안대로 리모델링을 고수하는 주민과 갈등이 불거질지 주목해볼 만한 대목이다.

'넥스트 마래푸' 꿈꾸는 성산시영
(마포래미안푸르지오)

35층 4823가구 신축…40층으로 높이는 방안도
마포구에서 '마래푸' 다음으로 큰 대단지
신북초·성원초·중암중 가깝고 생활 인프라 풍부

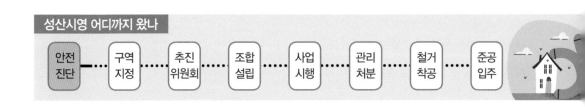

성산시영 어디까지 왔나

안전진단 ···▶ 구역지정 ···▶ 추진위원회 ···▶ 조합설립 ···▶ 사업시행 ···▶ 관리처분 ···▶ 철거착공 ···▶ 준공입주

서울 마포구 성산동에 위치한 성산시영아파트는 서울 한강 이북 지역 대표 재건축 단지다. 대우, 선경, 유원 등 세 브랜드 아파트를 합쳐 '성산시영'이라고 부른다. 총 3710가구로 마포구에서 마포래미안푸르지오(마래푸, 3885가구)를 제외하면 가장 큰 대단지고, 재건축 추진 단지 중에서는 노원구 월계동 '미륭·미성·삼호3차(월계시영, 3930가구)'에 이어 강북에서 두 번째로 크다. 1986년 지어져 2023년 기준 준공 38년 차를 맞았다.

성산시영아파트는 2021년 5월 일찌감치 2차 정밀안전진단 적정성 검토를 통과하면서 재건축이 최종 확정됐다. 2022년 4월부터 서울시가 성산택지개발지구 지구단위계획 용역에 착수했고, 성산시영은 2023년 8월 지구단위계획 결정 고시 소식을 접했다. 지구단위계획은 지역 전반에 대한 계획안으로, 재건축 정비계획을 짤 때 가이드라인 역할을 한다.

정비계획안에 따르면 성산시영아파트는 최대 35층, 30개동 4823가구(임대주택 516가구) 대단지로 변모할 예정이다.

용적률은 기존 148%에서 최고 299.96%로 대폭 늘어난다. 정비계획상 '상한 용적률'은 250%지만 3개 획지 중 획지 1·2는 임대주택을 짓고 인센티브를 받아 '법정 상한 용적률'인 299.96% 이하까지 적용받을 수 있게 됐다.

단일 전용면적(대우 50㎡·선경 51㎡·유원 59㎡)으로만 구성돼 있던 평형은 전용면적별로 ▲49㎡(701가구) ▲59㎡(1399가구) ▲74㎡(265가구) ▲84㎡(2178가구) ▲118㎡(280가구)로 다변화된다. 중대형 면적 가구가 크게 늘어난 게 특징이다. 임대주택은 ▲49㎡ 248가구 ▲59㎡ 221가구 ▲74㎡ 22가구 ▲84㎡ 25가구로 배정된다.

이외에 서울시는 지구단위계획을 통해 성산시영아파트 주변 불광천변에 수변공원을 조성하고, 주변 문화비축기지와 상암월드컵경기장을 연결한다는 구상이다. 마포구청과 단지 사이에는 자전거전용도로를 놓기로 했다. 성산시영예비추진위는 2023년 하반기 중에는 서울시 도시계획위원회 심의를 거쳐 정비구역 지정을 받고 같은 해 말까지 정식으로 추진위원회를 꾸려 조합설립에 박차를 가한다는 계획이다.

성산시영 재건축 단지

예비추진위는 서울시의 한강변 '35층 룰'이 해제돼 40층까지 높이는 방안도 고려하고 있다. 최근 공개된 성산지구 택지개발지구 지구단위계획안에 높이 가이드라인이 120m 이하로 제시돼 있는 것을 고려했을 때 40층 재건축이 가능할 것으로 보인다.

아파트 단지 재건축 가이드라인인 지구단위계획안이 확정된 이후 성산시영아파트 매매 거래량이 부쩍 증가세를 보이기도 했다.

국토교통부 실거래가 공개시스템에 따르면 2023년 7~8월 성산시영아파트 매매 거래 건수는 23건으로 같은 기간 마포구 대장주인 아현동 마포래미안푸르지오(23건)와 나란히 마포구 내 아파트 거래량 공동 1위를 기록했다. 공동 1위라고는 해도 1년 전인 2022년

7~8월만 해도 성산시영 매매 거래가 1건에 그쳤던 것을 고려하면 거래량이 눈에 띄게 늘어났다.

비례율 100% 조금 넘어

다만, 정비구역 지정은 재건축 사업에서도 조합설립 전인 초기 단계다. 워낙 변수가 많아 추정 분담금 등 변동 가능성 높은 내용은 계획안에 명시되지 않는 것이 일반적이다. 하지만 2023년 초 공개된 성산시영 재건축계획안에는 이례적으로 소유자별 추정 분담금에 관한 내용이 포함돼 업계 이목을 끌었다.

계획안에 따르면 성산시영 추정 비례율은 100.46%다. 추정 비례율은 종전 자산총액 대비 재개발 사업 이익 비율을 말한다. 추정 비례율이 100.46%라는 것은 재건축을 하고 나면 종전 자산 가치보다 0.46% 많은 이익이 생긴다는 의미다.

예컨대 조합원 추정 분양가는 전용면적별로 ▲49㎡ 10억500만원 ▲59㎡ 12억3900만원 ▲74㎡ 14억3200만원 ▲84㎡ 15억2400만원 ▲118㎡는 19억6100만원이다.

또 현재 성산시영 가구별로 추정 권리가액이 정해져 있는데, 권리가액은 종전 자산가액과 비례율을 곱해 구한다.

마포구의 이번 계획안에는 구체적인 추정 권리가액이 명시되지 않았지만 성산시영은 비례율이 100%를 조금이나마 넘기기 때문에 종전 자산보다 높은 금액을 권리가액으로 인정받을 수 있다.

어쨌든 추정 분양가와 비례율, 추정 권리가액을 바탕으로 현재 전용 59㎡를 소유한 사람이 재건축 후 같은 면적을 분양받는다고 가정할 때, 이 사람은 추정 부담금(조합원 추정 분양가−추정 권리가액)을 낼 필요 없이 3264만원의 청산금을 환급받을 것으로 전망된다. 만약 같은 사람이 전용 84㎡를 분양받으려면 2억5236만원의 추가 분담금만 내면 될 것으로 추산된다.

물론 사업 극초기인 만큼 부동산 시장 상황에 따라 추정 권리가액뿐 아니라 사업 기간, 일반분양가, 공사비가 크게 변동될 여지가 있다. 추정 분담금도 얼마든지 널뛸 수 있다. 지금은 성산시영이 재건축 사업 초기 단계인 만큼 추정 분담금을 섣불리 확정하기보다는 사업 기간을 최대한 단축해야 할 시기다.

교통 · 녹지 · 인프라 갖춘 대단지

변수야 많다지만 성산시영 입지 자체가 가진 장점은 여전히 크다.

마포구는 남쪽으로는 강변북로, 가운데는 내부순환도로가 가로지른다. 성산시영은 내부순환도로 바로 위쪽에 위치했다.

성산시영의 가장 큰 장점은 마포구 내에서 드문 대규모 단지로 생활 인프라 시설이 이미 갖춰졌다는 점이다. 6호선 월드컵경기장(성

서울 마포구 성산시영은 안전진단을 최종 통과한 뒤 재건축 정비구역 지정을 앞두고 있다.

산)역과 마포구청역을 품고 있는 초역세권 단지다. 유원은 마포구청역에서 3분 거리에 위치했으며 대우는 월드컵경기장역과 도보 5분 거리다. 서쪽으로 불광천만 건너면 상암월드컵경기장을 만날 수 있고 조금만 아래로 내려오면 망원동, 합정동으로 이어진다. 성산유원아파트 입구에서 요즘 핫한 망리단길이나 홍대 상권까지 도보로 20~30분이면 도착할 수 있다.

또 마포구는 요즘 문화적 가치를 중시하는 30대 젊은 부부 사이에서 부쩍 인기가 높아진 주거지역이다. 한강변과 인접해 있으며 생활 환경이나 교통이 좋다. 하지만 치명적 단점

은 학군이다. 강남이나 목동과 비교해 좋은 학교가 많지 않다. 하지만 성산시영은 마포구 내에서 몇 안 되는 그나마 학군이 좋은 단지다. 성원초, 신북초와 인접해 있으며 1~27동은 성원초, 28~33동은 신북초에 배정된다. 중학교는 중암중이 가까운데, 중암중은 특목고 진학률이 40%에 달하는 마포구 내 최고 중학교다. 학군만 놓고 보면 성산시영은 마포구 내에서도 A급이다.

성산동 일대는 평화의공원, 난지천공원 등 녹지 공간이 풍부하다. 상암월드컵경기장부터 시작해 '연트럴파크'라고 불리는 경의선숲길이 효창공원까지 이어진다.

작지만 강하다…성수동 옆 응봉동

**조망·숲 다 잡은 응봉1구역 사업시행인가
대림1차는 리모델링에서 재건축으로 U턴
응봉동 265 모아타운 주거 환경 개선 기대**

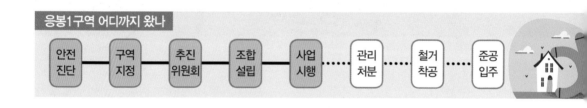

응봉1구역 어디까지 왔나

안전진단 → 구역지정 → 추진위원회 → 조합설립 → 사업시행 ······ 관리처분 ······ 철거착공 ······ 준공입주

서울 한강과 중랑천이 만나는 성동구 응봉동 일대 노후 주거지도 정비사업에 속도를 내고 있다. 단독주택가인 응봉1구역이 사업시행인가를 받았고, 앞서 응봉대림1차(976가구)아파트가 재건축을 위한 정밀안전진단을 신청했다. 이들 구역은 모두 남쪽으로 한강을 바라보는 입지인 데다 서울숲도 가까워 알짜 사업지로 평가된다.

2023년 4월 20일 성동구는 성동구 응봉동 193-162번지 일대 응봉1주택재건축정비사업(응봉1구역)에 대해 '도시 및 주거환경정비법'에 따라 사업시행계획인가를 내리고 고시했다. 2011년 정비구역에 지정된 지 12년 만, 2016년 조합을 설립한 지 7년 만에 이룬 성과다.

고시에 따르면 응봉1구역 조합은 대지 3만9465.2㎡ 노후 주택가를 허물고 건폐율 24.23%, 용적률 203.61%를 적용받아 지하 5층~지상 15층에 이르는 아파트 총 525가구와 부대복리시설을 지을 예정이다. 15개 동에 배치될 평형은 전용면적을 기준으로 ▲59A㎡ 87가구 ▲59B㎡ 19가구 ▲74A㎡

84가구 ▲74B㎡ 23가구 ▲84A㎡ 120가구 ▲84B㎡ 6가구 ▲84C㎡ 126가구 ▲114A㎡ 30가구 ▲114B㎡ 30가구 등으로 구성될 예정이다. 별도의 용적률 인센티브를 받지 않은 대신 임대주택이 포함되지 않았다.

응봉1구역 조합은 2025년 상반기까지 관리처분인가를 받는 것을 목표로 사업을 추진 중이다. 이르면 2023년 11월에 시공사를 선정할 계획이다. 현대건설과 포스코건설, 대우건설 등이 수주에 관심을 보이는 것으로 알려졌다.

강북 노후 주택가, 525가구 단지로
적은 지분으로도 30평대 신청 가능
응봉1구역은 경의중앙선 응봉역과 약 300m 거리에 위치한 역세권 단지다. 응봉역에서 한 정거장 거리인 왕십리역에는 서울 지하철 2·5호선과 수인분당선이 지나고 동북선과 수도권 광역급행열차(GTX) C노선도 예정돼 있다. 왕십리역 주변에 롯데마트, 엔터식스, 이마트, 한양대병원 등 각종 편의시설이 갖춰져 있고 응봉초, 광희중, 금호고가 가깝다.

환경이나 풍수지리적으로도 응봉동 위치는 나쁘지 않다. 응봉동은 중랑천과 한강이 합류하는 지점에 위치해 있다.

한강을 남쪽으로 조망하는 데다 도보권인 중랑천 맞은편에는 성수동과 서울숲이 위치해 있다.

거꾸로 한강을 건너면 압구정동으로 이어진

다. 구역 주변에는 야경 명소로 유명한 응봉산, 큰매봉산, 응봉체육공원도 있어 서울 주거지치고 녹지가 풍부한 편이다.

개발 호재도 풍부하다.

현재 성수동에는 SM, 케이팝 댄스 스튜디오 원밀리언, 서울웹툰아카데미 등 많은 문화예술 기업이 둥지를 틀고 있다. 향후 개발 계획도 활발하다. 삼표레미콘 성수 공장이 철거되면서 이 부지는 서울숲 수변 공간과 연계해 복합문화시설을 조성할 예정이다. 이런 개발계획은 도보 생활권인 응봉동에도 호재로 꼽힌다.

입지와 개발 호재를 빼고 사업성만 놓고 보더라도 응봉1구역 조건이 나쁘지 않다.

응봉1구역은 전체 조합원 수가 318명 남짓이다. 노후 아파트가 아닌 단독주택을 재건축하는 덕에 비교적 적은 지분을 갖고도 30평대 아파트를 신청할 수 있는 여건이다. 30평대 중에서도 한강이나 중랑천, 서울숲 조망이 가능한 입주권을 받을 수 있다. 그간 언덕진 지형이 단점으로 꼽혔지만, 단점을 이용해 조망권을 최대한 확보하게 됐다.

응봉1구역은 2024년 중 종전 자산평가를 거쳐 같은 해 조합원 분양을 진행하는 것을 목표로 하고 있다.

조합원 평균 분양가는 전용 59㎡가 약 8억1000만원(3.3㎡당 3240만원), 전용 84㎡는 약 11억2000만원(3.3㎡당 3294만원) 선에

책정될 것으로 보인다. 이를 감안해 현재 기준으로 일반분양가를 점쳐보면 전용 59㎡ 9억5295만원, 전용 84㎡가 12억8735만원에 책정될 가능성이 높다.

인근 아파트 가운데 한강 조망이 가능하면서 2018년 준공돼 나름(?) 새 아파트인 '힐스테이트서울숲리버' 전용 84㎡가 2023년 4월 12억9000만원에 실거래된 바 있다.

응봉1구역이 역과 가깝고, 준공 시점에 일대에서 유일한 새 아파트라는 점을 감안하면 응봉1구역 아파트 가치는 더욱 높아질 것으로 보인다.

단지 규모는 크지 않은데 사업성은 좋다 보니 응봉1구역에는 매물이 많지 않다. 2023년 8월 기준 대지권에 따라서 적게는 3.3㎡당 5000만원, 비싸게는 1억6000만원에 시세가 형성돼 있다.

대림1차, 리모델링 → 재건축 U턴
모아타운까지 진행되면 주거지 개선

응봉1구역 북쪽에 있는 응봉대림1차는 리모델링에서 재건축으로 방향을 틀고 2023년 1월 정밀안전진단 절차에 돌입했다. 1986년 준공된 응봉대림1차는 지하 1층~지상 15층, 12개동, 총 976가구 규모 단지다. 중층 단지다 보니 재건축 대신 리모델링을 추진했고, 2007년에는 조합설립인가까지 받았지만 이후 사업에 별 진전이 없었다. 오히려 리모델링

서울숲에서 바라본 서울 성동구 응봉동 일대. 노후 주택가인 응봉1구역과 응봉대림1차가 보인다.

보다는 재건축을 원하는 토지등소유자가 늘어 최근에야 총회를 거치고 리모델링 조합을 해산했다.

현 정부 들어 관련 규제가 대거 풀린 덕에 재건축으로 빠르게 방향을 틀 수 있었다. 단점이 있다면 현재 용적률(208%)이 높은 편이라는 점이다. 반면 응봉대림1차 재건축추진준비위 측은 소유주 855가구 중 780가구가 31평(103㎡) 이상 대형 평형 위주의 단지라 무리 없이 재건축을 추진할 수 있다는 입장이다.

응봉대림1차 서쪽으로 응봉동 265 일대(3만7287㎡)도 주거 환경이 대폭 개선될 것으로 기대를 모은다.

2022년 10월 서울시가 노후 저층 주거지의 주거 환경 개선을 위해 도입한 '모아타운' 대상지로 선정됐다. 모아타운은 신축·구축 건물이 섞여 있어 대규모 재개발이 어려운 10만㎡ 이내 노후 저층 주거지를 하나의 그룹으로 묶어 진행하는 일종의 미니 정비사업이다. 작은 주거지를 합쳐 하나의 대단지 아파트처럼 짓고 지하주차장 등 다양한 편의시설을 확충하는 지역 단위 정비 방식이라고 보면 된다.

모아주택으로 사업을 추진하면 추진위원회 승인이나 관리처분인가 절차가 생략돼 사업 기간이 민간 정비사업보다 최대 6년 정도 줄어든다는 장점도 있다. 빠르면 기존 집을 허물고 새 집을 짓는 데까지 4년 만에 끝낼 수도 있다는 의미다.

'교육열' 하면 여기…'리틀 대치' 광장동

안전진단 통과한 한강변 광장극동1·2차
준공 46년 워커힐, 용적률 겨우 100%
워커힐, 통합 재건축으로 선회하며 진척

광장극동 어디까지 왔나

안전진단 ···· 구역지정 ···· 추진위원회 ···· 조합설립 ···· 사업시행 ···· 관리처분 ···· 철거착공 ···· 준공입주

학원이 밀집한 강남구 대치동. 교육열 높은 학부모들은 좋은 교육 환경을 따라 살던 집도 팔아 전세로 갈 정도다. 이렇듯 현대판 '맹모삼천지교'인 학군 수요는 강북에도 있다. 대표 지역이 광진구 광장동과 노원구 중계동이다. 그중 '리틀 대치'로 통하는 광장동은 자녀를 둔 실수요자 매수세가 꾸준한 곳이다. 광장극동1·2차(이하 광장극동)와 삼성1·2차아파트를 끼고 이른바 '광남 학군'으로 불리는 광남초·중·고가 위치했다. 광장사거리를 중심으로 학원가도 형성돼 있다. 광장동 남쪽으로

는 한강이 흐르고 아차산배수지체육공원, 구의야구공원, 광진구 시니어파크 등 녹지 공간도 풍부하다.

광장극동

이런 광장동에서는 광장극동이 안전진단에 최종 통과하면서 재건축 확정 소식을 알렸다.
광장극동은 1차(448가구)가 1885년에, 2차(896가구)가 1989년에 준공된 1344가구 규모 아파트 단지다. 대단지일 뿐 아니라 지하철 5호선 광나루역 역세권에 한강 조망권, 학

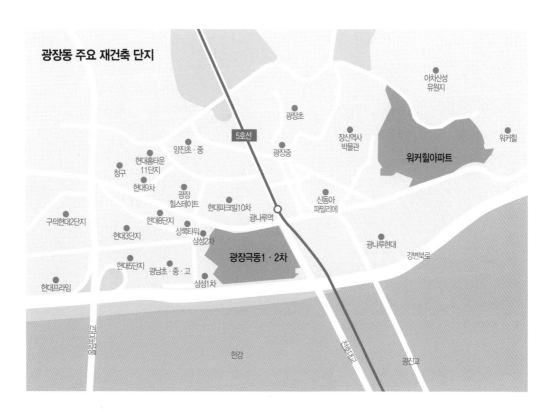

광장동 주요 재건축 단지

군을 갖춘 덕에 광장극동은 광진구 정비사업장 중 최대어로 꼽힌다. 준공된 지 35년이 훌쩍 넘은 데다 건물 외벽이 박락되는 등 노후화해 주민의 재건축 열망도 크다.

광장극동은 1·2차를 하나로 묶어 재건축한다는 계획이다. 그동안 정비구역 지정 신청을 위한 주민 동의서를 모아왔는데 정비구역 지정을 위한 모금을 마치고 2024년 상반기 내에 정비구역 지정·고시를 받는다는 목표다. 정비구역 신청을 위해 도시계획회사와 설계·건축회사, 감정평가법인 등이 참여하는 설명회도 연다.

아직 정비구역 신청 전인 사업 초기 단계지만 중층 아파트치고 대지지분이 적지 않은 점은 투자 가치를 높이는 요소다. 광장극동1차에서 가장 작은 면적인 103㎡(이하 공급면적)의 대지지분은 51.21㎡(15.49평)다. 가구 수가 가장 많은 148㎡는 76.87㎡(23.25평), 가장 큰 면적인 179㎡는 95.05㎡(28.75평)씩 지분이 있다. 아파트는 평균적으로 공급면적의 3분의 1 정도를 대지지분으로 갖는데, 광장극동1차의 경우 그 비율이 절반을 넘어선다.

광장극동2차의 경우 상대적으로 지분이 적

서울 광진구 재건축 최대어 '광장극동1·2차'가 안전진단에 최종 통과하면서 재건축을 추진할 수 있게 됐다.

은 편이기는 하다. 가장 작은 면적인 92㎡의 대지지분은 29.53㎡(8.93평)다. 그 외 ▲104㎡는 41.9㎡(12.67평) ▲120㎡는 50.84㎡(15.38평) ▲148㎡는 62.9㎡(19.03평) ▲179㎡는 77.25㎡(23.52평)를 지분으로 갖는다. 92㎡를 제외한 대부분의 아파트가 공급면적의 40% 이상을 대지지분으로 챙기는 셈이다.

오랜 기간 자녀를 키우면서 직접 거주할 요량이라면 장기 투자처로 나쁘지 않지만, 이제야 첫발을 뗀 만큼 대지지분이 다른 1·2차 주민 간 협의가 잘 이뤄

단지	공급면적		대지지분		가구 수	가구당 평균 대지지분
	㎡	평	㎡	평		
1차	103	32	51.21	15.49	140	72.26
	148	45	76.87	23.25	224	
	179	55	95.05	28.75	84	
2차	92	28	37.43	11.32	280	55.99
	104	31	41.9	12.67	476	
	120	36	50.84	15.38	28	50.67
	148	45	62.9	19.03	56	
	179	54	77.75	23.52	56	

광장극동 면적별 대지지분 (단위:㎡, 평, 가구)

*1평은 3.305785㎡, 상가나 부속동을 제외한 공급면적당 대지지분
*자료:서울부동산정보광장, 다원중개

지는지, 사업 속도가 지지부진하지는 않은지 추이를 지켜보다가 투자에 나서도 늦지 않아

보인다.

광장동에서는 그나마(?) 가장 새 아파트인 광장힐스테이트(2012년 3월 준공) 시세와 견주어보는 것이 좋다. 다만 노후 아파트여도 광장극동 교통 입지가 광장힐스테이트보다 우수하다는 점, 한강변을 접하고 있다는 점 등을 감안하면 재건축 완료 시점 새 광장극동이 일대 시세를 이끌 것으로 보인다. 광장극동을 모델 삼아 광장동 일대 재건축 사업이 탄력을 받을 여지도 있다. 광장동에서는 '삼성1차(165가구)'가 2022년 2월 소규모 재건축 조합설립인가를 받아 사업시행인가를 목표로 사업을 진행 중이다. 광장극동1차와 가까운 '상록타워(200가구)'는 리모델링을 추진 중이다.

워커힐아파트

천호대로를 건너 언덕 위에는 워커힐아파트(576가구)가 지지부진하던 재건축 사업에 다시 시동을 걸고 있다. 2022년 광진구청이 1단지 정비계획안에 대한 주민 공람을 진행한 데 이어, 최근에는 서울시에 1단지 정비구역 지정을 신청했다.

워커힐아파트는 학원가가 형성된 광장동 주택가와는 떨어져 있지만 아차산 자락에 위치해 북쪽으로 산을 조망할 수 있고 남쪽으로는 한강이 훤히 내려다보인다. 전형적인 배산임수 입지를 갖춰 풍수지리적으로도 뛰어나다는 평가를 받는다. 덕분에 워커힐아파트는 고위 공직자, 전문직 종사자, 사업가, 재력가, 중소기업 오너 등 고소득 중산층이나 부자들이 많이 거주하는 아파트로도 명성이 자자하다.

필지는 다르지만 사실상 1개 단지
지분 크고 용적률 낮아 높은 사업성

강북권에서도 강남 못잖게 입지가 좋고 '숨은 부촌'으로 통해 관심을 받지만 재건축 사업 방식을 두고 1·2단지 간 의견은 여전히 엇갈리는 모양새다.

워커힐아파트1단지는 11개동 432가구, 2단지는 3개동 144가구다. 용적률은 각각 95.4%, 104%다. 용적률이 100% 정도밖에 되지 않는다. 여느 사업장이었다면 재건축을 진행하고도 남을 아주 유리한 조건이다. 2023년 기준으로 준공 46년 차에 접어들어 재건축 가능 연한(30년)도 진작 넘겼다.

워커힐아파트 어디까지 왔나

안전진단 ···· 구역지정 ···· 추진위원회 ···· 조합설립 ···· 사업시행 ···· 관리처분 ···· 철거착공 ···· 준공입주

서울 광진구 광장동 '워커힐아파트'는 한강 이북 지역에서도 강남 지역 못잖게 입지가 좋은 '숨은 부촌'으로 통한다.

그런데도 워커힐아파트는 그동안 정비사업 방식을 두고 우여곡절이 많았다. 2004년 주택 노후화가 심해 리모델링을 추진했지만 2008년 금융위기 이후 부동산 경기가 침체됐고 이때 정비사업도 무산됐다. 다시 2011년 재건축 사업을 추진했는데 주민 간 의견 통합이 안 됐다. 구역 지정은 계속 보류됐다.

한 단지인데 필지는 2개로 나뉜 점도 문제였다. 1단지는 용도상 2종일반주거지역(건폐율 60%, 용적률 200%)이다. 2단지 3개동은 자연녹지지역(건폐율 20%, 용적률 100%)으로 묶여 있어 재건축을 하려면 용적률을 지금

보다도 더 낮춰야 한다. 사실상 아파트 재건축이 불가능한 구조인 셈이다. 2단지 주민들은 제2종일반주거지역으로 종상향해달라고 요구해왔지만, 서울시 도시계획위원회 문턱을 통과하지 못했다.

때문에 2단지는 2016년 11월 단독으로 리모델링 조합을 설립해 리모델링을 추진했지만, 2018년 조합을 해산하고 1단지와 통합 재건축하는 방향으로 선회했다.

반면 1단지 주민 생각은 다르다. 애초에 1단지와 2단지가 지어진 연도도 다르고 건축물대장 내 지번과 소유자 등이 달라 별개 단지

로 봐야 한다는 입장이다.

1단지는 2016년 안전진단 D등급을 받은 이후 재건축을 준비해왔다. 그런데 아직 안전진단을 통과 못한 2단지와 합친다면 재건축 사업의 첫 관문인 안전진단 절차로 되돌아가는 셈이다. 그래서 재건축 사업이 지연될 것을 우려한 1단지는 통합 재건축에 반대해왔고 2018년 4월 구청에 정비구역 지정을 위한 계획안을 제출했다. 당시 주민 제안을 담아 제출된 정비계획안에는 1단지를 982가구, 최고 25층 규모 단지로 재탄생시키는 내용이 담겼다. 이 경우 새로 늘어난 450가구(전용 60~85㎡)는 일반에 분양될 예정이다.

다행히 서울시가 당초 하나의 단지로 준공된 1·2단지에 대해 통합 재건축을 유도할 필요가 있다는 의견을 내왔고, 통합 재건축이냐, 분리 재건축이냐를 두고 갈등을 빚던 서울 광진구 광장동 워커힐아파트가 통합 재건축으로 방향키를 돌렸다. 2023년 7월 광진구청과 워커힐1단지올바른재건축추진준비위원회에 따르면 광진구의회는 워커힐아파트 1단지와 2단지의 통합을 위한 도시관리계획과 지구단위계획 수립 용역을 위한 예산 4억 원을 배정했다. 1단지 단독으로 제출한 정비구역 지정 계획안을 2단지까지 통합한 방식으로 변경한다는 취지다. 통합 재건축 추진에 발맞춰 워커힐아파트 51~53동(2단지)에 대해 재건축 가능 여부를 판단하는 정밀안전진단도 시행될 예정이다.

통합 재건축이냐, 분리 재건축이냐 의견이 갈린 동안 사업이 지체됐지만 워커힐아파트 재건축 사업성 자체는 상당히 높다. 용적률이 낮고 대형 평수가 많다는 것은 한 가구당 소유하고 있는 땅인 대지지분이 매우 크다는 의미다. 남는 땅이 많아 재건축 시 땅을 나눠 가질 때 실제 자신의 아파트 평수보다 더 많은 땅을 갖고 갈 수 있는 셈이다.

실제로 워커힐아파트1단지 기준 가구당 평균 지분은 192.05㎡(약 58.2평)다. 전용 162㎡ 대지지분이 160㎡, 전용 226㎡ 대지지분은 223㎡일 정도로 대지지분이 1 대 1에 가까워서 조합원 자격을 얻고 있을 때 발생하는 이익이 클 수밖에 없다.

재건축 닻 올리는 **서남권**

재건축 시장을 주식에 빗대어본다면 서울 영등포구 여의도동, 양천구 목동신시가지는
호재로 연일 뜨거운 '테마주' 같은 곳이다. 이제 막 재건축 군불을 때는
사업 초기 단계지만 이미 교통, 편의시설, 학군 등 모든 인프라를 갖춰 재건축 후
엄청난 시너지가 기대되는 지역들이라서다. 여의도와 목동은 서울시의 신속통합기획이
가장 빛을 발하는 지역이기도 하다.

'한국판 맨해튼' 탈바꿈하는 여의도

'반백 년' 여의도 단지들 초고층 재건축 추진
주거·업무·상업 어우러진 국제 금융 도시 기대
일반분양가는 3.3㎡당 6000만원대 될 전망

지하철 5호선 여의나루역에서 한강변으로 늘어선 아파트 숲. 준공한 지 50년을 채워가는 노후 아파트 단지가 즐비하다. 이곳 여의도는 2021년부터 토지거래허가구역으로 묶여 부동산 불황기에 심각한 거래 공백을 겪어왔다. 갭투자(전세를 낀 매매) 길이 막히며 2022년 10월에는 실거래 건수가 단 한 건에 불과할 정도였다.

그러다 2023년 2분기 들어 서울시 규제 완화로 초고층 재건축의 길이 열리면서 반등 거래가 속출하기 시작했다. 2023년 5월에만 여의도동에서 39건의 매매 거래가 이뤄졌다. 2020년 4월(42건) 이후 가장 많은 수치다. 서울아파트 전용 139㎡는 2023년 7월 47억원(11층)에 거래되며 신고가를 썼다. 여의도를 '한국판 맨해튼'으로 만들겠다는 서울시 개

발계획 발표 이후 초고층 재건축에 대한 기대가 커지는 모습이다.

시범아파트의 최고 65층을 시작으로 진주아파트(최고 58층), 한양아파트(최고 54층), 삼부아파트(최고 56층) 등이 초고층 주거 단지로 재건축을 추진 중이다. 대교아파트, 수정아파트와 공작아파트도 각각 49층 재건축을 추진 중이다. 현재 여의도에서는 16개 단지가 재건축 절차를 밟고 있다.

초고층 재건축이 급물살을 탄 건 서울시가 2023년 4월 아파트지구 지구단위계획을 통해 여의도 아파트 재건축 시 최고 200m, 최대 용적률 800%까지 허용하기로 한 덕분이다. 여기에 여의도 금융중심 지구단위계획안을 통해 금융특정개발진흥지구로 지정된 여의도역 주변에서는 용적률 1000% 이상 개발이 가능

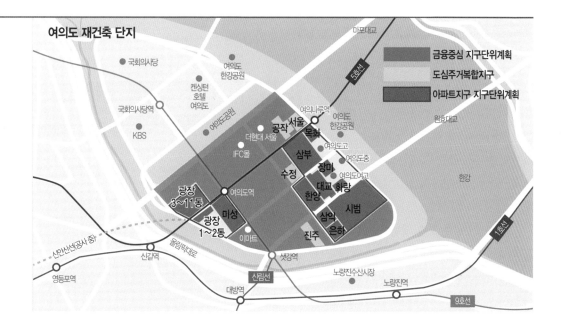

여의도 재건축 단지

금융중심 지구단위계획
도심주거복합지구
아파트지구 지구단위계획

해지도록 하면서 매수세가 붙기 시작했다.

단지별로 서울시 신속통합기획을 통해 재건축 밑그림을 구체화한 것도 수요를 끌어당기고 있다. 한양아파트의 경우 2023년 1월 최고 54층, 1000가구 규모 주상복합 단지로 개발하는 신통기획안이 확정됐다. 시범아파트도 2022년 11월 최고 65층, 2500가구 규모로 재건축되는 밑그림을 완성했다. 본격적으로 조합설립 절차를 밟거나 부동산 신탁사와 계약을 맺는 단지도 속속 등장하고 있다. 사업성이 우수한 여의도 일대에서 본격적인 시공사 선정이 시작되면서 이곳에 깃발을 꽃기 위한 건설사들의 경쟁도 벌써부터 치열하다.

마침내 분위기를 탄 여의도 재건축 시계는 앞으로 빠르게 돌아갈 것으로 보인다. 시범·한양·수정 등 재건축 단지의 3.3㎡당 일반 분양가가 6000만원대로 예상돼 분양 시점에 강남 3구(강남·서초·송파구)에 버금갈 것이라는 전망도 나온다.

비단 '재건축'이라는 호재 외에도 여의도에서는 여의도공원 재구조화, 여의도 제2세종문화회관 건립, 서해뱃길 선착장을 포함한 각종 '그레이트 한강 프로젝트'가 추진되고 있다. 서울시와 재건축 추진 단지 계획대로 사업이 진행된다면 여의도는 향후 주거와 업무, 상업이 고루 어우러진 초고층 국제 금융 도시로 거듭날 것으로 보인다. 주택 노후화로 끊겼던 부촌의 명맥을 되찾을 것이라는 기대가 크다.

공작

2023년 8월 4일 서울 여의도 공작아파트는 시공사 선정에 앞서 현장설명회를 개최했다. 공작아파트 재건축 시행을 맡은 KB부동산신탁이 진행한 현장설명회에는 삼성물산을 비롯해 현대건설, 대우건설, DL이앤씨, 포스코이앤씨, 롯데건설, SK에코플랜트, 호반건설, HDC현대산업개발, 금호건설, 효성중공업, 화성산업 등 12개사가 참석했다.

공작아파트 재건축은 총 1만6929㎡ 부지에 지하 5층~지상 49층, 3개동, 아파트 570가구와 부대복리시설을 건립하는 사업이다. 입찰은 2023년 9월 21일 마감했다.

한양

이보다 앞서 '여의도 1호 재건축' 사업으로 꼽히는 한양아파트(1975년 준공)는 여의도 일대 노후 재건축 단지 16곳 가운데 사업 속도가 가장 빠른 곳이다. 한양아파트는 기존 12층 588가구를 허물고 지하 5층~지상 최고 54층, 4개동, 956가구 규모의 단지로 재건축된다. 2022년 8월 KB부동산신탁을 사업시행자로 지정하고 2023년 1월 신속통합기획안을 확정했다. KB부동산신탁은 이르면 2023년 3분기 시공사 선정 절차에 돌입할 것으로 보인다.

영등포구 구보에 따르면 용적률 599.93%를 적용한 한양아파트의 3.3㎡당 일반분양가는 5998만~6068만원으로 추산됐다.

한양아파트 일반분양가가 이대로 확정된다

특별 계획구역	단지명	준공연도	가구 수	가구당 평균 대지지분	추진 방식
1구역	목화	1977년	312	36.96	조합
	삼부	1975년	866	71.94	조합
2구역	장미	1978년	196	67.98	미정
	화랑	1977년	160	59.07	미정
	대교	1975년	576	55.11	조합
3구역	한양	1975년	588	62.04	신탁
4구역	시범	1971년	1584	62.04	신탁
5구역	삼익	1974년	360	52.14	신탁
6구역	은하	1974년	360	52.14	신탁
7구역	광장 3~11동*	1978년	576	–	신탁
8구역	광장 1·2동*	1978년	168	–	조합
9구역	미성	1978년	577	70.95	조합
도심주거 복합지구	공작	1976년	373	44.88	신탁
	서울	1976년	192	88.11	미정
	수정	1976년	329	46.86	신탁
	진주	1977년	376	37.95	미정

여의도 단지별 재건축 추진 방식 (단위:가구, ㎡)

*광장아파트(1~11동)는 총 744가구로 1·2동과 3~11동이 각각 재건축을 추진 중
*자료:서울시, 다원중개

고 가정하면 전용면적별로 ▲59㎡ 15억7139만원 ▲84㎡ 22억1913만원 ▲110㎡ 28억5184만원 ▲119㎡ 30억8833만원 ▲139㎡ 35억6819만원 ▲149㎡ 38억767만원 ▲221㎡ 55억9773만원에 책정될 전망이다. 물가상승률과 공사비 증액 등을 감안하면 분양가는 이보다 높아질 가능성도 있다.

한양아파트 소유주가 부담하게 될 추정 분

담금도 고시됐다.

현재 한양아파트 63평을 소유한 사람이 전용 84㎡를 분양받을 경우 10억5300여만원을 돌려받을 수 있다. 현재 크기와 비슷한 221㎡를 분양받을 경우 16억4922만원가량을 더 내야 한다. 이번에 고시된 분담금은 어디까지나 추정액으로 향후 사업시행계획인가, 관리처분계획인가 시 감정평가, 최종 확정된 분양가 등에 따라 달라질 수 있다.

시범

1971년 지어져 여의도에서 가장 오래된 시범아파트는 한국자산신탁을 사업시행자로 선정했고 2022년 11월 신속통합기획안이 확정됐다. 정비계획안이 2023년 10월 5일 서울시 심의 문턱을 넘었다. 2024년 상반기에는 정비구역 지정이 완료될 것으로 보인다.

기획안에 따르면 현재 1584가구인 시범아파트는 최고 65층 2500가구 규모의 대단지로 탈바꿈한다. 63빌딩과 가까운 동은 최고 65층(높이 200m 이내)까지 지어지고 한강 조망을 위해 인근 학교 주변에는 중저층이 배치된다. 신속통합기획안대로 지어질 경우 시범아파트는 서울 시내 재건축 단지 중에서 가장 높은 건축물로 거듭나게 된다.

수정

수정아파트는 재건축 정비구역 지정을 앞두고 있다. 2023년 7월부터 '재건축 정비구역 지정·정비계획 결정(안)'에 대한 주민 공람 공고를 진행했다. 정비구역으로 지정되면 재건축추진위원회, 조합설립 등 본격적인 사업 절차가 진행된다. 이르면 2024년 시공사 선정이 가능할 전망이다. 한국자산신탁을 우선협상대상자로 뽑아둔 상태다.

공고에 따르면 수정아파트는 현재 329가구 규모에서 상한 용적률 477.74% 이하를 적용해 최고 49층 이하 466가구 규모로 조성될 계획이다. 다만 이런 상한 용적률은 대지 일부를 공공시설 용지로 기부채납한 경우에 적용할 수 있다. 수정아파트에는 공공청사로 '서울투자청'이 제안됐다.

공고에는 개발계획 이외에도 조합원 추정 분양가와 추가 분담금 등도 제시됐다. 조합원 추정 분양가는 전용면적별로 ▲59.9㎡ 15억3000만원 ▲84.9㎡ 19억9000만원 ▲120㎡ 23억9000만원 ▲132.5㎡ 25억4000만원이다.

책정된 추정 비례율(92.22%)과 종전 자산 추정액을 기준으로 단순 계산해보면, 기존에 수정아파트 전용 74.55㎡형을 갖고 있던 조합원이 신축 아파트 전용 84㎡형으로 옮겨가기 위해서는 약 6억원가량이 더 필요하다. 다만 추정 분담금은 향후 사업시행계획인가, 관리처분계획인가 시 감정평가와 분양 가격 확정 결과 등에 따라 변경될 수 있다.

대교·장미·화랑

대교아파트는 용적률 440.95%를 적용해 49층 아파트 900가구로 재건축된다. 입주는 2028년이 목표다. 여의도 대교아파트 재건축 추진위원회는 2023년 8월 19일 주민총회를 열고 이런 내용의 신속통합기획 관련 정비계획 입안 동의의 건을 의결했다. 이날 전체 토지등소유자 448명 중 442명이 신속통합기획에 동의할 정도로 높은 관심을 끌었다. '최고 59층 1000가구'로 추진하던 기존 안은 공사비가 배로 들기 때문에 폐기한 것으로 보인다.

추진위는 이미 법정 조합설립 동의율을 훌쩍 넘긴 86%를 확보했다. 2023년 안으로 창립총회를 개최하고 조합설립인가가 나오는 대로 시공자 선정에 나선다는 방침이다.

한편 서울시는 '2구역'으로 묶인 장미·화랑·대교아파트에 대해서는 용적률 인센티브를 주겠다며 공동 개발할 것을 권장한 바 있다. 다만 공동 개발할 경우 허용 용적률 인센티브(상업지구 기준 70%)를 주겠지만 개별 개발을 한다고 해서 불이익이 있진 않다는 게 서울시 방침이다. 정비업계에서는 장미와 화랑이 따로 사업을 진행하되 훗날 통합을 위해 대교와 같은 조합 방식을 판단할 가능성이 제기된다. 각각 196가구, 160가구로 규모가 크지 않아 단독 사업에 부담이 있을 수 있지만 한강뷰 반영구 조망이라는 강점이 분명하니 향후 사업 추진 상황을 지켜볼 필요가 있는 곳이다.

삼부·목화

1975년 준공된 866가구 규모 삼부아파트도 신통기획안을 마련하는 방향으로 가닥을 잡았다. 2023년 1월 용적률 500%를 적용해 최고 56층 아파트를 짓는다는 내용의 정비계획안 신청서를 제출했다.

앞서 서울시가 목화·삼부아파트에 대해 통합 재건축을 제안한 바 있다. 여의도 아파트 지구 가운데 한강과 가장 가까이 위치한 단지들인 만큼 효율적인 조성이 필요하다는 이유에서다. 하지만 이들 단지는 각각 재건축을 추진 중이다.

이에 목화는 목화대로 재건축 사업을 추진 중이다. 2021년 정밀안전진단에서 E등급을 받아 2차 안전진단 없이 바로 재건축이 확정된 단지다. 현재 여의도에서는 최초로 재건축 조합을 설립한 상태다. 신탁 방식도, 신속통합기획도 아닌 일반 재건축으로 사업을 추진 중이다.

진주

진주아파트(376가구)는 정비구역 지정을 추진 중이다. 건폐율 60% 이하, 용적률 462.8%가 적용된 최고 58층, 557가구 규모 아파트를 재건축하는 내용의 '재건축 정비구역 지정·정비계획 결정(안)'에 대한 주민 공람 공고를 2023년 8월부터 9월 초까지 진행했다.

서울시가 여의도 금융 중심지 내 혁신 디자인 건축물에 용적률을 1200% 이상으로 완화하고 높이 규제를 사실상 폐지한다. 이에 따라 여의도 최고층 빌딩인 파크원(333m)을 넘어서는 350m 높이의 초고층 건물이 들어서고 한강변 스카이라인이 입체적으로 바뀔 전망이다.

정비계획안에 따르면 토지의 절반을 차지했던 기존 제3종일반주거지는 일반상업지로 종상향해 재건축 후에는 전체가 일반상업지화되며 단지 내 시의 십자도로는 폐도해 기부채납한다.

또한, 이번 정비계획안에는 소유자별 추정 분담금에 관한 내용이 포함됐다. 구에 따르면 여의도 진주의 추정 비례율은 104.55%로 전용 63.83㎡ 소유자가 추후 재건축을 통해 신축 59㎡를 분양받을 경우 6300만원을 환급받을 것으로 예상되며, 전용 84㎡를 분양받을 때는 2억1100만원의 분담금을 내야 하는 것으로 추산됐다.

진주아파트는 2018년 한국토지신탁을 예비신탁사로 선정하는 등 신탁 방식을 추진했으나 현재 조합 방식으로 전환한 바 있다.

삼익

이외에 삼익아파트는 한국토지신탁과 손잡고 신탁 방식으로 재건축을 추진한다. 종상향(제3종일반주거지역 → 상업지역)을 통해 아파트 618가구와 오피스텔 114실로 재건축한다는 그림을 그린다. 추후 토지등소유자 설문조사를 통해 설계안이 확정된다. 한국토지신탁은 추진위와 함께 2023년 하반기 신탁사 시행자 지정 고시와 신속통합기획 제안을 목표로 협력해나갈 계획이다.

초고층 공사비, 재건축 분담금 변수

전문가들은 여의도 개발 사업이 완료될 경우 한강변 스카이라인을 바꿔놓을 고급 주거지라는 평가를 받는다. 직주근접, 교통, 상권을 모두 갖춘 입지 덕분이다. 여의도는 고소득 금융인과 자산가가 많은 데 비해 아파트지구가 넓고 인근에 대체할 만한 우량 주거지가 없어 투자 관심이 많은 지역이다.

서울 3개 업무지구로 꼽히는 여의도에는 일자리가 몰려 있고, 여의도 남북으로 올림픽대로와 강변북로를 통해 서울 전역으로 접근하기 수월하다. 여의도에는 최근 서울대입구역과 여의도 샛강역을 연결하는 신림선이 개통했고, 2025년에는 안산까지 이어지는 신안산선도 들어선다. 여의도 버스환승센터에는 다양한 버스 노선이 지난다. 그동안 업무지구 식당가와 IFC몰을 제외하면 마땅한 상권이 없었지만 2021년 국내 최대 규모 백화점인 '더현대 서울'이 개장하면서 유통시설에 대한 갈증도 해소됐다. 지지부진하던 재건축 속도도 정부와 서울시의 규제 완화 덕에 속도를 낼 수 있게 됐다.

다만 규제가 사실상 없어졌다고 해도 여의도 일대에 초고층 아파트 재건축이 순조롭게 개발될지는 미지수다. 현재 여의도 재건축 아파트 대다수가 50층보다 높이 짓는 안을 추진 중이지만 문제는 비용이다. 50층 넘는 초고층 아파트를 지을 경우 공사비가 기하급수적으로 늘어난다.

서울시가 공개한 여의도 한양아파트 추정 분담금 등을 보면 58평형 소유주가 149㎡를 소유하려면 2억원가량을, 221㎡를 소유하려면 16억원가량을 더 내야 한다. 최근 공사비, 인건비 인상을 감안하면 분담금은 더욱 늘어날 가능성이 높다. 억대를 넘어 두 자릿수를 넘어가는 추정 분담금에 부담을 느끼는 소유주도 적잖다. 향후 기부채납 비율 등이 반영되는 시점에 추가 갈등이 일어날 가능성도 배제할 수 없다. 물론 늘어난 사업비만큼 분양가를 높여 받으면 되지만, 이 경우 '완판'을 담

보하기 어려울 수 있다. 최근 영등포구 구보에 공개된 재건축 정비계획안을 보면 최고 65층 높이 시범아파트의 3.3㎡당 일반분양가는 6400만원(정비계획 용적률 351.96%), 최고 54층 높이 한양아파트의 3.3㎡당 일반분양가는 6000만원가량(599.93%)으로 추산됐다. 49층을 짓는 수정아파트 일반분양가는 3.3㎡당 6100만원(477.74%)으로 추산된다. 재건축 단지 중 3.3㎡당 역대 최고 분양가를 기록한 서초구 반포동 래미안원베일리(약 5669만원)를 뛰어넘는 수준이다. 대치동 재건축 대장주로 꼽히는 은마아파트의 예상 일반분양가(7700만원)보다는 낮은 수준이지만 분양 시점 시장 여건에 따라 사업성이 엇갈릴 수 있다는 우려가 나오는 대목이다.

반면 3.3㎡당 6000만원대 분양가가 터무니없지는 않다는 주장도 나온다. 2019년 분양가 규제를 피하기 위해 임대 후 분양을 택했던 '여의도브라이튼(최고 49층)'은 2023년 분양가상한제가 해제된 후 3.3㎡당 최고 9000만원에 가격을 책정했다는 것이다. 여의도브라이튼은 임차인 모집(3.3㎡당 보증금 평균 5300만원)도 대부분 완료됐다.

종합하면 여의도는 단지마다 상업, 주거지역이 뒤섞여 있으며 사업 진행 방식이 천차만별이고, 투자에 제약 조건이 많다. 단기 차익을 낸다기보다는 희소성 높은 고급 주거지를 취득한다는 개념으로 접근하는 것이 좋다.

결국 '따로 재건축' 광장아파트는?

수년 동안 '분리 재건축' 여부를 두고 소송을 벌여 왔던 광장아파트 3~11동(4동은 없음)과 1·2동은 2022년 9월 대법원 판결 이후 각각 재건축 사업을 진행 중이다.

1978년 준공된 광장아파트는 여의나루로(25m 도로)를 사이에 두고 1·2동과 3~11동이 두 개의 주택용지로 각각 나뉘어 있다. 당초 광장아파트는 통합 재건축을 추진해왔지만 두 필지의 용적률이 각각 다른 게 문제였다. 1·2동(243.19%)의 용적률은 3~11동(199.47%)보다 40%포인트 이상 높아 통합해 재건축할 경우 3~11동 소유주의 재건축 분담금이 늘어나는 구조다. 이 때문에 3~11동 소유주들은 2018년 신탁 방식(한국자산신탁)의 분리 재건축을 추진해왔다.

1·2동 설계는 유현준 건축가가 맡아
3~11동은 신속통합기획 참여 신청

이런 가운데 영등포구청이 분리 재건축을 승인하자 이에 반발한 1·2동 소유주들은 영등포구청을 상대로 '재건축 사업 시행자 지정 처분 취소' 소송을 제기했으나 2022년 9월 '분리 재건축이 가능'한 것으로 대법원 최종 판결이 났다. 두 단지의 사업계획 승인 시점과 준공 시점, 대지권 범위 등이 상이한 점을 고려하면 3~11동 분리 재건축에는 문제가 없고, 영등포구청의 사업 시행자 지정

도 타당하다는 취지다.

소송이 3년 넘게 이어진 탓에 사업이 정체돼온 만큼 3~11동과 1·2동은 각각 재건축에 다시 속도를 붙이고 있다.

1·2동은 2023년 1월 89.28%라는 높은 동의율로 추진위구성승인을 마쳤다. 2023년 2월 예비안전진단 통과에 이어 지금은 정밀안전진단을 신청하고 결과를 기다리는 중이다. 2023년 가을이면 관련 절차가 마무리될 것으로 예상된다. 재건축 설계는 '스타 건축가' 유현준 유현준건축사무소 대표가 맡는다.

3~11동은 2019년 6월에 한국자산신탁을 사업 시행자로 지정했다. 서울시에 신속통합기획 참여를 신청한 후 사업에 속도를 내고 있다. 2024년 상반기께는 시공사를 선정할 것으로 보인다. 현재 지상 12층, 8개동 576가구 규모의 광장 3~11동은 재건축 후 지상 최고 56층 규모의 1020가구로 탈바꿈할 전망이다.

실거주·투자 두 마리 토끼 잡는 목동

5만3000가구 '디자인 특화 도시'로 조성
6단지 신속통합기획 첫발…50층으로 재건축
서울 서부권 대표 학군지로 주거 선호도 높아

정부의 부동산 규제 완화로 수혜를 본 재건축 단지 중 하나로 서울 양천구 목동 택지개발지구(목동신시가지아파트)가 꼽힌다. 전임 정부에서 안전진단 기준이 강화된 탓에 재건축 사업에 진척이 없다가 그 기준이 완화되면서 단지 대부분이 안전진단 문턱을 넘게 됐다. 5년이나 시간을 끌던 목동 지구단위계획까지 통과돼 일대 기대감이 높다.

2022년 12월 정부의 재건축 안전진단 기준 합리화 방안 발표 이후 2023년 초 3·5·7·10·12·14단지가 '조건부 재건축'에서 '즉시 재건축'이 가능해졌다. 1·2·4·8·13단지도 2023년 2월 안전진단을 통과했다. 그보다 3년여 전 안전진단을 가장 먼저 통과한 6단지까지 포함하면 총 12개 단지가 재건축을 추진할 수 있게 됐다. 아직 안전진단을 통과하지 못한 신시가지9·11단지도 조만간 안전진단을 신청할 예정이다.

목동신시가지1~14단지는 1985년에서 1988년 사이 지어졌다. 이들 14개 단지가 모두 재건축 가능 연한(30년)을 넘겼다. 총 392개동, 2만6635가구에 달하는 신시가지는 초등학교만 10개, 중학교 6개를 끼고 있는 데다 학원가도 탄탄해 대치동, 중계동과 함께 서울 3대 학군으로 꼽힌다. 서울 영등포·여의도는 물론 인천·부천·안산·광명·김포 등 수도권 서부 지역 학부모에게 두루 인기가 많다 보니 서울·수도권 서남권 주택 시장의 대장 지역으로 통한다.

또 목동에는 대규모 녹지지대가 조성돼 '공원 위에 지어진 아파트'라고 불릴 만큼 자연환경이 좋다. 이들 단지 주변에는 5호선 목동

목동신시가지 단지별 · 평형별 대지지분 (단위:가구, %, 평)

구분	1단지	2단지	3단지	4단지	5단지	6단지	7단지	8단지	9단지	10단지	11단지	12단지	13단지	14단지
준공연도	1985년	1986년						1987년			1988년		1987년	
가구 수	1882	1640	1588	1382	1848	1368	2550	1352	2030	2160	1595	1860	2280	3100
용적률	123.5	124.4	122.1	124.7	116.7	139.1	125.4	154.9	133.4	123.5	120.8	119.9	159.6	145.3
20A	15.9	18.24		13.87		13.1	15.49	12.7	13.5	14.95	16.62	16.2	12.21	13.36
20B	14.68	18.04		13.46			17.08				19.14	17.1		
20C	15.9			13.46								15.3		
20D	14.68											15.3		
27A	20.26		19.05	19.25	19.05	17.79	19.15	16.56	17.89	19.5	21.38	20.8	16.07	17.33
27B	20.06			18.61			21.31		17.89	17.01	24.43	18.48		17.33
27C				18.66			18.52					20.4		17.33
27D				18.66								20.4		
27E														18.01
30A	23.16	23.15	24.16		24.43				21.3	23.61			19.1	20.37
30B	22.96				23.9					22.09				20.41
30C														20.6
35A	27.23	26.54	28.07	27.24	27.87	25.97	29.1	21.44	25.14				25.51	22.5
35B	26.71	26.39	27.86	27.01	27.28		25.6		22.73				22.41	
35C	27.03	26.51	27.9	27.13	27.87									
35D	27.32	27.14		26.49	27.89									
35E	26.33	26.44		27.15	27.29									
35F	25.54			27.44	27.81									
35G	25.99				27.89									
35H					27.83									
38A								24.32	26.66	29.46			22.41	26.29
38B									26.8	29.32				26.55
45A	34.21	33.9	35.87	35	35.85	31.48			31.58	34.58			28.29	31.4
45B	37.95	33.9	34.04	30.77	35.25	31.48			31.71	35.33			28.7	
45C	35.33	33.9		32.93	33.8								27.78	
45D		32.38			33.8									
55A		42.3	45.02	40.5	44.74	38.91			39.77	43.57			35.57	38.26
55B		38.44	41.33	40.5	41.3	38.91			36.6	43.57			35.57	34.55
55C		39.91	42.55		41.72				39.31				34.47	
55D			42.55		43.97				35.03					
58A	43.17													
58B	43.17													
가구당 평균	26.2	28.6	27.9	22.2	29.2	20.9	21.5	16	24.9	24.6	19.7	19.8	21.5	21

* ▨은 고층 ▧은 저층 *1평은 3.3㎡

목동신시가지 재건축 계획안

구분	현재	계획안
가구 수	5~20층, 2만6629가구	최고 35층, 5만3000여가구
용적률	평균 133%	최대 300%
용도지역	2종일반주거(1~3단지), 3종일반주거(4~14단지)	3종일반주거

*최고 35층 높이는 2040 서울도시기본계획 변경 시 변경 기준 적용

역·오목교역·신정역, 2호선 신정네거리역·양천구청역 등이 지난다. 종합해보면 서울 내에서도 강남 다음으로 학군·교통·주거 환경이 빼어난 곳이라는 의미다.

단지 대부분 대지지분이 높다는 점도 투자 가치를 높이는 요소다. 대지지분은 아파트 소유주가 가진 실제 땅의 가치다. 목동신시가지1~14단지는 저층(5층), 중고층(15층 또는 20층) 아파트가 섞여 있는데도 대지면적이 공급면적의 80%를 넘는다. 용적률도 110~140%대로 낮은 편이다. 3종주거지역은 재건축을 진행하면서 용적률을 250%까지 확보할 수 있으니 공간을 2배 이상 늘릴 수 있다.

만약 용적률 인센티브를 받아 300%까지 올리면 사업성은 더 높아진다. 실거주 목적이든 투자 목적이든 수요자 관심이 꾸준히 높았던 이유다.

마침 2023년 2월 정부가 택지 조성 사업 완료 후 20년이 넘은 100만㎡ 이상의 노후 계획도시를 특별정비구역으로 지정해 체계적 정비를 지원하겠다고 밝히면서 사업 진행 속도가 빨라질 가능성도 열렸다. 목동·신정동·신월동 일대가 대상지로 지정돼서다. 특별정비구역에서는 안전진단 규제가 완화 혹은 면제되고 종상향을 통해 용적률 높이기가 가능하다. 2종일반주거지역을 3종일반주거지역이나 준주거지역 수준으로 상향하면 용적률이 300%까지 높아지고, 역세권 등 일부 지역은 최대 500%를 적용해 고층 건물을 지을 수 있다.

설명회 열고 신탁 방식 선회하기도
6단지는 재건축 표준안 윤곽 나와

어쨌든 전반적인 규제 완화 분위기 속에 목동 재건축 시장의 최근 분위기를 한마디로 요약하면 '속도전'이라고 할 수 있다. 신시가지아파트만 2만6000가구가 넘다 보니 14개 단지가 일제히 재건축을 추진하는 게 현실적으로 불가능하다는 전망이 많아서다.

소유주들은 나름의 이유를 들어 정비계획 수립, 정비구역 지정 등 정비사업 인허가권자인 서울시(서울시장)가 속도 조절에 나설 가능성도 점친다. 이렇다 보니 단지마다 다른 단

목동신시가지 재건축 단지

목동택지개발 사업

서울신정고　　대일고

정목초

신목중

영은초

월촌초

목원초

안양천

목동
1단지

목동
2단지

한가람고

월촌중

이대목동병원

강서고

목동
3단지

목동
5단지

목동
6단지

양정중

경인초

신정초

목동
4단지

목동종합운동장

목동
7단지

학원가

목은중　현대백화점

이마트

5호선　　목동역

신정역

신서고

진명여고

오목교역

양평역

서부간선도로

목동
8단지

목동초

서부간선도로

신정네거리역

신서초

목동중

목동
9단지

신목초

목동
10단지

남명초

신서중

도림천역

목동
13단지

목동
14단지

2호선

목동
12단지

목운중
신목고

목동
11단지

양천구청역

은정초

갈산초

개남초

양천아파트

목동고

1호선

지보다 먼저 사업을 진행하자는 분위기가 형성돼 있다.

안전진단 통과 단지들을 중심으로 사업설명회가 연이어 열리기도 했는데 서울시가 시범격으로 앞 단지와 뒷 단지에서 각각 한 곳씩 인허가를 내주지 않겠냐는 얘기가 나오면서 단지마다 경쟁하듯 속도를 내는 분위기다. 여기서 '앞 단지'는 행정구역상 목동인 1~7단지를, '뒷 단지'는 신정동 8~14단지를 의미한다.

2023년 8월에는 서울시가 양천구 목동신시가지 일대를 '디자인 도시'로 재건축하겠다는 구상안을 내놓으면서 목동 일대가 한 번 더 들썩였다.

목동 신시가지에서는 7곳(6·7·8·10·12·13·14단지)이 신속통합기획 재건축을 확정했거나 추진 중인데, 6단지를 시작으로 강남구 압구정동의 네 배에 달하는 총 5만3000여가구 규모의 '미니 신도시'가 목동에 들어설 전망이다.

주목받는 곳은 사업 속도가 가장 빠른 6단지다. 2023년 8월 말 14개 단지 중에는 처음으로 신속통합기획이 확정되면서 목동신시가지에 대한 전반적인 관심이 높아지고 있다.

서울시 신속통합기획에 따르면 6단지는 기존 최고 20층, 1368가구에서 최대 용적률 300%를 적용받아 50층 내외, 약 2200~2300가구로 탈바꿈한다. 6단지는 목동신시가지 14개 단지 중 처음으로 재건축

계획이 통과된 셈이다.

6단지는 2020년 재건축 안전진단을 통과했다. 이어 2022년 2월 양천구에 정비계획 입안을 제안한 지 1년여 만에 신속통합기획안이 확정됐다. 큰 변수가 없다면 2024년 1분기 정비계획을 확정할 것으로 예상된다. 목동 다른 단지보다 1년 이상 앞서갈 것이라는 분석이다.

6단지를 제외한 나머지 단지는 서울시가 직접 계획을 짜는 것이 아니라 주민이 제안하는 자문 방식으로 사업을 진행 중이다. 5호선 목동역에서 가장 가까워 이른바 목동신시가지 대장주로 꼽히는 7단지는 신속통합기획 패스트트랙(자문 방식)을 추진하고 있다. 목동7단지 재건축준비위원회는 2023년 6월 양천구청에 신속통합기획 패스트트랙으로 정비계획 입안 제안을 접수하며 본격적인 정비계획 수립 절차에 돌입했다.

준주거지역으로 1단계 종상향을 통해 최고 49층 건립을 기대한다.

14단지는 신탁 방식 재건축 추진을 확정하면서 사업 추진에 탄력이 붙었다. 14단지 예비협상대상자로 선정된 KB부동산신탁이 2023년 4월 양천구청에 신속통합기획 패스트트랙 사업 신청서를 제출하며 속도를 내고 있다.

14단지가 마련한 설계안은 재건축을 통해 최고 35층 5681가구 아파트를 조성하는 계

서울 양천구 목동신시가지 전경.

획이 담겨 있다. 현재 가구 수보다 2581가구나 늘어나는 셈이다. 구체적인 계획은 향후 인허가 과정에서 달라질 수 있다.

12단지는 2023년 3월 31일 양천구청에 정비계획 입안을 제안했다. 2023년 1월 9일 안전진단 문턱을 넘은 지 세 달도 채 되지 않아 정비계획 입안 제안까지 나선 것이다. 제안서에는 최고 35층 높이, 3000가구 안팎 규모로 재건축하겠다는 내용을 담았다. 앞서 2월에는 2차 재건축 설명회를 연 바 있다. 4단지도 2023년 5월 양천구청에 주민 입안을 제안했다.

4단지는 목동 아파트 최초로 45층을 제안했다. 용적률은 300%다. 앞서 12단지는 35층으로 제안했다.

이외에 13단지가 2023년 2월 양천문화회관에서 모금 총회를 열었다. 8단지도 이미 2023년 1월 설명회를 진행했다.

'앞 단지' 목동 1~7단지
속도는 6단지·입지는 7단지가 으뜸

1~14단지는 비슷한 시기에 지어졌지만 시공사와 평면, 조경이 모두 다르다. 같은 평형이어도 대지지분도 조금씩 다르다. 그동안은 학군이 좀 더 좋거나 큰 학원가가 가까운 앞 단지가 시세를 이끌었는데, 앞뒤 단지가 일제히 안전진단을 통과하면서 뒷 단지 시세가 앞 단지를 많이 따라왔다.

1단지는 9호선 신목동역 역세권이라는 점이 가장 큰 장점이다. 안양천길, 서부간선도로, 올림픽대로에 접근하기도 편리하다. 다만 인근 목동 열병합발전소 소음과 환경 유해성에 대한 우려는 늘 문제로 지적된다. 이 탓에 14개 단지 중에선 선호도가 낮았지만 9호선 개통 이후부터 관심이 점점 높아지고 있다.

2단지도 주변 학군이 잘 갖춰진 편이다. 초등학생 자녀는 월촌초에 배정받는다. 월촌중, 신목중, 한가람고, 양정중·고, 진명여고 등이 단지에서 가깝고 학원가와 인접해 있어 어린 자녀를 둔 실수요자 선호도가 높다.

2·3단지 모두 안양천, 파리공원, 오목공원, 용왕산근린공원 등이 가까워 야외 활동을 즐기기 좋다.

생활편의시설로는 목동종합운동장, 홈플러스, 현대백화점, 이마트, 코스트코 등이 멀지 않은 편이다.

1~3단지의 가장 큰 숙제는 용도지역이 2종 전용주거지역이라는 점이었다. 최고 용적률을 200%까지 받을 수 있어 상대적으로 사업성이 떨어진다.

다른 단지와 차별점이 없는데도 2003년 양천구가 종 세분화 과정에서 3개 단지만 2종 주거지로 지정해 주민 불만이 매우 컸다. 서울시가 2022년 말 목동 지구단위계획 변경안을 확정하면서 이들을 3종으로 상향하는 용도지역 변경안을 통과시켰지만 추가로 짓는 아파트(5100여가구)의 약 20%를 '공공기여(임대주택)'로 내놓으라는 서울시 요구와 '조건

없는 종상향'을 요구하던 주민 간 갈등이 있었다.

하지만 2023년 8월 양천구가 임대주택 대신 공원 조성을 대안으로 제시해 업계 관심을 모은다. 주민 반발이 거센 공공지원 민간임대주택 대신 녹지로 이뤄진 공공보행로를 조성하는 쪽으로 방향을 튼 셈이다. 구체적으로 2025년 완공 예정인 국회대로 상부 공원에서 목동서로변을 따라 목동 열병합발전소와 안양천으로 이어지는 녹지축을 만들자는 방침이다. 서울시와 1~3단지 주민 양쪽 모두 양천구청 제안에 찬성하는 분위기다. 사업이 불투명했던 1~3단지 종상향 문제가 해결 조짐을 보이는 것만으로도 사업에는 긍정적인 요소다.

4·5단지 사이에는 목동 중심 학원가, 남쪽으로 현대백화점, 메가박스 등이 밀접한 중심상업지구와 모두 가깝다. 5단지는 용적률(116.7%)이 신시가지 14개 단지 가운데 가장 낮고, 가구당 평균 대지지분(29.2평, 1평=3.3㎡)은 가장 크다. 사실상 7단지와 함께 목동 일대 아파트 시세를 이끌던 단지다. 4단지(1382가구)는 8단지(1352가구)에 이어 두 번째로 규모가 작은 단지다. 단지 남측으로 국회대로가 지나는데 총 7.6㎞ 구간을 지하화하는 공사가 진행 중이다. 방음벽이 없어지고 지상 공원이 조성되면 4단지에 호재로 작용할 가능성이 높다.

신시가지 단지 가운데 안전진단을 가장 먼저 통과한 6단지는 단지 동쪽으로 안양천이 흐르고 단지 바로 옆에 이대목동병원이 있다.

7단지는 목동신시가지 일대 대장 단지다. 목동 번화가인 목동오거리를 끼고 있고 5호선 목동역과 접해 있다. 총 2550가구 규모로 14개 단지 가운데 가장 큰데 용적률은 여전히 120%대다. 단지 주변으로 고급 주상복합 아파트도 있다. 또 단지 내에 초등학교 두 곳, 중학교 한 곳을 품고 있다. 701~715동까지는 목운초, 716~734동은 서정초에 진학한다.

지분 높은 11단지, 안전진단 숙제

8단지는 저층 아파트 없이 중·고층으로만 이뤄져 있다. 용적률이 154.9%로 신시가지에서는 13단지(159.6%)에 이어 두 번째로 높다. 다른 단지 같은 평형 대비 대지지분도 낮은 편이다. 대신 7단지와 마찬가지로 현대백화점, 이마트, 홈플러스, 대한민국예술인센터 등 오목교역 일대에 집중된 편의시설을 이용하기 편리한 입지다.

9단지는 서울남부지검, 서울남부지법을 끼고 있어 목동에서는 '법조 단지'로 불린다. 하지만 1차 안전진단 문턱을 넘고도 2차 안전진단(적정성 검토)에서 'C등급(재건축 불가)' 판정을 받으며 고배를 마셔야 했다. 안전진단을 주민 모금부터 다시 시작해야 한다. 현재

예비안전진단을 다시 신청하기 위해 준비 중이다.

10단지는 동별 위치에 따라 2호선 지선 신정네거리역을 5~10분가량 걸어서 이용 가능하다. 신서초, 양명초 등이 주변에 있다.

11·12단지는 목동신시가지 단지 중 가장 외곽에 있다. 김포공항을 오가는 비행기 소음에 노출된 데다 20평과 27평 두 가지 소형 평형만 있다 보니 아파트값이 다른 단지보다 상대적으로 낮았다. 하지만 재건축 연한이 가까워진 2015년부터는 매매 가격은 저렴한데 대지지분이 상대적으로 넓은 단지로 오히려 주목을 받았다. 실제로 11단지, 12단지의 27평 A타입의 대지지분은 각각 21.38평, 20.8평으로 14개 단지 같은 평형 가운데 가장 높다.

12단지는 중심 상권, 학원가와 가깝다. 다만 11단지는 2021년 안전진단에서 최종 탈락해 절차를 처음부터 다시 밟아야 한다는 점이 부담스럽다.

13·14단지는 2호선 지선 양천구청역이 가깝다. 신정교 방향에서 버스를 타고 한 정거장이면 1·2호선 환승역인 신도림역에서도 가깝다. 14단지는 목동 아파트 중에선 유일하게 3000가구가 넘는 초대형 단지다. 13단지 역시 2280가구로 규모가 크다. 다만 용적률이 13단지는 161.25%, 14단지는 145.76%로 다른 단지보다 상대적으로 높다.

마이너리그라고 무시 말라

지금까지는 투자처로 인기 있거나 사업성 높은 지역을 위주로 살펴봤다.
하지만 꼭 주요 지역이 아니더라도 정비사업이 절실한 지역은 서울에 많다.
상대적으로 덜 알려졌지만 소리 소문 없이 꾸준히 재건축을 추진해왔거나,
정부의 규제 완화를 계기로 이제야 첫발을 뗀 곳들도 꽤 있다. 이들 지역은 주로 중층
단지여서 추가 용적률 확보가 사업의 최대 관건으로 떠오를 전망이다.

명일동·길동 재건축 '신호탄'

삼익그린2차·삼익가든·삼익파크 사업 속도
'마지막 고덕주공' 9단지 정밀안전진단 재도전
신동아·우성·한양·현대 합쳐 대규모 신축 단지 기대

지난 몇 년간 재건축 투자 시장에서 서울 강동구는 소위 '메이저리그'는 아니었다. 재건축 알짜 투자처로 인기를 끌었던 고덕주공1~8단지는 일찌감치 재건축을 진행해 2020년께 대부분 입주를 마쳤고 이웃 동네에서는 재건축 최대어로 통하는 둔촌동 '올림픽파크포레온(둔촌주공)'이 갖은 진통 끝에 완판됐다. 신축 아파트로서 인기는 끌었지만 재건축 투자 관점에서는 이미 마무리된 시장이었다.

집값이 천정부지로 치솟던 2020~2021년 초까지는 강동구에도 '재건축 2라운드'를 준비하는 움직임이 있기는 했다. 재건축 사업 극초기 단지들을 중심으로 거래가 활발했지만 이마저도 몇몇 단지에서 조합설립이 완료되자 뚝 끊겼다. 당시 강동구를 포함한 투기과열지구에서는 재건축 조합이 설립된 이

후 조합원 지위 양도를 제한·금지하는 '도시 및 주거환경정비법(도정법)'이 적용됐기 때문이다.

엎친 데 덮친 격으로 강동구 집값이 다른 지역 대비 크게 하락하자 2022년까지 단지별로 거래량이 한 건에 그치거나 아예 없는 곳이 수두룩했다.

그러다 2023년 들어 강동구 재건축 시장 분위기가 확 달라졌다. 정부가 1·3 대책 일환으로 서울 강남 3구(강남·서초·송파구)와 용산구를 제외한 전국을 규제지역에서 해제했기 때문이다. 덕분에 조합설립이 완료된 단지에서도 조합원 지위 양도가 가능해졌고 덕분에 부동산 침체기를 뚫고 거래 건수가 늘기 시작했다.

일례로 2021년 7월 조합설립인가를 받은

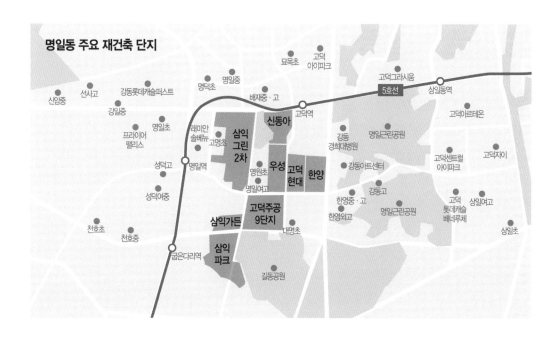

명일동 주요 재건축 단지

'명일삼익가든(삼익맨숀)'은 2022년 한 해를 통틀어 매매 거래량이 1건에 그쳤는데 올 들어서만 아파트 8채가 사고팔렸다. 비슷한 시기 조합이 설립된 '삼익그린2차' 역시 2022년 한 해 거래량이 1건에 그쳤지만 올 들어서만 15건이 거래됐다. 이외에 조합설립을 완료한 길동 '삼익파크', 길동 '우성' 등이 이번 규제지역 해제의 수혜를 입어 짧게는 8개월, 길게는 2년 5개월 만에 거래가 성사되기도 했다.

이런 분위기를 타고 강동구에서는 다시 정비사업이 활기를 띠는 모습이다. 지역별로 일반 재건축 사업부터 가로주택정비사업 등 소규모 재건축, 리모델링까지 유형도 다양하다.

2023년 초 정부가 재건축 안전진단 등 규제도 대폭 완화하면서 강동구 일대 여러 정비사업이 속도를 내고 있다.

고덕주공 마지막 퍼즐 완성?
9단지 · 삼익그린2차 · 삼익파크 속도

명일동 일대 재건축 최대어로 꼽히는 '삼익그린2차(2400가구)'는 이미 정밀안전진단 문턱을 넘었다. 삼익그린2차는 앞서 2022년 3월 1차 정밀안전진단에서 D등급을 받아놓고 2차 정밀안전진단(적정성 검토)을 진행해왔다. 적정성 검토를 진행하면서 강동구로부터 수차례 보완 요청을 받았고 최종 통과 결과를 통보받았다. 통상 안전진단을 최종 통과하면

건축심의, 사업시행인가 등의 절차가 진행되지만 정비계획안이 오래된 탓에 한 차례 변경 절차를 거칠 것으로 보인다.

2023년 들어서는 조합장 보궐 등 임원 선거를 진행해 정성철 신임 조합장을 선출했다. 앞서 삼익그린2차 조합은 전임 집행부의 임금 책정, 정관 고치기 등으로 대의원 등 일부 조합원과 갈등을 겪었다. 이에 전임 집행부와 대의원 간 쌍방 해임총회가 열리는 등 내분을 겪은 뒤 2022년 5월 전임 조합장이 사퇴해 한동안 집행부를 공석으로 유지해왔다. 2023년 여름부터는 협력 업체 선정에 나섰다.

시간은 걸리겠지만 1983년 준공한 삼익그린2차는 둔촌주공에 이어 서울 동남권 재건축 최대어 중 한 곳으로 꼽히는 대단지다. 지하철 5호선 고덕역과 가깝고 초등학교부터 고등학교까지 두루 갖춰 학생 자녀를 둔 실수요자 선호도가 높다.

재건축을 통해 지상 35층짜리 2740가구 신축 단지로 탈바꿈한다.

삼익그린2차가 정밀안전진단을 통과하면서 주변 단지 재건축 사업이 순항할 거라는 기대감도 한층 커졌다.

명일동에서는 2021년 6월 2차 정밀안전진단에서 C등급(유지보수) 판정을 받아 고배를 마신 '고덕주공9단지(명일주공9단지)'가 2023년 재도전에 나설 가능성이 크다. 2022

년 12월부터 예비안전진단을 신청하는가 하면 2023년에는 정밀안전진단 용역 업체를 선정하기 위해 입찰 공고를 내는 등 재건축 불씨를 살리려는 움직임으로 분주하다.

1320가구 규모 고덕주공9단지는 1985년 준공한 39년 차 노후 아파트다. 고덕주공 1~8단지 대부분이 재건축 사업을 마쳤기에 9단지는 고덕주공의 '마지막 퍼즐'로 꼽힌다.

명일동 '삼익가든(768가구)' 재건축 조합도 재건축 사업 협력 업체 선정에 나섰다. 2023년 6월 말 정비계획 변경 등의 용역을 수행할 도시계획 업체 선정을 위해 입찰 공고를 냈다.

삼익가든 재건축 사업은 대지 4만9502㎡에 용적률 299.99% 이하를 적용해 아파트 1169가구와 부대복리시설 등을 신축하는 사업이다. 단지가 5호선 굽은다리역과 명일역 가까이 있고 길동공원을 도보로 이용할 수 있다. 강동프리미엄아울렛, 명일전통시장, 현대종합상가 등 편의시설 이용이 편리하다.

인근 길동 '삼익파크'의 경우 대우건설을 시공사로 정해뒀다. 삼익파크 재건축 사업은 기존 1092가구를 지하 3층~지상 35층 아파트 1501가구와 부대복리시설로 신축하는 사업이다. 삼익파크 조합은 2020년 2월 정비구역 지정 이후 약 6개월 만에 조합설립추진위원회 승인이 이뤄졌다. 이후 5개월 만에 조합설립인가가 났다.

그렇게 삼익파크는 2022년 9월 서울시 건

축심의 최종 승인 후 한 달여 만에 시공사 선정을 위한 현장설명회를 마치고 시공사까지 정하는 등 사업이 비교적 순조롭게 진행 중이다. 시공사 선정 당시 조합은 2023년 말 이주계획 목표로 발표를 한 바 있다.

'명일동 4인방' 어디?
신동아 · 우성 · 한양 · 현대

이외에 명일동에서는 주공아파트는 아니지만 '신동아' '명일우성' '고덕현대' '한양아파트', 이른바 '명일동 4인방'도 재건축에 속도를 내고 있다.

명일우성은 2차 정밀안전진단(적정성 검토)에서 '검토 불필요' 결정을 통보받았다. 명일우성은 앞서 2021년 1차 안전진단에서 52.85점(D등급)을 받아 조건부 통과해 2차 안전진단을 앞두고 있었다. 하지만 2023년 들어 재건축 안전진단 기준이 완화되면서 D

서울 강동구 명일동 고덕주공9단지.

등급을 받더라도 지자체 재량에 따라 적정성 검토를 생략할 수 있게 됐는데, 덕분에 명일우성이 추가 안전진단 없이 재건축을 확정하게 됐다. 1986년 준공된 명일우성아파트는 2023년 기준으로 입주 38년 차 노후 단지다. 최고 15층, 8개동, 총 572가구 규모로 조성됐다.

명일동 '신동아아파트도 2023년 3월부로 안전진단 절차를 마무리했다. 현재 570가구 규모 단지인 신동아는 '명일동 4인방' 4개 단지 가운데 5호선 고덕역이 가장 가까워 알짜로 꼽힌다.

우성아파트 맞은편에 위치한 고덕현대는 신속통합기획에 재합류하면서 사업을 이어나가고 있다. 고덕현대 재건축추진위에 따르면 고덕현대는 재건축을 통해 최고 49층 신축을 추진 중이다.

고덕현대는 2022년 11월 신속통합기획 재건축 1호 후보지로 선정된 바 있다. 하지만 2023년 강동구에 재건축 반대 민원이 다수 접수돼 무산될 가능성이 커졌었다. 이에 강동구는 찬성·반대 비율을 파악하기 위해 조사를 진행했는데, 전체 토지등소유자 527명 중 335명이 조사에 응답했고 이 가운데 238명(71%)이 신

속통합기획 추진에 찬성하면서 신속통합기획을 재추진하게 됐다. 단 신속통합기획 후보지로 선정된 고덕현대는 현재 토지거래허가구역으로 묶여 있다.

이외에 1986년 준공된 명일한양(540가구)은 안전진단 절차를 밟고 있다.

앞의 고덕주공9단지와 '삼익' 형제, 명일동 4인방이 재건축을 모두 마치면 명일동 일대는 대규모 신축 단지로 탈바꿈할 전망이다. 인근 고덕그라시움(고덕주공2단지 재건축), 고덕아르테온(고덕주공3단지 재건축) 등과 함께 고덕지구 랜드마크로 자리 잡을 것이라는 기대감이 높다.

입지도 나쁘지 않다. 명일동 단지들은 위치에 따라 5호선 명일역 또는 고덕역이 도보권에 있어 대중교통 이용이 편리하다. 인근에는 명원·고명·명덕초, 배재·명일·한영중, 배재·명일여자·한영고 등이 있다. 원터근린공원,

명일동·길동 주요 재건축 추진 단지

(단위: 가구, %, ㎡)

단지명	준공연도	가구 수	용적률	가구당 평균 지분
삼익그린2차	1883년	2400	171	53.13
삼익가든	1984년	768	174	60.06
삼익파크	1982년	1092	188	51.15
신동아	1986년	570	179	68.97
우성	1986년	572	182	68.97
한양	1986년	540	175	69.96
고덕현대	1986년	524	180	71.94

*자료: 서울시, 다원중개 등

송림근린공원, 곰돌이어린이공원, 강동그린 웨이 명일근린공원 등이 가까워 녹지 접근성이 높고 강동경희대병원, 소극장 드림, 산성골프장, 이마트 등이 가까워 주거 편의성이 높다.

다만 재건축을 마친 '고덕주공' 단지들이 5호선 상일동역, 명일근린공원 동쪽에 몰려 있는 것과 달리 9단지를 비롯해 삼익, 명일동 4인방 단지들은 명일공원 서쪽, 길동공원 북쪽에 위치해 있다.

이 때문에 재건축이 완료되더라도 기존 고덕지구 재건축 아파트들과 같은 생활권을 이루기보다는 5호선 명일·고덕역을 중심으로 생활권이 형성될 것이라는 전망이 많다.

8호선은 가로주택 정비사업 활발 모아주택 적용한 소규모 재건축 속도

지하철 5호선 역세권인 서울 강동구 명일동 일대가 재건축 사업으로 활발하다면 8호선 천호역~암사역 일대에서는 가로주택 정비사업 등 소규모 재건축을 진행하는 사업지가 꽤 있다.

우선 천호동 321-18번지 일대가 가로주택 정비사업이 진행 중이다. '모아주택' 기준을 적용한 사업시행계획안이 3월 서울시 통합심의를 통과하면서 층수를 높이고, 창의적인 설계가 가능해졌다.

계획안에 따라 천호동 321-18번지 일대는 지하 3층~지상 13층, 80가구 규모 단지로 조성된다.

가로주택 정비사업은 도로로 둘러싸인 가로구역에 있는 노후 주택들을 기존의 가로를 유지하며 소규모로 정비하는 사업이다. 높이가 7층 이하로 규제된 2종일반주거지역에서 가로주택 정비사업을 시행하면 10층 이하로 층수 규제를 조금 풀어준다. 더 나아가 모아주택 사업시행계획 수립 기준을 적용해 가로주택 정비사업을 실시하면 13층까지 층수를 높일 수 있다.

'천호동 221번지 일대 가로주택 정비사업'은 2023년 7월 조합설립인가를 받았다. 공고에 따르면 사업지는 구역 면적 8422㎡ 일대로, 토지등소유자는 110명이다.

암사동 대명아파트 가로주택 정비사업(대지 3238㎡)은 2023년 6월 강동구로부터 사업시행계획인가를 받았다. 건축계획에 따르면 1987년 준공된 80가구 규모 대명아파트는 건폐율 24.32%, 용적률 248.52%를 적용해 지하 2층~지상 18층 높이, 94가구 규모 나홀로 아파트로 탈바꿈한다. 시공은 대방건설이 맡았다.

청량리 유일 재건축 단지 미주아파트

10개 노선 지나게 될 초역세권 대단지
35층짜리 1370가구 주택으로 탈바꿈
용적률 높지만 역세권 인센티브 노려보면?

미주아파트 어디까지 왔나

안전진단 ···· 구역지정 ···· 추진위원회 ···· 조합설립 ···· 사업시행 ···· 관리처분 ···· 철거착공 ···· 준공입주

지하철 1호선과 경의중앙선, 수인분당선 환승역인 청량리역. 6번 출구로 나와 골목으로 접어들면 동부청과시장이 있던 자리에 59층짜리 고층 빌딩이 눈에 들어온다. 2023년 6월 입주한 '청량리역한양수자인그라시엘'이다. 바로 옆에는 40층 주상복합 '청량리역해링턴플레이스'가 제 모습을 갖춰가고 있고, 청량리역 방향으로는 청량리4구역을 재개발한 65층짜리 '청량리역롯데캐슬SKY-L65'가 2023년 7월부터 집들이를 시작했다. 서울 강북에서 각종 개발·교통 호재가 몰려 있는

청량리 일대는 그야말로 천지개벽 중이다.

2018~2019년 분양돼 입주를 시작했거나 막바지 공사가 한창인 주상복합과 오피스텔 건너편으로는 입주 46년 차를 맞은 '미주아파트'가 우뚝 서 있다. 2022년 말 정비구역으로 지정되며 청량리 일대 개발에 방점을 찍을 것으로 기대를 모은다.

미주아파트는 1978년 준공된 노후 아파트다. 전용 86~177㎡, 총 8개동, 1089가구로 구성됐다. 정비구역 지정을 신청한 건 2018년이었고, 2020년 1월 도시계획위원회에서

최초 심의를 받았다. 하지만 1~4동과 5~8동을 가로지르는 폭 20m짜리 도시계획시설도로(약령시로)가 사유지로 남아 있어 사업 추진이 쉽지 않았다.

이 때문에 미주아파트는 처음에는 2개 정비예정구역으로 나뉘어 지정되기도 했다. 서울시는 도로에 대한 소유권 문제 해결을 계속 요구해왔다.

결국 2022년 상반기 여러 법률 자문을 구한 결과, 재건축 단지 내에 도로가 있어도 그 도로를 그대로 두고 재건축 사업을 추진할 수 있다는 결론을 얻었다. 사업 추진이 본격적으로 진행된 배경이다.

이에 따라 미주아파트 내 2개 정비구역은 하나로 통합됐다. 재건축 사업을 통해 미주아파트는 10개동, 35층 이하 아파트 총 1370가구 규모로 탈바꿈한다. 이 중에는 전용 45·59·69·79㎡ 등 다양한 규모의 공공주택 162가구도 포함한다. 또 단지 인근에서 청량리역으로 쉽게 접근할 수 있도록 공공성을 담보한 공공보행통로와 도로·공원 등 공공기여 계획도 함께 반영됐다.

2023년 여름에는 조합직접설립제도* 도입을 위한 주민 동의율 77%를 확보하는 데 성공했다. 이에 따라 2023년 10월 재건축 조합

청량리역 일대 정비사업장

청량리 미주아파트 재건축 사업 개요

위치	동대문구 청량리동 235-1 일대
준공연도	1978년
규모	8개동 1089가구 → 10개동 1370가구
공공주택	전용 45·59·69·79㎡ 162가구

*자료:서울시

설립을 위한 용역 업체를 선정한 뒤 2024년 7월께 조합설립인가를 받을 수 있을 것으로 내다봤다. 공사비가 하루가 다르게 오르고 있어 빨리 재건축을 진행하는 게 도움이 될 것이라는 점도 주민 호응도를 높인 것으로 보인다.

개발·교통 호재 수두룩

집값이 주춤한 시기기는 하지만 이제 막 정

*조합직접설립제도는 정비사업 속도를 높이기 위해 추진위원회 절차를 뛰어넘어 조합설립으로 직행하는 방식이다. 추진위 단계만 건너뛰어도 정비사업 기간을 2~3년 단축할 수 있고 조합설립 비용도 지원받을 수 있다.

비구역으로 지정된 미주아파트가 관심을 모으는 데는 이유가 있다. 청량리 일대에 재개발 사업이 활발히 진행되고 있는 데다 교통 호재도 수두룩해서다.

서울 동북권 핵심 주거지역으로 거듭나고 있는 청량리역 주변은 그야말로 '공사판'이라고 해도 과언이 아닐 정도로 다양한 공사가 진행 중이다. 우선 청량리역은 강북 교통의 메카로 거듭나고 있다. 2024년 'KTX이음(청량리~해운대)' 노선을 시작으로 2028년 GTX C노선, 2030년 GTX B노선이 새로 개통될 예정이다.

또 강북횡단선과 면목선까지 개통되면 기존 노선(1호선, 수인분당선, 경춘선, 경의중앙선, KTX 강릉선)과 함께 서울 대표 광역 교통 중심지로 자리 잡는다.

철도 공사만 진행되는 것은 아니다. 2023년 대부분 완공 예정인 주상복합 아파트 외에도 주변에는 청량리6~8구역과 제기4구역, 제기6구역, 전농9구역(공공재개발) 등 재개발 사업이 활발히 진행되고 있다. 모든 공사가 마무리되면 청량리역 일대는 무려 '10개' 노선이 오가는 교통 중심지이자, 신축 아파트 1만가구가 들어서는 중산층 주거지역으로 거듭날 전망이다.

특히 미주아파트는 단지에서 길 하나를 건

서울 동대문구 청량리동 미주아파트.

너머 청량리역일 정도로 교통 접근성이 좋고 단지 규모도 적지 않아 재건축 사업이 마무리되면 청량리를 대표하는 랜드마크 단지 중 하나가 될 것으로 기대를 모은다.

희소성도 있다. 미주아파트는 청량리역 인근 아파트 가운데 가장 오래됐고, 규모도 가장 큰 단지다. 청량리 일대에서는 상징성이 있다. 재개발 사업지가 즐비한 청량리 일대에서 사실상 유일한 재건축 단지라는 점도 미주아파트 희소성을 높인다.

미주아파트 인근 '한신아파트(1997년 준공, 총 960가구)'는 2023년 준공 26년 차를 맞이했다. 하지만 용적률이 275%로 비교적 높은 탓에 당장 재건축을 추진하기보다는 리모델링 가능성이 더 높은 단지로 평가받는다. 한신아파트와 청량리중·고를 함께 끼고 있는 '청량리신현대(1989년 준공, 총 736가구)'가 오히려 재건축 가능성이 있다. 용적률 204%에 회기역과 가까워 한신아파트와 비교하면 사업성이 조금 더 낫다는 평가를 받는다. 다만 청량리신현대 역시 지금까지는 재건축을 위한 별다른 움직임이 없다.

중대형 위주 · 가구당 지분 15.8평

다만 미주아파트는 14층짜리 중층 단지에 용적률도 220%로 높은 편이다. 토지 용도는 제3종일반주거지역이라, 길 건너편 초고층 주상복합과 달리 고층 주택을 지을 수 없는 지역이다. 당장의 조건만 놓고 봤을 때 사업성이 좋다고는 할 수 없는 편이다.

그럼에도 긍정적인 부분은 이런 단점을 상쇄할 수 있을 정도로 미주아파트가 청량리역 역세권이라는 점, 덕분에 역세권 인센티브를 누려볼 수 있다는 점, 또 대지면적이 넓고 가구 대부분은 중대형 평형으로 이뤄져 가구당 대지지분(52.14㎡·15.8평)이 높다는 점이다.

소형 주택으로만 이뤄진 중층 이상 노후 아파트의 경우 대지지분이 너무 낮아 재건축 논의 자체가 불가능한 경우가 많은 반면, 미주아파트는 소유주 의지와 원만한 합의만 있다면 얼마든지 정비사업이 가능한 조건이다. 아직 사업 초기 단계의 단지인 만큼 완공까지는 앞으로 최소 10~15년 정도 걸릴 것으로 보인다. 투자 기간이 길어지는 만큼 위험 요소도 두루 판단해 투자하는 것이 좋을 단지다.

노원구 대표 주자 상계동 환골탈태?

서울 자치구 중 노후 단지 가장 많은 노원구
상계주공 대부분 단지가 재건축 초기 단계
단지별 비슷한 용적률…입지로 비교해봐야

노원구는 지어진 지 30년 이상 지난 아파트가 서울시에서 가장 많은 자치구다. 노후 아파트 단지 55곳에 7만4000여가구가 거주한다. 구 전체 인구의 3분의 1(약 17만명)이 낡은 아파트에 산다. 이런 이유로 노원구는 재건축·재개발 등 정비사업을 '생존의 문제'로까지 보는 분위기다. 구민들이 자꾸 다른 지역으로 빠져나가는 것을 막고 활력을 되찾기 위해서라도 정비사업은 구의 숙원 사업이 됐다.

상계동, 특히 상계주공 단지들은 노원구 재건축의 대표 격이다. 상계주공아파트는 1985년 정부의 신시가지 주택 사업을 통해 1989년까지 순차적으로 1~16단지 4만여가구가 준공됐다. 지하철 4·7호선 환승역 노원역, 7호선 마들역을 중심으로 1단지부터 16단지까지 남북으로 길게 들어서 있다.

상계주공아파트들은 단지마다 줄줄이 재건축 연한 30년을 넘기면서 사업이 속도를 내는 중이다. 2023년 6월 4300가구로 동북권 최대 규모의 재개발 지역인 상계5동에 대한 신속통합기획이 확정된 가운데 상계1구역 재개발 사업들도 대기 중이어서 일대의 모습이 완전히 달라질 것이라는 전망이 나온다.

5단지 신속통합기획·신탁 방식 추진
1·2·3·6단지도 안전진단 통과해

일찍 사업이 완료된 상계주공8단지(포레나 노원, 1062가구) 외에 재건축 추진 속도가 가장 빠른 곳은 상계주공5단지다. 2023년 8월 말 열린 제15차 건축위원회에서 상계주공5단지에 대한 건축계획안이 통과됐다.

1987년 준공된 상계주공5단지(840가구)

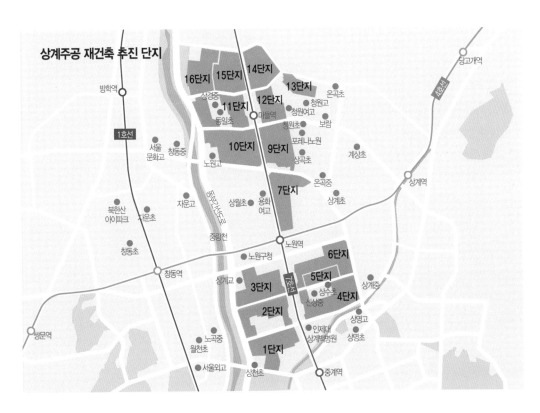

상계주공 재건축 추진 단지

는 5층짜리 대규모 아파트 단지다. 2018년 안전진단을 통과하며 본격적으로 재건축에 나섰다. 이듬해 서울시는 상계주공5단지를 특별건축구역으로 지정했고, 이에 따라 상계주공5단지는 신속통합기획 시범 사업으로 낙점됐다. 이번 계획안에는 상계주공5단지를 지상 35층, 996가구로 재건축하는 내용이 담겼다. 조합은 앞서 2023년 3월 총회를 열고 GS건설을 시공사로 선정한 상태다.

다른 단지도 하나둘씩 재건축에 한발씩 다가서고 있다. 2023년 1월에는 상계주공1단지(2064가구), 2단지(2029가구), 3단지(2213

가구), 6단지(2646가구)가 정밀안전진단을 통과하며 재건축을 확정했다. 공무원 임대 아파트인 15단지를 제외한 다른 단지도 안전 진단을 준비 중이다. 정리해보면 상계주공아 파트는 5단지를 제외한 대부분 단지가 재건 축 초기 단계다.

상계주공 외에는 상계한양, 미도 등이 안전 진단을 통과하며 재건축이 확정됐고 보람, 벽산, 대림, 한신1·2·3차, 임광 등이 현지조사 (예비안전진단)를 완료한 것으로 파악된다. 추진 방식을 보자면 상계주공5단지, 11단지 에 이어 3단지가 2023년 여름 신탁 방식을 통해 재건축 사업을 하기로 가닥을 잡았다.

상계주공 투자 가치는?
높은 용적률 글쎄…5단지는 '양호'

상계주공 투자 가치는 괜찮을까. 노원, 마들 역세권에 위치하면서도 서울 시내 다른 재건축 단지보다 매매가가 저렴한 점이 매력적이다. 소형 평형의 경우 전세를 끼고 갭투자하면 투자 부담이 줄어드는 만큼 신혼부부나 젊은 층 매수 수요가 꾸준하다.

다만 대부분 용적률이 180~200% 안팎인 11~15층짜리 중층 아파트인 데다 주력 평형이 전용 32~68㎡로 작은 점은 걸림돌이다. 부동산 경기 침체로 집값이 하락세인 데다 서울 강남권, 도심과 달리 시세가 낮아 일반분양가를 높게 책정하기도 어렵다. 이 때문에 조합원 추가 분담금이 커질 가능성이 높다.

상계주공에 투자하려면 단지마다 용적률이 비슷한 만큼 입지를 철저히 따져봐야 한다.

일단 노원역과 가까운 단지일수록 투자 가치가 높은 건 맞다. 역 인근에는 롯데백화점, 인제대 상계백병원 등 다양한 편의시설이 밀집해 있다.

교통 호재도 적잖다. 노원구 상계역과 성동구 왕십리역을 잇는 동북선 경전철이 2026년 개통 예정이다. 수도권 광역급행철도(GTX) C노선이 지나는 창동역과 한 정거장 거리인 점도 매력 요인이다.

상계주공 단지별 현황			(단위:가구, %, ㎡)
단지	가구 수	용적률	가구당 평균 대지지분
1단지	2064	176	38.94
2단지	2029	171	40.92
3단지	2213	178	44.88
4단지	2136	204	51.15
5단지	840	93	41.91
6단지	2646	193	35.97
7단지	2634	196	41.91
8단지	1062	284	34.02
9단지	2830	207	34.98
10단지	2654	169	42.9
11단지	1944	173	43.89
12단지	1739	196	34.98
13단지	939	189	33.99
14단지	2265	147	46.86
15단지	2100	184	–
16단지	2392	184	70.95

*8단지는 '포레나노원'으로 재건축 후 조합 청산 완료
*자료:서울시, 다원중개

노원역과 가까운 단지는 상계주공 3·5·6·7단지다. 3·5·6단지가 노원역 남쪽에, 7단지는 노원역 북쪽에 위치했다. 이들 4개 단지 중에서는 5단지 투자 가치가 가장 높을 것으로 보인다.

이미 시공사를 선정해뒀을 정도로 사업 속도가 빠른 데다 상계주공 가운데 유일하게 5층짜리 저층 단지라는 점이 매력적이다. 용적률도 93%에 불과해 다른 단지보다 현저히

서울 노원구 상계주공 주요 단지가 안전진단을 통과하며 재건축에 속도를 내는 중이다. 사진은 건축계획안이 통과된 상계주공5단지.

낮다.

노원역 북쪽에 위치한 상계주공7단지도 눈여겨볼 만하다. 맞은편에 위치한 도봉운전면허시험장이 이전하고 그 부지가 개발된다면 상당한 수혜를 입을 것이라는 기대다.

상계주공3단지는 2213가구 규모로 상계고가 단지에 붙어 있는 데다 노원구청이 가까운 점이 매력 요인이다. 2022년 말부터 정밀안전진단을 진행 중이다.

7호선 마들역과 가까운 9~16단지는 노원역 인근 단지에 비해 가격대가 저렴한 편이다. 14단지의 경우 용적률(147%)이 상대적으로 낮고 가구당 평균 대지지분이 46.86㎡(14.2평)로 상계주공 중 높은 편이다. 재건축 대지지분이 클수록 일반분양 물량이 늘고 조합원 추가 분담금 부담이 줄어 사업성이 높아진다.

한편에서는 상계주공아파트가 수도권 1기 신도시 특별법인 '노후계획도시 정비 및 지원에 관한 특별법' 수혜를 입을 것이라는 기대도 크다. 이 특별법은 1기 신도시에 국한하지 않고 택지 조성 사업을 완료한 후 20년 이상 지난 100만㎡ 이상 택지에 적용된다. 특별법을 적용하면 재건축 안전진단 규제가 완화되는 데다 2종일반주거지역을 3종일반주거지역이나 준주거지역으로 상향하면 용적률이 300%까지 높아진다.

물론 '묻지마 투자'는 금물이다. 상계주공은 아직까지 재건축 초기 단계인 만큼 철저히 장기적 관점에서 투자하는 것이 안전하다. 다른 재건축 단지에 비해 가격대가 저렴하지만 주변이 대부분 주거지역이고 기업 일자리가 없어 자족 기능이 취약하다는 점이 변수다. 상계주공을 비롯한 노원구 일대는 베드타운 성격이 강한 데다 굵직한 개발 호재가 많지 않다는 점이 변수다. 철저히 실수요 관점에서 대출 부담을 줄이고 투자하는 것이 안전하다.

안전진단 순항하는 중계동

중계그린, 정밀안전진단 결과 기다리는 중
무지개·건영2차·주공4~8 예비안전진단 통과
은행사거리 학원가 있어 학부모 선호도 높아

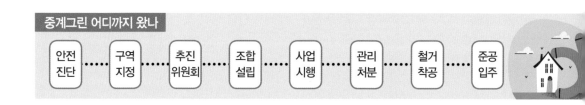

중계그린 어디까지 왔나

안전진단 ···· 구역지정 ···· 추진위원회 ···· 조합설립 ···· 사업시행 ···· 관리처분 ···· 철거착공 ···· 준공입주

대치동, 목동과 함께 '서울 3대 학군'으로 불릴 만큼 교육열이 높고 인구 유입이 많은 중계동. 서울시가 재건축 안전진단 기준을 완화한 이후 노원구 아파트들이 하나둘 안전진단을 추진하는 가운데 중계동에도 안전진단을 추진 중인 단지가 꽤 있다. 그중 입지가 뛰어나고 단지 규모도 가장 큰 '중계그린'은 일찍이 정밀안전진단을 신청해 연내 결과가 나올 것으로 기대를 모은다.

정비업계에 따르면 중계그린은 2023년 6월 노원구에 정밀안전진단을 신청해 관련 절차

를 밟고 있다. 안전진단 용역 업체가 보고서를 9월 말쯤 작성해 노원구에 제출하면, 이르면 2023년 10월 초쯤 결과가 나올 것으로 예상된다. 중계그린은 7호선 중계역 초역세권에 위치한 3481가구 규모 대단지 아파트다. 1990년 준공돼 2023년 기준으로 33년 차를 맞았다. 높이는 최고 15층이고 총 25개동으로 구성됐으며 용적률은 191%다. 이 단지는 2021년 10월 재건축 첫 관문이라고 평가되는 예비안전진단을 통과했으나 이제야 정밀안전진단에 돌입하게 됐다. 중계동에서 정밀안전진단

중계동 재건축 추진 단지

상계역
4호선
중계초
상계주공
7단지
노원역
현대2차
중계
주공4단지
상계주공
5단지
중계
주공5단지
상계주공
3단지
상계중
동진
상계주공
4단지
양지대림1차
불암초
상계주공2단지
상명고
중계
주공6단지
당현초
상명초
중계청구3차
건영3차
노곡중
을지중
중계
건영2차
중계
주공7단지
상계주공
1단지
중계역
롯데우성
중계
주공8단지
중계목련
3단지
하계
현대2차
무지개
중랑천
중원중
중계목화4단지
중계그린
용동초
하계중
서울시립
과학관
경남·롯데
·상아
하계청구1차
7호선
1호선
하계역
대진고
극동
건영벽산
연촌초

에 도전하는 것은 중계그린이 처음이다.

중계그린은 정밀안전진단이 계획대로 추진된다면 이후 서울시 신속통합기획 신청까지 염두에 둔 것으로 알려졌다. 인근에서 신속통합기획 신청을 준비 중인 하계동 '하계장미(장미6단지, 1880가구)'처럼 재건축을 진행해 사업 속도를 높여보겠다는 취지다. 앞서 2023년 5월 하계장미는 '신속통합기획·정비계획 수립 협력 업체 선정' 입찰 공고를 낸 바

있다. 신속통합기획으로 재건축을 진행하면 공공기여를 받고 용도지역 상향, 용적률 완화 같은 인센티브도 노려볼 수 있다. 도시계획위원회 수권분과위원회 심의, 사업시행계획 시 관련 심의 통합 등 절차도 간소화돼 사업 속도를 단축할 수 있다는 장점도 있다.

문제는 대지지분이다. 중계그린 가구당 평균 대지지분은 32.01㎡에 그친다. 옛 평형으로 치면 10평이 안 되는 규모다. 가구 수는

단지명	준공연도	가구 수	용적률	가구당 평균 대지지분
중계그린	1990년	3481	191	32.01
무지개	1991년	2433	193	33
중계주공4단지	1991년	690	180	41.91
중계주공5단지	1992년	2328	183	39.93
중계주공6단지	1993년	600	164	34.98
중계주공7단지	1993년	630	176	33
중계주공8단지	1993년	696	191	34.98
중계건영2차	1991년	742	242	37.95
경남·롯데·상아	1989년	1890	234	37.95
현대2차	1991년	313	252	36.96
동진	1988년	210	148	31.02

중계동 주요 재건축 추진 단지 (단위:가구, %, ㎡)

*자료:서울시, 다원중개

많지만 10~20평대(전용 39~59㎡) 중소형 평형으로만 이뤄진 탓이다. 이 단지 주력 평형은 옛 21평형인 전용 49㎡(1645가구)다.

가구당 평균 대지지분은 조합원들이 평균적으로 소유한 대지지분을 나타내는 지표다. 평균 대지지분이 15평 이상이면 기존 물량에서 15~20% 정도 신규 물량이 나올 것으로 추정돼 사업성이 있다고 판단할 수 있다. 하지만 중계그린은 대지지분이 적은 만큼 일반분양 물량이 아주 적거나 없을 확률이 높고 그만큼 조합원이 내야 할 분담금은 늘어날 가능성이 높다. 임대주택 비율을 적절히 조절해 용적률 인센티브를 받아내고 사업성을 개선하는 과제가 남은 셈이다.

주공 등 중계동 노후 단지들 예비안전진단 줄줄이 통과

어쨌든 중계그린 정밀안전진단 결과와 이후 행보는 다른 중계동 단지에도 참고가 될 전망이다. 마침 2023년 초 서울시가 재건축 안전진단 기준을 대폭 완화한 이후 중계동 일대에서도 안전진단을 받아두려는 분위기가 빠르게 확산되고 있다. 중계그린 외에 ▲무지개(2433가구) ▲중계주공4단지(690가구) ▲중계주공5단지(2328가구) ▲중계주공6단지(600가구) ▲중계주공7단지(630가구) ▲중계주공8단지(696가구) ▲중계건영2차(742가구) ▲경남·롯데·상아(1890가구) ▲현대2차(313가구) ▲동진(210가구) 등이 예비안전진단을 통과한 상태다.

중계그린을 비롯해 무지개, 중계건영2차는 지하철 7호선 중계역과 맞닿아 있는 게 장점이다. 3·7·9호선 환승역인 고속터미널역까지 30분대에 이동 가능하고, 중간에 2·5·6호선과 경의중앙선, 경춘선, 수인분당선, 신분당선으로도 환승 가능한 노선이다. 세 단지 모두 '초품아(초등학교를 품은 아파트)' 단지다.

이 중 중계건영2차는 중계그린 다음으로 안전진단 추진 속도가 나는 단지다. 예비안전진단을 통과한 이후 정밀안전진단을 위한 모금을 진행해왔는데 2023년 6월 예치금 1억5983만원을 납부한 이후 지금은 정밀안전진단 절차를 준비 중이다. 중계그린, 무지개와

서울 노원구 '중계그린'은 중계동에서 재건축 안전진단 속도가 가장 빠른 단지다.

비교해 대단지는 아니지만, 단지가 당현천과 맞붙어 있는 게 장점이다. 다만 용적률(242%)이 중층 단지가 몰려 있는 중계동에서도 높은 편이라 재건축 사업성에는 마이너스 요소다.

경남·롯데·상아를 합친 일명 '경롯상'도 예비안전진단을 통과한 상태다. 앞의 세 단지만큼 역세권은 아니지만 동 위치에 따라 7호선 중계역과 하계역을 도보로 이용할 수 있다. 세 단지를 합쳐 총 1890가구로 중계동에서는 중계그린, 무지개, 중계주공5단지에 이어 네 번째로 크다. 중계주공4~8단지는 중계역과는 조금 떨어져 있지만 학원가가 형성된 은행사거리와 가까운 게 장점이다. 시내 접근성이 떨어지고 지하철역이 멀어도 교육 수요 때문에 젊은 부모 유입이 꾸준한 곳이다. 이 중 5단지는 은행사거리와 맞붙어 있으면서 단지 규모도 중계주공 가운데 가장 크다.

교통이 불편했던 단점도 현재 공사 중인 동북선(2026년 예정)이 개통하면 상당 부분 해소될 전망이다. 동북선은 2·5호선 왕십리역에서 출발해 동대문구 경동시장, 강북구 미아사거리역을 지나 노원구 상계역을 잇는 도시철도 사업이다. 총연장 13.4km에 16개 정거장이 들어선다. 정차역 중 하나가 중계동 학원가가 있는 은행사거리를 지난다. 동북선이 들어서면 중계동 은행사거리에서 왕십리역까지 출퇴근 시간이 약 46분에서 약 22분까지 단축될 것으로 예상된다.

중계주공 단지들 용적률은 각각 ▲4단지 180% ▲5단지 183% ▲6단지 164% ▲7단지 176% ▲8단지 191%다. 총 210가구로 단지는 작지만 1888년 준공한 동진아파트의 경우 용적률이 148%로 낮다. 강남 여느 저층 단지와 비교하면 용적률이 아주 낮다고 할 수는 없지만 중계동만 놓고 봤을 때 중계역 인근 단지들보단 용적률이 상대적으로 낮다.

다만 중계동 재건축 추진 단지들은 아직 정밀안전진단 문턱도 넘지 못한, 사업 극초기 아파트다. 정밀안전진단을 최종 통과해 재건축이 확정되더라도 정비구역 지정 신청을 비롯해 추진위원회 설립, 조합설립, 시공사 선정, 사업시행인가, 관리처분인가 등의 지난한 과정을 거쳐야 한다. 오랜 기간 자녀를 키우면서 직접 거주할 요량이라면 '가성비' 거주지로 나쁘지 않지만, 재건축은 이제야 첫발을 뗀 만큼 주민 간 협의가 잘 이뤄지는지, 사업 속도가 지지부진해지는 않은지 추이를 지켜보다가 투자에 나서도 늦지 않겠다.

강북 최대어 월계동 '미미삼'

(미성·미륭·삼호3차)

3900가구 넘는 대단지로 서울 강북 최대 규모
대지지분 크고 광운대역·GTX C노선 대형 호재
중랑천·7호선 중심으로 재건축도 속도 붙을 듯

월계시영 어디까지 왔나

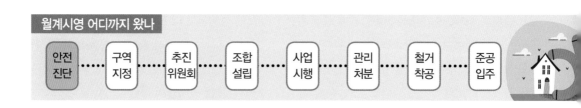

안전진단 ···· 구역지정 ···· 추진위원회 ···· 조합설립 ···· 사업시행 ···· 관리처분 ···· 철거착공 ···· 준공입주

노원구에서 마지막으로 들여다볼 곳은 월계동이다. 서울 강북 지역 최대 재건축 단지로 꼽히는 월계동 시영아파트, 일명 '미미삼(미성·미륭·삼호3차)'도 2023년 6월 정밀안전진단을 통과하며 재건축을 확정 지었다. 2021년 1차 예비안전진단을 통과한 지 1년 7개월 만이다. 3900가구가 넘는 대단지인 데다 대지지분이 넓고 개발 호재도 풍부해 강북에서도 기대를 모으는 재건축 사업지다.

월계시영은 1차 정밀안전진단에서 E등급을 받아 2차 정밀안전진단을 거치지 않고 바로 재건축이 가능해졌다.

미성·미륭·삼호3차가 한 단지를 이룬다 해서 '미미삼'이라 불리는 월계시영은 1986~1987년에 걸쳐 완공된 총 32개동, 3930가구 규모 대단지다. 강북 대표 재건축 단지인 마포구 성산시영(3710가구)보다도 큰, 강북권 최대 재건축 단지로 꼽힌다.

재건축 가능 연한(30년)을 훌쩍 넘겨 일찍이 안전진단을 추진해왔지만, 안전진단 기준이 강화된 이후인 2019년 10월 예비안전진단에서 C등급을 받아 한차례 탈락한 바 있다.

이후 다른 재건축 단지의 잇따른 고배에 사업 속도를 늦추다 정부가 2022년 12월 '재건축 안전진단 합리화 방안'을 발표하면서 즉시 정밀안전진단을 추진했고, 결국 최종 사업 확정 판정을 받았다.

안전진단 통과가 늦어지기는 했지만 월계시영은 대지지분이 넓은 편이어서 재건축 사업성이 우수하다는 평가를 받는다. 월계시영은 3930가구 규모로 강북 대표 재건축 단지인 마포구 성산시영보다도 규모가 크다. 전용 33~59㎡ 소형 평형으로 구성돼 있다.

재건축 사업성의 가장 중요한 지표는 대지지분과 용적률인데, 월계시영은 저층 아파트가 많아 대지지분이 높은 편이다. 통상 재건축 전 용적률이 180% 미만이면 사업성이 있다고 보는데 월계시영 현재 용적률은 평균 131%다.

제3종일반주거지역이라 재건축 후 용적률은 최대 300%까지도 기대해볼 수 있다. 재건축 후 1만가구에 육박하는 초대형 단지가 될 수 있는 조건을 갖춘 셈이다.

일례로 월계시영에서 면적이 가장 넓은 삼호3차 전용 59㎡의 대지지분은 56.75㎡다. 재건축 후 용적률 상향 등을 고려하면 비교적 적은 분담금으로 전용 84㎡ 입주권도 받을 수 있는 수준이다.

대지지분을 떠나서 얘기하더라도 월계시영은 입지 경쟁력도 괜찮다. 단지에서 1호선 광

운대역까지 걸어서 10분이면 닿는다. 인근에 최고 49층 규모 주상복합 건물을 짓는 광운대 역세권 개발 사업도 진행되는 등 인근 정비 사업이 마무리되면 주거 여건이 개선될 것이라는 기대도 나온다.

여기에 광운대역에는 수도권 광역급행철도(GTX) C노선 사업이 2028년 개통을 목표로 추진되고 있고 동부간선도로 지하화 사업이 진행되는 등 개발 호재가 많다. 특히 경기 양주시 덕정~수원시를 잇는 GTX C노선이 완공되면 월계동에서 서울 강남구 삼성동까지 약 8분이면 도달할 수 있을 전망이다. 물론 재건축 절차상 앞으로 월계시영 역시 상당한 시일이 걸리겠지만 GTX C노선이 개통하는 등 호재가 많기 때문에 경쟁력이 있고, 안전진단을 통과했다는 점에서 이제 본격적인 첫발을 뗀 셈이다.

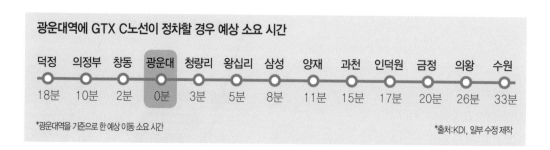

광운대역에 GTX C노선이 정차할 경우 예상 소요 시간

덕정	의정부	창동	광운대	청량리	왕십리	삼성	양재	과천	인덕원	금정	의왕	수원
18분	10분	2분	0분	3분	5분	8분	11분	15분	17분	20분	26분	33분

*광운대역을 기준으로 한 예상 이동 소요 시간   *출처:KDI, 일부 수정 제작

중랑천 따라 노원구 재건축 물꼬
삼호4차 이어 하계·공릉동도 도전

한편, 미미삼 월계시영 재건축이 본격화하면서 중랑천과 1·7호선을 중심으로 한 노원구 정비사업에도 속도가 붙을 거라는 기대가 커졌다.

앞서 2023년 5월 삼호4차아파트도 정밀안전진단을 E등급으로 통과해 재건축이 확정됐다.

정밀안전진단 자체는 월계시영보다 먼저 통과했지만, 삼호4차는 910가구로 이뤄져 단지가 큰 편은 아니다. 그러나 강북 최대 재건축 단지인 월계시영이 재건축을 확정 지으면서 비슷한 시기에 사업 탄력을 받을 수 있게 됐다. 또 월계시영과 마찬가지로 광운대역에 GTX C노선이 지날 예정이라는 점, 왕십리에서 상계동을 잇는 동북선 월계역도 개통을 앞두고 있다는 점에서 긍

정적 평가를 받고 있다.

행정구역상 월계동은 아니지만 가까운 하계역 일대에서도 극동·건영·벽산(1980가구)과 통합 재건축을 추진 중인 한신·청구(1860가구)가 예비안전진단을 통과한 뒤 정밀안전진단을 준비 중이다. 청솔(1192가구)도 예비안전진단을 통과한 상태다.

하계역과 가까운 현대우성(1320가구, 1988년 준공)의 경우 2023년 노원구로부터 7월 정밀안전진단 E등급(42.96점)을 받았다. 현대우성은 2020년 예비안전진단을 통과했다가 탈락한 후 2021년 다시 신청해 두 번 만에 적합 판정을 받았다. 전체 가구 수가 전용 71~127㎡로 노원구 아파트치고 소형 평

월계시영 동·전용면적별 대지지분
(단위:가구, %, ㎡)

단지	총 가구 수	용적률	동	가구 수	전용면적	대지지분
미성	3930	131	1~9동	500	33	41.7
			10~16동	1120	50	46.87
미륭			17~23동	1050	51	48.13
삼호3차			24~32동	1260	59	55.365

*자료:서울부동산정보광장, 네이버부동산 등

서울 노원구 월계동 시영아파트는 일명 '미미삼(미성·미륭·삼호3차)'으로 불리는 3개 단지를 합쳐 3900가구가 넘는 대단지다. GTX C노선과 동북선이 인근 광운대역과 월계역을 각각 통과할 것으로 알려져 기대를 모은다.

수가 상대적으로 적고 임대 가구가 없는 것이 특징이다. 현대우성은 제3종일반주거지역에서 준주거지역으로의 용도 변경도 함께 추진 중이다. 준주거지역으로 바뀌면 용적률과 층수 규제가 완화돼 사업성을 높일 수 있어서다. 현대우성아파트는 50층 초고층 재건축을 추진하겠다고 선언하기도 했다. 노원 일대에서의 초고층 추진 첫 사례다.

길 건너 장미6단지(하계장미·1880가구)는 2023년 초 정밀안전진단을 최종 통과했다. 장미6단지는 이미 제3종일반주거지역이라 향후 용적률 300%가 적용될 경우 대규모 아파트 단지로 탈바꿈될 수 있을 것으로 기대를 모은다.

공릉동 태릉우성(432가구)은 정밀안전진단 '재수'에 성공하면서 재건축이 확정됐다. 안전진단을 E등급으로 최종 통과한 것이다. 태릉우성은 안전진단 기준이 완화되기 전인 2020년 정밀안전진단에서 48.98점으로 D등급을 받은 바 있다. 이후 적정성 검토에서 10점 이상이 오르면서 60.07점으로 C등급을 받아 고배를 마셨다. 하지만 주민들이 뜻을 모아 정밀안전진단에 재도전했고, 그사이 구조 안전성 비중이 50%에서 30%로 하향되는 등 기준이 완화된 덕분에 안전진단을 통과할 수 있었다.

방학·쌍문·창동 중심으로 '콧노래'

'재건축 연한' 도봉구에만 35개 단지 3만가구
방학 신동아1단지·창동 상아1차, 신탁 방식 추진
창동주공 중에는 18단지가 '1호 사업지' 선정

도봉구는 서울 북쪽 끝자락에 위치해 '변두리 동네' 이미지가 강했다. 하지만 의정부, 양주 등 수도권 동북부 지역 실수요자 입장에서는 서울로 들어가는 관문 도시 격이다. 하지만 재건축 연한(30년)이 지났거나 곧 30년이 되는 단지가 35곳, 약 3만가구에 이를 정도로 서울 25개 자치구 중에서 노후 주택이 다섯 번째로 많은 곳이기도 하다.

이에 도봉구에서는 재건축을 추진해보려는 움직임이 생기기 시작했다. 2023년 초 안전진단 규제가 완화된 이후 재건축이 확정된 단지만 4곳이고, 이들 단지를 포함해 도봉구에서만 총 17개 단지가 재건축 사업을 진행 중이다(2023년 8월 말 기준). 행정동별로는 쌍문동 2개, 방학동 2개, 창동 11개, 도봉동 2개 단지가 진행 중이다. 단지별로 사업성이 조금씩 다르지만 모두 14~15층 규모 중층 단지라는 점에서 비슷한 숙제를 안고 있다. 재건축 이후에는 수도권 동북부 주거 수요 유입이 이뤄질지도 관심 대목이다.

가장 먼저 재건축 사업을 확정한 단지는 1986년에 준공한 방학동 신동아1단지(3169가구)다. 도봉구에서는 가장 가구 규모가 크지만 아파트 노후화, 주차 공간 부족 문제가 심해 주민의 재건축 열망이 높았다. 2021년 전문가들의 현지조사가 실시됐으며 정밀안전진단에서 재건축이 바로 가능한 E등급을 받았다. 신동아1단지 재건축추진준비위원회는 재건축 시행자를 선정해 신탁 방식 재건축을 추진할 계획이다.

다음으로 창동 상아1차, 쌍문동 한양1차(824가구)가 잇따라 정밀안전진단을 통과했

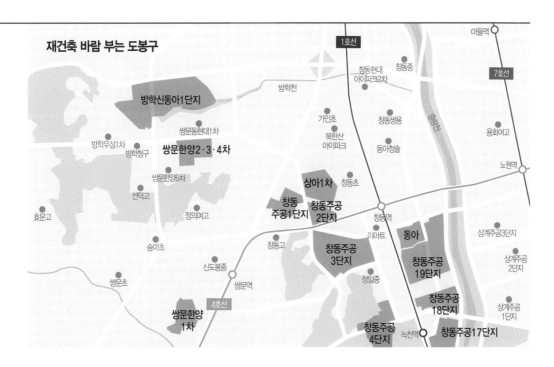

재건축 바람 부는 도봉구

다. 창동 상아1차는 2023년 3월 도봉구로부터 안전진단 적정성 검토 불필요 결정을 받아 최종 안전진단 통과를 통보받았다. 도봉구 내 방학동 신동아1단지에 이어 두 번째다. 상아1차는 신탁 방식 재건축 사업을 본격적으로 추진하기로 했다. 2023년 2월 경쟁입찰을 통해 우선협상대상 신탁사로 KB부동산신탁을 선정한 뒤 재건축 사업 업무협약을 맺어둔 상태다. 상아1차 추진위와 KB부동산신탁은 정비구역 지정을 위한 협의를 진행하며, 서울시의 신속통합기획에 참여하기 위해 주민 동의서를 걷는다.

824가구 규모 쌍문동 한양1차는 주요 협력업체 선정 절차를 진행 중이다. 4호선 쌍문역이 가깝고 남쪽으로는 우이천이 흐르는 대지 4만1244.6㎡에 1150가구를 신축한다는 것

이 재건축추진준비위원회의 구상이다.

가장 최근인 2023년 8월에는 창동주공18단지가 재건축 안전진단을 최종 통과하며 본격적인 재건축 절차에 나선다. 1988년 준공된 창동주공18단지는 13개동, 910가구 규모의 작지 않은 단지다. 용적률은 138%로 상대적으로 낮은 편이다. 2021년 4월에 예비안전진단을 통과한 이후 이번에 재건축을 최종 확정했다. 창동주공은 1~4단지와 17~19단지 총 7개 단지로 이뤄져 있다. 7개 단지 모두 예비안전진단은 통과했지만 정밀안전진단까지 통과한 것은 18단지가 처음이다.

2023년 들어서만 4개 단지가 잇따라 안전진단 문턱을 넘으면서 재건축에 대한 주민 관심도 뜨거워졌다. 도봉구가 2023년 5월 정비사업 관련 용어나 추진 절차, 지역 현황을 주

민들이 상세하게 파악할 수 있도록 '정비사업 설명회'를 열었는데, 이날 열린 설명회에 주민 800여명이 몰렸다. 도봉구는 도봉구대로 정비사업에 관한 내용을 총망라한 안내 책자를 2000부 발간해 2023년 8월 주민들에게 배포할 정도로 재건축·재개발에 적극적이다.

창동주공 7곳 예비안전진단 이상
18단지는 정밀안전진단까지 통과
용적률 낮은 18단지 사업성 '으뜸'

최근 재건축 추진 움직임이 가장 활발한 곳은 창동이다. 단지별 설명회가 경쟁적으로 열리고 있어서다. 정부가 재건축 관련 규제를 완화해줄 때 사업을 진척시켜두려는 의도도 있지만, 재건축 특성상 비슷한 시기에 한꺼번에 사업을 추진하기 쉽지 않은 만큼 다른 단지에 순서가 밀리지 않도록 하려는 것이다.

창동동아(600가구)는 2023년 4월 소유주를 대상으로 재건축 주민설명회를 열었다. 동아는 2021년 예비안전진단을 통과했다. 재건축 사업의 첫 관문인 예비안전진단을 통과하면 정밀안전진단과 국토교통부 산하 공공기관의 적정성 검토를 거쳐 재건축 여부가 최종 확정된다. 동아는 주민설명회에서 재건축준비위원회를 출범시키고 이후 정밀안전진단을 위한 비용 모금 방법 등을 논의했다. 동아는 중층 아파트치고 규모가 크진 않지만 1·4호선 창동역을 단지 바로 앞에 끼고 있어 입지가 좋

도봉구 주요 재건축 추진 단지			(단위:가구, %, ㎡)
단지명	가구 수	용적률	가구당 평균 대지지분
방학신동아1단지	3169	201	40.92
창동상아1차	694	262	33.99
쌍문한양1차	824	172	50.16
도봉삼환	660	226	42.9
쌍문한양2·3·4차	1635	256	28.05
창동동아	600	212	51.15
창동주공1단지	808	167	40.92
창동주공2단지	750	203	30.03
창동주공3단지	2856	175	43.89
창동주공4단지	1710	151	33.99
창동주공17단지	1980	191	27.06
창동주공18단지	910	138	43.89
창동주공19단지	1764	164	54.12

*자료:도봉구청, 다원중개

은 단지로 평가받는다.

같은 달 말에는 창동주공4단지(1710가구)가 재건축 주민설명회를 열었다. 4단지 역시 정밀안전진단 모금을 독려하기 위해 설명회를 연 것으로 알려졌다. 4단지는 2022년 3월 창동의 주공아파트 7개 단지 가운데 마지막으로 예비안전진단을 통과했다.

창동주공은 1~4단지와 17~19단지 7개 단지를 합쳐 총 1만778가구에 달한다. 이 중 18·19단지가 2022년 4월 창동주공 중에는 가장 먼저 예비안전진단을 통과했고(이후 18단지는 정밀안전진단까지 통과했다.) 이어 같

아파트 외벽에 안전진단을 최종 통과해 재건축이 확정됐다는 문구가 적혀 있는 서울 도봉구 창동 상아1차.

은 해 6월 17단지가, 7월에는 2단지가 예비안전진단을 통과했다. 1단지와 3단지도 같은 해 11월, 12월 각각 예비안전진단 문턱을 넘었다. 7개 단지의 용적률은 138~203%로 제각각인데, 18단지는 용적률이 138%로 가장 낮고 대지지분이 높다.

이외에 창동에서는 삼환(660가구)이 2020년 일찍이 적정성 검토(2차 정밀안전진단)까지 모두 통과해 재건축을 확정 지어둔 상태다. 쌍문동에서는 쌍문한양2·3·4차(1635가구)가 예비안전진단을 통과했다. 다만 쌍문한양2·3·4차는 쌍문한양1차에 비해 사업성이 낮다. 전체 가구 수가 1600가구를 훌쩍 넘기는 데다 가구당 대지지분(28.05㎡)은 10평이 채 안 되고, 용적률은 256%나 되기 때문이다.

논란의 GTX C노선, 지하화 확정 삼성역까지 14분 만에 이동 가능할 것

도봉구 내 노후 아파트들이 잇따라 재건축 사업을 추진하자 그간 노후 주거지, 서울 변두리 이미지가 강했던 도봉구도 새 아파트촌으로 탈바꿈할 거라는 기대가 커졌다. 1·4호선 창동역을 중심으로 1호선, 4호선, 우이신설선(솔밭공원역)이 두루 지나 대중교통 여건이 나쁘지 않은 데다 KTX 연장 사업, 서울최대 음악 공연장 서울 아레나 건립, 창동역 초역세권 복합환승센터 건립 등 개발 호재가 풍부한 지역으로 평가받는다.

가장 큰 개발 호재는 최근 수도권 광역급행철도(GTX) C노선 도봉산역~창동역 구간 지하화가 결정된 점이다. 당초 이 구간 민간 사업자가 지상 건설을 제안하고 국토부가 수용하면서 주민 반발이 컸다. 이후 감사원 공익감사와 한국개발연구원(KDI) 적격성 조사를 거치고 나서야 다시 지하화하는 것으로 결론이 났다. GTX C노선이 개통하면 창동역에서 삼성역까지 14분이면 이동 가능해진다. 지금은 지하철로 이동하려면 1~3번 환승해야 하고 이동 시간도 50분이 넘는다.

미디어시티역 낀 'DMC한양'

가재울 뒷전? 알고 보면 트리플 역세권
5만가구 가재울뉴타운 생활권 이용 가능
가구당 평균 대지지분 14평대 'Not Bad'

서울 서대문구 북가좌동 DMC한양아파트(옛 연희한양)는 디지털미디어시티역 1번 출구를 나와 불광천을 건너 수색로, 응암로를 따라 걷다 보면 눈에 띄는 15층짜리 노후 아파트 단지다. 2023년 2월 정밀안전진단을 통과해 서대문구에서 재건축을 추진하는 첫 아파트 단지가 됐다.*

1987년 8월 준공한 DMC한양아파트는 13~15층짜리 아파트 6개동에 총 660가구가 입주한 단지다. 주택형은 전용 55~116㎡로 이뤄졌다. 가재울뉴타운 내 아파트 중 가장 오래된 단지로 입주 후 1990년대 초반까지는 1억5000만~1억7400만원에 거래되고는 했다. 2009년부터는 재개발을 마치고 입주한 인근 신축 단지들에 묻혀 상대적으로 관심을 덜 받았지만 입지만 놓고 보자면 가재울

뉴타운보다도 좋은 곳으로 꼽힌다.

DMC한양은 약 5만명이 거주하는 가재울뉴타운과 사실상 같은 생활권으로 묶이면서 서쪽으로는 불광천이 흐르며 아래로는 경의선 철길이 자리한다. 지하철 6호선·공항철도·경의중앙선 3개 노선이 지나는 디지털미디어시티역이 걸어서 5분 거리에 위치해 있다. 인근 상암동이나 은평뉴타운과 비교해 도심 접근성이 좋다는 점도 강점이다. 버스를 이용해 광화문 등 도심으로 가는 교통이 편리하다. 디지털미디어시티역 일대는 롯데복합쇼핑몰 건설, 코레일 부지 개발 사업 등을 통해 복합상업단지로 탈바꿈할 예정이다. 아울러 단지는 이마트, 홈플러스, 농협하나로마트, 동신병원, 세브란스병원 등 편의시설 이용이 편리하다.

DMC한양은 신탁 방식으로 재건축 사업을 추진 중이다. 2023년 6월 DMC한양아파트 재건축추진준비위원회가 한국토지신탁과 재건축 신탁 업무협약(MOU)을 체결했다.

그렇다면 DMC한양아파트 재건축 사업성은 어느 정도 기대해볼 수 있을까.

DMC한양은 전용 55·65·84·105·116㎡ 5가지 평형으로 구성돼 있다. 용적률은 223%로 높은 편이지만 대형 면적 가구가 많아 가구당 평균 대지지분이 14평대(46.86㎡)로 높다. 전용 84㎡(옛 34평) 대지지분이 45.86㎡(13.87평)고 가장 큰 평형인 전용 116㎡(옛 41평) 대지지분은 55.4㎡(16.76평)에 달한다. 순수하게 가구당 대지지분만 놓고 보면 인근 마포구 성산시영(3710가구)에 못잖다.

물론 이제 막 안전진단을 통과한 수준이고, 아직은 재건축 조합이 꾸려지기도 전이라 재건축 사업성을 정확히 가늠하기는 어렵다. 다만 대지 3만723㎡에 제2종일반주거지역, 제3종일반주거지역이 섞여 있다는 점 등을 고려하면 같은 평형으로 이동 시 추가 분담금은 각오해야 한다. 정부의 규제 완화 기조에 힘입어 용적률을 300%까지 늘려 받아 사업성을 늘리는 게 관건이 될 것으로 보인다.

DMC한양아파트의 경우 인근 단지인 DMC래미안e편한세상(2012년 입주)과 시세를 견줘보는 것이 좋다. 2023년 8월 전용 84㎡가 11억5000만원(35층), 11억6000만원(19층)에 각각 거래된 바 있다. 부동산 호황기에는 구축인 DMC한양 전용 84㎡도 10억~11억원대에 호가가 형성된 적이 있는데, 언제고 재건축 사업을 마치고 입주하는 시점에는 일대 새 아파트로 주목받을 것으로 기대된다.

---

*DMC한양 인근에는 아파트 1970가구를 새로 짓는 북가좌6구역과 조합설립인가를 받아둔 가재울7구역이 정비사업을 추진 중인데 이 중 단독주택인 북가좌6구역은 재개발 아닌 재건축 사업지다. 2021년 DL이앤씨를 시공사로 선정한 바 있다.

온수역 천지개벽 대흥·성원·동진

1·7호선에 신구로선까지 '트리플 역세권'
741가구 → 1148가구로…일반분양 물량 넉넉
3층짜리 연립이라 용적률 낮은 게 특장점

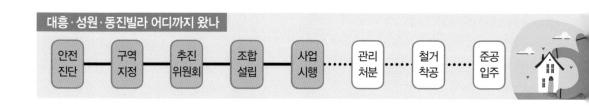

대흥·성원·동진빌라 어디까지 왔나

안전진단 — 구역지정 — 추진위원회 — 조합설립 — 사업시행 …… 관리처분 …… 철거착공 …… 준공입주

서울 구로구 온수동은 사람이 북적이는 도심과 달리 조용한 동네다. 전통적으로 공장이 많고 재건축 연한을 훌쩍 넘긴 단지가 밀집해 구로구에서도 낙후 지역으로 꼽힌다. 하지만 지하철 1·7호선 온수역을 이용하면 도심과 강남 접근성이 좋은 편이다. 부천 경계와 맞닿아 있어 상대적으로 저렴한 가격에 서울 진입을 노리는 내집마련 실수요자에게는 꾸준히 관심을 받아온 지역이다. 일대는 개발이 덜 된 곳도 많고 대부분 지역이 노후했지만 개발 호재가 꽤 있고, 개발만 이뤄지면 노후

했던 온수동이 쾌적한 주거지로 바뀔 것으로 기대한다.

이 지역에서는 그동안 대흥빌라(244가구), 성원빌라(251가구), 동진빌라(246가구)가 소리 소문 없이 통합 재건축을 추진해왔다. 온수역 4번 출구를 나와 골목 사이로 걷다 보면 보이는 빨간 벽돌로 지어진 3층짜리 노후 연립주택 단지들이다. 오랜 기간 공업 지역 이미지에 가려 빛을 보지 못했던 동네가 새 아파트 단지로 탈바꿈할 채비 중이다.

1985~1988년 준공한 대흥·성원·동진빌

온수동 대흥 · 성원 · 동진

후 통합 재건축 단지는 2018년 사업시행인가를 받았다. 이듬해인 2019년에는 HDC현대산업개발을 시공사로 선정했다.

사업시행 변경 통해 가구 수 늘려 부천 'e편한세상온수역'보다 나아

2022년 말에는 재건축 규모를 기존보다 확대해 1148가구로 확정했다. 2022년 12월 서울시는 제13차 도시계획위원회를 개최하고 '온수역 일대 지구단위계획 변경과 대흥·성원·동진빌라 재건축 정비계획 및 정비구역 변경 지정(안)'을 수정 가결했다. 그 결과 기존 계획(총 988가구)에서 총 1148가구(공공주택 81가구 포함)로 늘리는 내용의 정비계획 변경을 추진했다. 전용면적별로 ▲50㎡ 이하 140가구 ▲50~60㎡ 283가구 ▲60~85㎡ 677가구 ▲85㎡ 초과 49가구를 짓는다는 계획이다.

이렇게 재건축 팔부 능선을 넘은 대흥·성원·동진빌라 재건축 사업은 나름 수월하게 진행된 것으로 평가받는다. 재건축 조합 설립을 위한 동의서 징구 당시 주택 소유주 94.38%가 동의했을 정도로 재건축 열망이 높았던 덕분이다. 주택이 노후하기는 했지만 사업성이 훌륭하고 교통 입지가 좋아 재건축 후 가치를 재평가받을 거라는 기대도 높다.

이들 단지에서 가장 최근에 이뤄진 매매 거래는 2023년 8월 7일 4억9700만원에 계약

라는 세 단지를 합쳐 현재 741가구 규모다. 대지면적(5만5926㎡)이 넓은 데 비해 세 단지 모두 3층짜리로 지어진 연립주택이라 용적률(79~88%)이 두 자릿수로 낮다. 용적률이 낮을수록 재건축 사업성이 높다고 할 수 있다.

평형 구성은 조금씩 다르지만 세 단지가 비슷한 시기에 지어진 데다 단지 규모, 용적률, 대지면적, 단위면적당 대지지분 등 여러 건축 요건이 비슷한 덕분에 통합 재건축을 진행하기에도 편리한 조건을 갖췄다.

대흥·성원·동진빌라는 2008년 정비구역으로 지정된 이후 같은 해 재건축추진위원회 승인을 받았다. 추진위 승인 직후 글로벌 금융위기를 겪은 탓에 재건축 사업이 중단되는 듯했지만 이후 부동산 경기가 풀리면서 2016년 조합설립인가를 받아내는 데 성공했다. 이

서를 쓴 동진빌라 전용 42.44㎡, 그보다 이틀 전 6억7500만원에 계약서를 쓴 성원빌라 전용 81.96㎡다. 행정구역상 부천이지만 이웃 단지인 괴안동 e편한세상온수역에서는 2023년 6월 전용 84㎡가 8억3000만원에 실거래된 점을 고려하면 입지가 더 좋은 대흥·성원·동진빌라 시세는 이를 뛰어넘을 가능성이 높다.

신구로선 들어오고 GTX 가깝고 노후했던 온수역 일대 개발 호재도

교통 입지가 좋은 것도 장점이다. 대흥·성원·동진빌라는 단지 바로 옆에 온수역을 끼고 있다. 온수역은 1호선과 7호선이 지나는 '더블 역세권'으로 강남과 도심으로 접근성이 좋아 출퇴근이 편리하다. 가산디지털단지로 출퇴근하는 직장인에게도 선호도가 높은 위치다. 여의도와 구로디지털단지 등 지역으로도 30분 내로 도착할 수 있어 직주근접도 우수하다.

또 온수동은 신구로선과 수도권 광역급행철도(GTX) B노선 수혜지로도 꼽힌다. GTX B노선의 경우 7호선 부천종합운동장역이나 1호선 신도림역에서 환승하면 쉽게 이용할 수 있다. 신도림과 여의도, 용산, 서울역 등 도심 접근성이 한층 더 개선될 전망이다. GTX B노선은 2027년 개통 예정이다.

이외에 시흥 대야에서 서울 목동까지 잇는

대흥·성원·동진빌라 개요		(단위:가구, %, ㎡)	
구분	대흥	성원	동진
준공연도	1985년	1985년	1988년
가구 수	246	251	246
용적률	87	79	88
가구당 평균 대지지분	63.03	78.87	64.02

*자료:서울부동산정보광장, 다원중개 등

신구로선도 국토교통부가 2021년 6월 '제4차 국가 철도망 구축 계획'에 반영한 바 있다. 신구로선은 온수역, 2호선 환승이 가능한 양천구청역, 5호선 환승이 가능한 목동역까지 운행될 예정이다. 신구로선이 개통하면 시흥에서 목동까지 이동 시간이 45분에서 15분으로 대폭 단축된다. 2030년 완공을 목표로 사업이 진행 중이다.

온수동 일대 개발 호재도 풍부하다. 온수동은 특별계획가능구역으로 지정돼 온수역을 중심으로 역세권 개발 사업이 진행된다.

오류동 화창기공 부지(9600㎡)와 동부제강 일대(9만7100㎡)를 활용해 노후 산업시설 부지를 탈바꿈한다. 특히 요충지 역할을 맡은 서울 럭비장 부지에는 5만4000㎡ 규모 공동주택 복합 단지가 들어선다. 총 5000가구가 넘는 대규모 주거 단지와 상업시설, 업무시설, 오피스텔 등이 조성된다. 해당 사업은 최근 인수가 마무리되면서 사업에 속도가 붙을 것으로 보인다.

서해종합건설은 2023년 3월 럭비 경기장

통합 재건축을 진행 중인 서울 구로구 온수동 '대흥·성원·동진빌라' 중 대흥빌라 단지 내부 모습.

부지 등 현송교육문화재단 보유 부동산을 5510억원에 인수한 뒤로 부지 개발에 속도를 내고 있다.

럭비 전용 경기장 부지에는 주거시설 약 2000가구와 공원, 공공생활체육시설, 노인여가복지시설 등을 조성한다는 구상이다. 이 프로젝트가 마무리되면 차량과 보행 동선이 구분된 온수역 광장이 마련되고 전철 노선으로 인해 분리된 상태인 온수역 남·북 생활권을 잇는 보행통로가 뚫리게 된다.

대흥·성원·동진빌라에 단점이 있다면 온수변전소 지하화 문제다. 동진빌라 북쪽에 변전소가 있고 단지 내 철탑 위로 고압선이 지난다.

그동안 조합이 건축계획 변경을 추진해온 이유기도 하다. 조합은 한국전력에 지상 철탑을 지하화하고 지상에 공원을 설치해줄 것을 요구했는데, 한전이 이를 수용하지 않았고 결국 조합이 지하화 공사비용을 부담하는 것으로 가닥이 잡혔다. 비용을 부담하는 대신 조합은 가구 수를 조금이나마 늘릴 수 있게 된 것으로 분석된다.

"우리도 한강변" 가양동 미래는?

9호선 일대 2·3·6·9-2단지 재건축 추진 중
'층수 완화' 기대에 리모델링 → 재건축 선회
한강변·9호선 '강점' 용적률 확보가 '관건'

서울 강서구 가양동은 마곡, 여의도로 출퇴근하려고 입주한 신혼부부나 청년층이 꾸준히 관심을 갖고 지켜보는 지역이다. 최근 집값이 주춤했어도 지난 몇 년으로 치면 꽤 많이 올랐는데 아직도 저평가돼 있다는 인식이 크다. 마침 재건축을 추진할 수 있겠다는 기대감이 생기면서 길게 보고 투자하려는 움직임도 감지된다. 단지 곳곳에는 예비안전진단 동의서 모집을 안내하는 현수막이 걸려 있었고, 공인중개업소에는 '동의서 모집 장소'라는 문구가 내걸려 있었다.

재건축 관련 규제가 속속 완화되자 서울 강서구 가양동 일대 구축 단지들이 기존 리모델링 사업 추진을 철회하고 재건축으로 방향을 틀고 있다. 가양동 일대 아파트는 한강변에 위치한 9호선 역세권이라는 장점이 있지만, 대부분 소형 평형으로 구성된 데다 중층 단지여서 추가 용적률 확보가 사업의 최대 관건으로 떠오를 전망이다.

가양동 일대는 1992년부터 진행된 가양택지지구 건설 사업의 일환으로 2단지부터 9단지(9-1·9-2단지)까지 대단지 아파트가 들

가양동 한강변 재건축 추진 단지

(단위:가구, %, ㎡)

구분	준공연월	가구 수	현재 용적률	가구당 평균 대지지분
가양2단지성지	1992년 11월	1624	195	29.04
강변3단지	1992년 12월	1556	212	27.06
가양6단지	1992년 11월	1476	192	33.99
가양9단지(9-2)	1993년 2월	1005	196	29.04

*자료:다원중개

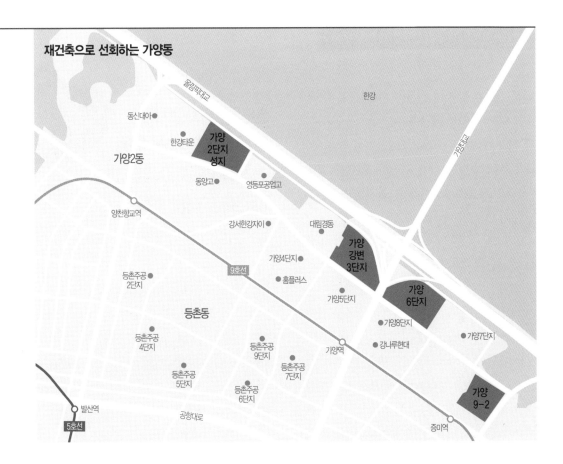

재건축으로 선회하는 가양동

어섰다.

9개 단지 가운데 4·5·7·8·9-1단지는 임대 아파트고, 최근 재건축 사업 움직임이 있는 곳은 분양 아파트인 2·3·6·9-2단지다. 가장 늦게 지어진 9-2단지(1993년 2월 준공)를 포함해 2·3·6단지(1992년 준공) 모두 재건축 가능 연한(30년)을 넘겼다. 입지별로 차이는 있지만 단지 모두 지하철 9호선 역세권인 데다 한강변에 위치해 가양동에서도 입지가 좋은 것으로 평가된다.

일대에서는 9호선 급행열차가 지나는 가양역 역세권 3단지와 6단지 아파트가 대장 단지로 꼽힌다.

하지만 나쁘지 않은 입지임에도 그동안 재건축은 그림의 떡이나 마찬가지였다. 단지가 모두 중층 아파트인 데다 용적률이 높은 점이 문제였다. 현재 가양동 재건축 추진 단지들의 용적률은 ▲가양2단지성지 195% ▲강변3단지 212% ▲가양6단지 192% ▲가양9-2단지 196%다.

게다가 10~20평대 소형 평형으로 구성돼 있다 보니 가구당 평균 대지지분이 적은 편이다. 가구당 평균 대지지분이 15평 이상이면 기존 물량에서 15~20% 정도 신규 물량이 나올 것으로 추정돼 그나마 사업성을 기대해 보겠지만, 가양동 재건축 추진 단지들의 가구당 평균 대지지분은 ▲가양2단지성지 29.04㎡(8.8평) ▲강변3단지 27.06㎡(8.2평) ▲가양6단지 33.99㎡(10.3평) ▲가양9-2단지 29.04㎡(8.8평)에 그친다.

재건축을 추진하는 단지치고는 크게 유리한 구석이 없는 편이라 한때 리모델링 정도만 추진하려는 움직임도 있었다. 하지만 최근 정부가 재건축 규제를 하나둘씩 풀어주면서 가양동 단지들도 재건축으로 사업 방향을 바꿨다.

강변3단지가 가장 발 빠르게 움직였다. 총 1556가구 규모 강변3단지는 모든 예비안전진단 항목을 D등급으로 통과하고 정밀안전진단을 위한 준비를 진행 중이다. 당초 리모델링을 추진했지만 정부의 재건축 규제 완화 움직임에 소유주들이 재건축으로 선회했다. 강변3단지 재건축추진준비위는 정밀안전진단을 위한 동의서를 받으면서 관련 정책 추이에 따라 재건축 추진 속도를 결정할 것으로 보인다. 1476가구 규모 가양6단지도 예비안전진단을 통과했다.

3·6단지는 가양대교 남단에 위치했으며 한강변을 끼고 있다. 올림픽대교가 가깝고 가양대교를 통해 강변북로와 내부순환도로로 연결돼 서울 강남과 강북 주요 도심으로 쉽게 접근할 수 있다. 두 단지 모두 지하철 9호선 급행 가양역 역세권 단지다. 마곡이나 여의

한강변 위치했지만 소형 평형만 있어 약점 용적률 인센티브 없으면 재건축 어려울 수도

도, 강남 등 업무지구로 이동하기 수월하다.

특히 가양역에는 향후 부천대장지구와 서울 홍대입구를 연결하는 '대장홍대선'도 지날 예정이다. 대장홍대선이 예정대로 2031년 개통하면 디지털미디어시티, 홍대입구, 부천으로 이동하기도 수월해진다.

이외에도 1624가구 규모 가양2단지(가양2단지성지)는 예비안전진단 통과를 앞두고 있다. 재건축 추진 단지 중에는 9호선 지하철역(양천향교역)과 가장 멀리 떨어졌지만 단지 북쪽으로 올림픽대로가 지나고 한강 영구 조망권도 확보했다. 9호선 증미역과 가까운 1005가구 규모 9-2단지는 앞의 단지들에 비해 사업 속도가 빠르지는 않은 편이다.

'35층 룰' 폐지는 호재 맞지만 용적률 완화 없인 사업 기대 어려워

아직 정밀안전진단도 통과하지 못한 사업 초기 단계지만 가양동 일대 재건축 추진 단지들이 믿는 구석은 있다.

최근 재건축을 위한 예비안전진단 실사를 마치고 결과를 기다리고 있는 서울 강서구 가양6단지의 모습.

서울시는 서울 모든 지역 한강변 아파트에 적용해오던 '35층 층수 규제'를 폐지하는 내용을 담은 '2040 서울도시기본계획(2040 서울플랜)'을 2023년 초 확정·공고한 바 있다. 한강변 단지여도 초고층 단지로 재건축할 수 있다는 기대감이 생겼다.

여기에 최근에는 서울주택도시공사(SH)가 서울 노후 아파트 단지 34곳 4만가구를 10만가구 이상으로 재건축하겠다는 계획을 내놓으면서 기대감은 더욱 높아진 상황이다. SH와 서울시는 경관이나 조망, 한강 접근성 등을 충족할 경우 임대 아파트도 50층 이상 아파트로 재건축할 수 있다는 입장이다. 실제로 오세훈 서울시장은 하계5단지를 타워팰리스처럼 서울형 고품질 임대 주택 1호로 조

성하겠다고 밝히면서 용적률을 93.11%에서 435%까지 상향한 바 있다.

만약 임대 아파트인 가양4·5·8·9단지에 같은 내용이 적용되면 가양동 한강변에도 초고층 아파트를 지을 수 있게 된다. 같은 동네 민간 단지들은 이를 두고 재건축에 유리한 환경이 조성됐다고 보는 분위기다. 임대 아파트를 50층짜리 아파트로 지을 수 있으면, 같은 지역 민간 아파트도 비슷한 용적률 조건을 적용받을 수 있다는 기대 때문이다.

다만 반대로 높은 용적률을 적용받지 못할 경우에는 얘기가 전혀 달라진다. 가양동 일대 재건축 추진 단지들이 용적률을 충분하게 받지 못할 경우 신규 분양 물량이 줄어들 테니 재건축 사업 논의 자체가 어렵다는 얘기다.

3부

새 아파트를 얻는
또 다른 방법

기다리기 **힘들어요**

재건축은 길게 보고 투자한다면 당연히 사업 초기 단계부터 선점하는 게
수익률이 가장 높겠지만 10~20년간 돈 묶일 각오는 해야 한다.
머리 아픈 과정 없이 빠른 시일 내에 새 아파트에 입주하고 싶다면 청약에 도전
하거나 분양권 또는 입주권을 매입하는 것도 방법이다.
특히 '분양권' '입주권'은 그 차이를 정확히 모르는 사람이 의외로 많다.
어느 쪽을 택하느냐에 따라 등기 시기, 초기 투자비, 과세 등이
달라지기 때문에 개념과 차이를 정확히 알아둬야 한다.

분양권 살까? 입주권 살까?

청약은 리스크 적지만 당첨 확률 '바늘구멍'
분양권은 초기 투자비 낮지만 총 금액 따져야
입주권은 층·향·동 좋지만 사업 지연 가능성

새 아파트를 분양받는 방식은 크게 두 가지로 나눌 수 있다. 청약에 당첨된 아파트 분양권을 취득하는 경우가 있고, 정비사업(재건축·재개발) 사업지의 주택이나 조합원 권리를 사들여 입주권을 취득하는 방식이 있다.

둘 다 새 아파트에 들어갈 수 있는 권리라는 점에선 비슷하지만, 엄연히 다른 개념인 데다 취득세와 양도세 등이 다르게 적용돼 투자 계획이 있다면 나에게 적합한 방식을 살펴보고

취득 시기에 따라 '주택 수' 달라지는 분양권

구분	주택 수 포함 여부	
	취득세 산정 시	양도세 산정 시
2020년 8월 11일 이전	미포함	미포함
2020년 8월 12일 ~12월 31일	포함	미포함
2021년 1월 1일 이후	포함	포함

내집마련 계획을 세우는 것이 좋다.

입주권은 재건축·재개발 사업장 조합원이 새 집에 입주할 수 있는 권리다. 재개발은 토지나 주택 중 하나를 소유하면 조합원 자격이 주어져 입주권을 확보할 수 있지만 재건축은 토지와 건물 소유권을 모두 갖고 있어야 입주권이 주어진다. 이런 입주권은 관리처분인가가 마무리돼야 확정된다. 즉 조합원은 관리처분인가 전까지는 기존 주택의 소유권을 소유한 것이고, 관리처분인가를 받아야 기존 주택 소유권이 '입주할 아파트에 대한 권리'로 바뀌는 것이다.

분양권은 청약을 통해 당첨된 아파트에 입주할 수 있는 권리다. 조합원에게 배정된 물량(대부분 로열층·로열동)을 빼고 남은 물량을 일반에 분양하는데 이때 청약을 통해 당첨

되면 대부분 2~3년 안에 새 아파트에 입주할 수 있다. 다만 분양권을 가졌다고 해서 곧바로 주택 소유권을 확보하는 것은 아니다. 중도금과 잔금을 치르고 소유권이전등기까지 마쳐야 비로소 온전한 내 집이 된다.

취득 방법

청약을 거쳐야 하는 만큼 분양권의 경우 청약통장이 있어야 하고, 지역 등에 따른 자격 요건도 부합해야 한다. 분양가 총액만 놓고 보면 입주권보다 비싼 편이지만 청약 당첨 직후에는 계약에 필요한 계약금(통상 분양가액의 10~20% 수준)만 마련하면 돼 초기 투자금은 적은 편이라고 할 수 있다. 하지만 인기 지역일수록 당첨 확률이 희박하고, 당첨되더라도 원하는 층·동을 확보한다는 보장이 없다.

청약통장이 없는 경우 전매가 가능해진 분양권을 매입하는 방법도 있다. 분양권 매입은 매물만 있다면 내가 입주할 아파트 동·호수를 고를 수 있는 게 장점이지만, 부동산 시장이 상승기거나 인기 지역 매물이면 최초 분양가에 프리미엄(웃돈)을 얹어줘야 하는 경우가 대다수다.

입주권의 경우 청약통장은 필요 없다. 입주권만 있으면 희박한 당첨 확률에 의존할 필요 없이 새 아파트에 입주할 권리가 확보된다. 하지만 초기에 계약금만 필요한 분양권과 달리 조합원 권리가액에 추가 분담금, 웃돈 등 비용이 비교적 많이 투입된다는 단점이 있다.

또 기존 주택 등을 매수하는 방식으로 취득할 수 있어 분양권보다 취득은 쉽지만 공사 기간 아파트와 상가 조합 간 갈등 등 문제가 발생하면 개발이 지연될 우려가 있다.

세금

분양권이냐 입주권이냐에 따라 부과되는 세금도 다르다. 분양권의 경우 취득세는 입주할 때 한 번 부과된다. 또 재산세와 종합부동산세 등 보유세는 잔금 납부가 완료된 뒤, 소유권이 완전히 넘어왔을 때부터 부과된다. 양도소득세는 계약일로부터 1년 미만 보유한 경우에는 양도 차익의 70%, 1년 이상 보유 시 60%의 세율이 적용된다.

반면 입주권의 경우 취득세가 기존 주택이나 토지를 매수할 때와 공사 완료 후 입주할 때 두 번 발생한다. 재산세와 종부세도 당연히 납부해야 하며 양도세는 1년 미만 보유 시 양도 차익의 70%, 1년 이상 2년 미만 보유 시에는 60%, 2년 이상 보유할 경우 기본 세율(6~45%)이 적용된다. 관리처분인가 이후에는 양도세 중과가 없다.

조합원 입주권의 경우 관리처분인가일 기준으로 1가구 1주택 요건을 갖추면 장기보유특별공제를 최대 30% 적용받을 수 있다. 분양권은 장기보유특별공제 대상에 해당되지 않는다.

참고로 정부는 분양권·입주권에 대한 양도세율을 '1년 미만 보유 시 45%, 1년 이상 보유 시 폐지'로 개선하는 안을 추진 중이지만 아직 관련법이 국회를 통과하지 못했다. 다주택자에 대한 양도세 중과 배제안도 상황은 마찬가지다. 시행령 개정으로 2024년 5월까지는 다주택자 양도세 중과가 한시적으로 배제되기는 했지만, 본격적인 세제 개편 작업은 2024년 총선 이후로 미뤄질 것으로 보인다.

주택 수

분양권·입주권은 주택 수 포함 여부에 따라 과세 체계가 복잡해졌기 때문에 사전에 확인할 필요가 있다. 특히 청약이나 대출, 취득

입주권과 분양권의 차이			
구분	입주권		분양권
발생 시기	관리처분인가 이후		청약 당첨 후 계약 시점부터
청약통장	필요 없음		청약 시 필요(분양권 전매할 경우 필요 없음)
장점	로열층·로열동 확보 용이 조합에 따라 확장비 무료, 이주비 대출 등 혜택 있음		초기 투자금이 입주권에 비해 적은 편 분양가 외 추가 분담금 발생 없음
단점	초기 투자 비용이 큼 사업 지연, 추가 분담금 발생 가능성		인기 지역일수록 당첨 어려움 로열층·로열동 가능성 낮음
초기 투자금	권리가액+웃돈		분양가의 10~20%
취득세	총 2회(기존 주택 매수 시 1회 + 준공 후 1회)		계약 시점에는 없으며 완공 후 입주 시점에 소유권이전등기하며 1회
	기존 주택 멸실 전	주택분	
	기존 주택 멸실 후	토지분	
보유세	기존 주택 멸실 전	주택분+토지분에 대한 재산세·종부세	재산세 또는 종합부동산세 해당 없음
	기존 주택 멸실 후	토지분 재산세 납부, 종부세는 완공 시점까지 해당 없음	
양도세율	보유 기간 1년 미만	70%	보유 기간 1년 미만 · 70%
	1년 이상 2년 미만	60%	1년 이상 2년 미만 · 60%
	2년 이상	기본세율(6~45%)	2년 이상 · 60%
전매 제한	해당 없음		수도권 · 공공택지·규제지역 3년, 과밀억제권역 1년, 그 외 지역은 6개월
			비수도권 · 공공택지·규제지역 1년, 광역시·도시지역 6개월
			그 외 · 전매 제한 없음

*2023년 8월 31일 기준

세, 종부세, 양도세 세금마다 주택 수를 계산하는 방식이 제각각이라 주의할 필요가 있다.

사실 분양권이나 입주권은 엄밀히 말해 아직 완전한 주택이 아니다. 특히 분양권은 완공 후 입주 시점까지는 취득세를 내지 않지만, 과거 정부가 다주택자에 대한 규제를 강화하면서 주택 수에 포함시켰다. 향후 주택 취득이 예정돼 있으니 다른 주택을 또 취득할 때는 분양권과 입주권도 주택으로 봐 주택 수에 포함하겠다는 의미다.

그렇다고 모든 분양권·입주권이 주택에 포함되는 것은 또 아니다. 개정된 법 시행일(2020년 8월 12일) 이후 취득한 입주권과 분양권만 주택 수에 포함되고 취득세가 중과된다. 만약 2020년 8월 11일 이전에 매매 계약을 체결했다면 2020년 8월 12일 이후 취득했더라도 주택 수에서 제외된다. 또 미분양 물량을 취득한 경우에는 분양권이라도 주택 수에 포함되지 않지만, 미분양 상태 분양권이라도 잔금을 치른 상태라면 주택 수에 포함된다.

입주권의 경우 원조합원은 관리처분인가일 이후 주택이 멸실된 시점을 취득 시점으로 보고, 다른 조합원의 입주권을 승계한 조합원은 승계취득일을 취득 시점으로 본다. 단, 양도세 비과세나 중과 여부를 따질 땐 주택 수 산정 기준일이 2021년 1월 1일이다. 즉, 2021년 1월 1일 이후 새로 취득한 분양권·입주권을 주택으로 간주해 계산한다고 보면 된다.

전매 제한 풀리는 곳

2023년 4월 초부터 최대 10년에 달했던 수도권 전매 제한은 공공택지·규제지역 3년, 과밀억제권역은 1년, 그 외 지역은 6개월로 완화됐다. 비수도권은 최장 4년에서 공공택지·규제지역은 1년, 광역시·도시지역은 6개월로 줄었다. 그 외 지역은 전매 제한이 폐지됐다.

이 내용만 놓고 보면 당장 2023년 연말부터 분양권 거래가 가능해지는 단지들이 나온다. 재건축 사업지는 아니지만 11월 리버센SK뷰 롯데캐슬(1055가구)의 분양권을 사고팔 수 있게 된다. 12월에는 ▲올림픽파크포레온(1만2032가구) ▲장위자이레디언트(2840가구) ▲강동헤리티지자이(1299가구) 등 대단지 아파트 분양권이 대거 풀린다.

다만 실거주 의무 폐지 내용이 담긴 주택법 일부 개정 법률안이 국회를 통과하지 못하고 있는 상황이다.* 실거주 의무가 폐지되지 않으면 청약 당첨자들은 분양권을 팔더라도 2년을 꼼짝없이 거주해야 하는 상황이 발생한다.

국회에서는 깡통전세와 갭투자 등에 악용될 소지가 있다는 점을 우려하고 있지만 시장에서는 정책 엇박자에 혼란만 가중되고 있다.

*2023년 8월 말 작성 시점 기준

묵혀뒀던 청약통장을 꺼내자

강남권 사업 막바지 재건축 단지 수두룩
일반분양 일정 밀려도 어느 정도는 '가시화'
분상제·추첨제 적용 단지 많으니 미리 체크

물론 재건축 투자는 새 아파트를 확보하는 확실한 전략이지만 문제는 '시간'이다. 당장 새 아파트에 입주하고 싶은 사람에게는 수년, 길게는 수십 년씩 걸리는 재건축에 돈을 묶어놓고 기다리기가 여간 괴로운 일이 아니다. 그래서 내집마련이 목표인 실수요자라면 틈틈이 서울·수도권 주요 지역 청약을 부지런히 공략해보는 것도 괜찮은 방법이다. 주변 시세보다 낮은 가격으로 책정되는 분양 주택은 시세차익을 기대해볼 수 있고, 만에 하나 집값이 폭락하는 시장이 시작되더라도 타격이 적기 때문이다.

특히 재건축 아파트는 새로 조성되는 신도시·택지지구 아파트와 달리 교통과 학군, 편의시설 등 기반시설이 잘 갖춰졌다는 장점이 있어 관심 지역 분양 일정을 미리미리 체크해

일반분양 시 투기과열지구 가점·추첨 비율		
전용면적	가점제	추첨제
60㎡ 이하	40%	60%
60~85㎡ 이하	70%	30%
85㎡ 초과	80%	20%

두는 것이 좋다.

이번 장에서는 일반분양이 임박했거나 관리처분인가, 적어도 일찍이 사업시행인가를 받아둬 분양 일정이 어느 정도 가시권에 들어온 서울 재건축 단지들을 소개한다. 재건축 분양 예정지가 가장 많은 곳은 아무래도 서울 강남 3구(강남·서초·송파구) 지역이다. 고분양가 단지가 대부분이지만 주변 시세보단 저렴한 데다, 전용 85㎡ 이하 물량에서 추첨제가 부활한 덕분에 청약통장이 대거 몰릴 것으로 보

인다.

다만 이들 재건축 단지 중에는 조합 내 다양한 사정으로 분양 일정이 차일피일 미뤄지고 있는 곳이 많다. 하지만 시간문제일 뿐, 언제고 분양 채비에 나설 곳이다. 예비 청약자는 조급해하지 말고 입주자 모집 공고 전까지 부지런히 청약 자격 요건을 꼼꼼히 챙기는 시간으로 삼자.

강남구
청담르엘

강남구 청담동에서는 청담삼익아파트를 재건축한 '청담르엘'이 2024년께 분양될 것으로 보인다. 당초 청담르엘은 2023년 7월 조합원에게 견본주택을 열고 조합원 분양을 진행한 이후 일반분양에 나설 예정이었다. 하지만 분양 과정에서 조합장이 사퇴하면서 분양 절차가 중단됐다. 조합장을 새로 뽑는 데 적어도 3~4개월이 걸리는 점을 감안하면 청담르엘 일반분양은 2024년에나 가능해진 상황이다.

조합 내부 사정과 관계없이 청담르엘은 2014년 준공된 '청담래미안로이뷰' 이후 청담동에서 9년 만에 나오는 한강변 새 아파트다. 단지 배치도를 살펴보면 소형 평수는 영동대로를 따라, 대형 평수는 한강변을 따라 위치했다. 전체 가구의 70% 이상에서 한강 조망이 가능하다. 단지 중앙 보행로를 통해 걸어서 한강공원까지 걸리는 시간은 1분 남

서울 강남구 청담삼익아파트를 재건축하는 '청담르엘' 조감도. (롯데건설 제공)

서울 강남구 대치동 구마을3지구를 재건축하는 '디에이치대치에델루이' 조감도. (서울시 제공)

짓이다. 지하철 7호선 청담역까지는 도보로 8분 거리다. 지하 4층~지상 최고 35층, 9개동 총 1261가구 가운데 176가구가 일반분양 몫이다.

청담르엘 일반분양 물량 중 주력 평형은 전용 59㎡(60가구)와 84㎡(91가구)다. 펜트하우스인 전용 171㎡, 203㎡, 208㎡, 235㎡ 등 대형 평형은 1가구씩만 나온다. 분양가는 아직 공개되지 않았지만 조합원 분양가가 전용 84㎡ 기준으로 16억원대(3.3㎡당 4800만~4900만원대)였던 점을 감안하면 일반분양가는 3.3㎡당 6000만~7000만원에 이를 것이라는 게 업계 예상이다. 이를 전용 84㎡에 적용해보면 20억원 중반대에서 24억원에 이를 것으로 예상된다. 청담르엘은 분양가상한제가 적용되기에 더 낮은 가격에 나올 것

이라는 예상도 있지만, 청담동 시세가 3.3㎡당 8000만원을 넘어서는 점 등을 감안하면 '7000만원 설'도 무리는 아닌 듯하다. 만약 3.3㎡당 분양가가 7000만원대로 책정되면 강남권 직전 최고 분양가를 경신한다.

디에이치대치에델루이

청담동에서 영동대로를 따라 대치동으로 내려오면 '디에이치대치에델루이(282가구)'가 2023년 내 76가구 일반분양을 목표로 채비 중이다. 구마을3지구를 재건축하는 단지로 현재 공사가 한창이고, 그 옆으로는 2021년 구마을1지구를 재건축한 '대치르엘(272가구)'이, 2023년 6월에는 2지구 '대치푸르지오써밋(489가구)'이 입주를 마쳤다.

대단지도 아니고 지하철역에서 아주 가깝다고 할 수는 없지만 디에이치대치에델루이는 GTX A·C 두 개 노선이 모두 정차하는 삼성역까지 도보로 이동 가능할 정도로 입지가 좋다. 3호선 대치역도 도보로 이동할 수 있고 대치동 학원가가 가깝다. 삼성동 코엑스, 현대백화점 무역센터점 등 생활편의시설도 탄탄하게 갖춰져 있다. 길 하나를 건너면 명문으로 꼽히는 휘문고와 휘문중, 대명중이 있다.

입지가 좋은 단지인 만큼 단지 규모가 작아도 청담르엘과 비슷한 수준에 일반분양가가 책정될 것으로 전망된다.

서초구
아크로리츠카운티

서초구 방배동 삼익아파트를 재건축하는 '아크로리츠카운티(707가구)'도 당초 계획대로 2023년 내 분양하기는 어려운 상황이다. 조합원 분양은 마쳤지만 분양가 심의 일정 등을 고려하면 2024년에나 일반분양이 가능해 보인다.

아크로리츠카운티는 건폐율 25%, 용적률 294%를 적용받아 지하 5층~지상 27층 8개동 707가구를 짓는 사업이다. 단독주택 재건축이 주를 이루는 방배동에서는 흔치 않은 아파트 재건축 단지다. 지하철 2호선 방배역이 도보권이고 차량으로는 남부순환도로, 경부고속도로, 강남순환로, 서리풀터널 진입이 편리한 입지다.

일반분양가는 아직 공개되지 않았지만 인근 신축 단지인 방배그랑자이(2021년 입주, 758가구) 전용 84㎡가 28억원(7층, 2023년 6월)에 실거래된 점을 감안하면 아크로리츠카운티도 이를 기준으로 분양가를 책정하겠지만, 분양가상한제 단지라는 점을 염두에 두면 좋다. 조합원 분양가는 전용 84㎡ 기준 12억6000만원으로 3.3㎡당 약 3700만원이었다.

디에이치방배

방배5구역을 재건축하는 '디에이치방배'는 지하 4층~지상 33층 29개동짜리 총 3065가구(일반분양 1686가구) 규모로 지어진다. 방배동 재건축구역 중에서는 규모가 가장 크다. 현대건설의 고급 아파트 브랜드인 '디에이치'가 적용된 점이 특징이다. 전체 3065가구 중 1686가구가 일반분양 몫으로 나온다. 중대형 평형 위주로 구성된 단지로 주력 평형은 전용 84㎡고, 전용 101㎡와 114㎡ 비중도 상당해 고급 아파트 단지로 자리매김할 것으로 보인다.

분양 임박한 주요 재건축 단지				(단위:㎡, 가구)	
지역		단지명	전용면적	총 가구 수	일반분양
강남구	청담동	청담르엘	49~218	1261	176
	대치동	디에이치대치에델루이	59~125	282	76
	도곡동	래미안레벤투스	45~84	308	133
서초구	방배동	아크로리츠카운티	44~144	707	141
		디에이치방배	59~114	3065	1686
		래미안원페를라	59~139	1097	465
		방배포레스트자이	29~175	2369	547
	반포동	디에이치클래스트	59~234	5002	2400
		래미안트리니원	59~165	2091	537
		래미안원펜타스	59~191	641	292
송파구	잠원동	신반포메이플자이	43~165	3307	162
	신천동	잠실래미안아이파크	43~135	2678	578
		잠실르엘	45~136	1910	241

*2023년 8월 기준으로 작성, 일반분양 시기와 물량 등은 조합 사정에 따라 변동될 수 있음
*자료:직방, 각 조합, 업계 취합

서울 서초구 방배6구역 '래미안원페를라' 조감도. (삼성물산 제공)

디에이치방배는 4·7호선 이수역과 7호선 내방역뿐 아니라 2호선 방배역과도 가까운 편이라 대중교통 여건이 우수하다. 단지 내 약 8100㎡에 초등학교를 지으려던 계획이 무산되고 다른 공공시설(체육시설)을 짓도록 정비계획안이 변경되면서 2023년 안에 일반분양하기는 어려워졌다. 어쨌든 이미 2026년 8월 입주를 목표로 공사가 진행 중인 만큼 분양 채비를 서두를 것으로 보인다.

분양가상한제가 적용되는 단지지만 업계에 따르면 건자잿값 상승 여파로 3.3㎡당 6000만원대 분양가를 책정하지 않으면 사업성이 나오지 않는 상황인 것으로 알려졌다. 3.3㎡당 6000만원대 분양가가 실현 가능할지는 알 수 없지만 최악(?)의 경우를 가정해 전용 84㎡ 기준으로 환산하면 약 20억원에 일반분양가가 책정될 전망이다. 인근 방배롯데캐슬아르떼(2013년 입주, 744가구) 전용 84㎡가 2023년 8월 22억8000만원에 실거래된 바 있다.

래미안원페를라

방배5구역과 사당로를 두고 마주 보고 있는 방배6구역에는 지하 4층~지상 22층 16개 동짜리 총 1097가구 규모 '래미안원페를라'가 들어선다. 7호선 내방역과 가깝지만 10분가량 걸을 요량이면 4·7호선 이수역도 이용할 만하다. 단지가 주택가 사이에 있어 상권이 크게 형성되지 않은 대신 조용한 편이다. 단지 북쪽 방배본동에는 카페거리가 있다.

당초 2023년 분양하려 했지만 래미안원페를라는 조합원 재분양 신청, 관리처분변경인가 절차 등으로 2024년 일반분양을 기약하게 됐다. 총 1097가구 중 전용 59㎡ 141가구, 전용 84㎡ 324가구가 일반분양 몫으로 나올 예정이다. 입주는 2025년 4월 예정이다.

방배포레스트자이

'방배포레스트자이'는 방배13구역을 최고 22층 높이 아파트 35개동 2369가구로 재건축하는 단지다. 당초 최고 층수가 16층이었지만 2022년 11월 서울시가 정비계획변경을 의결하면서 층수 제한이 완화됐다. 주변 동으로 주택을 몰아주면서 공공보행통로를 만들고 통경축(조망을 확보할 수 있도록 시각적으로 열린 공간)을 확보하기 위한 방안이었다. 전용 60㎡ 이하 소형 가구는 1218가구에서 1130가구로 줄이고, 전용 85㎡ 이상 대형 가구를 늘렸다.

이주가 완료된 방배13구역은 최근 부지 내 종교시설 보상 문제라는 고비를 넘기면서 사업이 탄력을 받을 전망이다. 분양 일정은 미정이지만 500가구 넘는 아파트가 일반에 공급될 예정이다.

5구역 디에이치방배보다 규모는 작지만 2·4호선 사당역이 더 가깝다는 장점도 있으니 쉽게 우열을 가리기는 어려워 보인다. 방현초를 끼고 있고 방배근린공원, 매봉재산도 가깝다. 방배5구역과 비슷한 입지에, 비슷한 시기 분양이 예상되니 분양가도 비슷한 수준으로 예상된다. 일반분양은 2024년은 돼야 가능할 것으로 보인다.

래미안원펜타스

방배동에서 동쪽으로 넘어오면 반포동 신반포15차를 재건축하는 '래미안원펜타스(641가구)'가 대기 중이다. 래미안퍼스티지(2009년 입주, 2444가구), 래미안원베일리(2023년 8월 입주, 2990가구)보다 규모는 한참 작지만 대형 평형 위주로 공급되는 만큼 일대 고급 주거지로 손색이 없다는 평가다. 후분양 단지며, 2024년 6월 입주 예정이다. 일단 분양이 이뤄진 이후에는 계약금부터 중도금, 잔금까지 납부 기간이 짧아 빠르게 자금을 마련해야 한다.

래미안원펜타스는 한강변 아파트는 아니지만 북쪽으로는 일대 대장 아파트인 아크로리버파크(2016년 입주, 1612가구)와, 남쪽으로는 지하철 9호선 신반포역과 맞닿아 있다. 반포주공1단지 3주구 재건축으로 공급되는 '래미안트리니원(2026년 7월 입주 예정, 2091가구)'까지 입주하면 일대는 약 1만가구 아파트가 래미안 타운을 이루게 된다. 9호선 구반포역 초역세권인 래미안트리니원은 후분양 단지로 분양 시기는 2025년 4분기에서 2026년 1분기 정도로 예상된다. 후분양 시점에 537가구가 일반에 공급될 것으로 보인다.

디에이치클래스트

래미안트리니원 맞은편 한강변 반포주공1단지 1·2·4주구는 현대건설이 총 5002가구 규모 '디에이치클래스트'로 재건축 사업을 진행 중이다. 일반에는 전용 59㎡와 전용 84㎡

를 중심으로 약 2400가구가 공급되고, 50평대 이상 대형 평형은 대부분 조합원 몫이다.

디에이치클래스트 일반분양 일정은 아직 정해지지 않았지만 2024년에는 착공에 들어갈 것으로 보인다.

한강변 5002가구 규모 초대형 단지인 데다 어떤 동이든 도보로 지하철 9호선 구반포역, 신반포역, 동작역까지 이동할 수 있다 보니 입주만 하면 '평당 1억원' 아파트로 유명한 아크로리버파크 대장주 자리를 뺏어올 것으로 기대를 모은다.

신반포메이플자이

잠원동으로 건너와 신반포4지구를 재건축하는 '신반포메이플자이'에서는 전체 3307가구 중 162가구가 청약 시장에 등장한다. 조합원만 2900명이 훌쩍 넘는 탓에 단지 규모에 비해 가뜩이나 일반분양분이 적었는데, 2023년 9월 서초구청으로부터 관리처분계획변경인가를 받아내면서 애초 236가구였던 일반분양 물량이 162가구로 더 줄었다. 일반분양 물량은 전용 43~59㎡ 소형 평형으로만 이뤄져 있다. 2025년 4월 준공 예정이다.

신반포메이플자이는 지하철 3호선 잠원역이 단지 앞에 바로 있고 7호선 반포역, 9호선 사평역이 도보 10분 거리에 있어 지하철 이용이 편리하며 원촌초, 신동중, 원촌중, 세화고, 세화여고 등이 가깝다. 아울러 뉴코아아울렛, 신세계백화점, 현대백화점, 잠원공원, 서울성모병원, 강남차병원 등이 인근에 위치해 있다.

신반포메이플자이는 주변에 고등학교가 없어 고등학생 통학 거리가 긴 게 흠이었는데, 2023년 9월 서울시가 신반포4지구 주택재건축정비사업 정비계획 변경(안)을 수정 가결하면서 기부채납한 문화시설 부지를 학교 용도로 바꾸고 강남구 청담고를 받기로 했다. 기존에 결정된 용적률이나 조합원 분담금은 동일하다.

송파구
잠실래미안아이파크

송파구 신천동 잠실진주아파트를 재건축하는 '잠실래미안아이파크'는 2023년 말 일반분양에 나선다는 목표지만 장담할 수 없다. 잠실래미안아이파크는 2021년에서 2022년으로, 2022년에서 2023년으로 일반분양 일정이 수차례 밀린 바 있다.

분양이 수차례 밀렸는데도 예비 청약자들이 참을성 있게 분양 일정을 기다리는 이유는 희소성과 입지 때문이다. 잠실래미안아이파크는 잠실동 엘스, 파크리오, 리센츠 등에 이어 잠실권역에서 18년 만에 공급되는 새 아파트다. 단지는 2·8호선 잠실역, 8호선 몽촌토성역, 9호선 한성백제역 등 트리플 역세권에

서울 송파구 신천동 잠실진주를 재건축하는 '잠실래미안아이파크' 조감도. (삼성물산 제공)

들어선다. 인근에 롯데타워, 단지 건너편에
는 올림픽공원도 있다. 도보로 10분 거리에
한강공원과 석촌호수, 성내천 등이 있다. 단
지 옆 잠실초를 비롯 잠현초, 방이중, 잠실고
등이 밀집해 자녀를 둔 학부모 수요가 꾸준할
지역이다.

잠실래미안아이파크는 최고 35층 23개동
2678가구 규모로 지어질 예정이고 이 가운
데 일반분양 물량도 578가구나 된다. 이 가
운데 전용 84㎡도 400여가구나 된다. 아직
분양 일정을 발표하지 않은 디에이치클래스
트를 제외하면 분양이 임박한 강남 3구 단지
가운데 일반분양 물량이 가장 많다.

이곳 잠실래미안아이파크에도 분양가상한
제가 적용될 예정인데 이미 주변 시세가 3.3
㎡당 6000만원이 넘는 점을 반영해 분양가
가 책정될 것으로 전망된다.

잠실르엘

'잠실르엘'로 재탄생을 예고했던 미성·크로
바의 경우 한때 시공사(롯데건설) 선정 계약
이 무효 위기에 처했다가 다시 롯데건설의 시
공권 사수로 분위기가 기우는 모습이다. 미
성·크로바 조합이 시공사 재선정 절차에 나
섰는데 롯데건설이 두 차례 단독 입찰했다.

잠실르엘은 최고 35층 13개동 1910가구
중 241가구가 일반분양 물량으로 나온다. 이
단지는 후분양을 계획하고 있어서 2024년이
나 돼야 일반분양 소식이 들릴 전망이다.

잠실르엘 입지는 잠실래미안아이파크와 견
줘볼 만하다. 두 단지는 서로 맞붙어 있는데
롯데월드타워와 인접한 쪽이 미성·크로바고
올림픽공원과 인접한 쪽이 진주아파트다. 잠
실르엘은 2·8호선 잠실역, 2호선 잠실나루
역, 8호선 몽촌토성역이 도보권이다.

재건축 임장노트

초판 1쇄   2023년 10월 24일

지은이   정다운
펴낸이   장승준
펴낸곳   매일경제신문

주소   (04627) 서울시 중구 퇴계로 190 매경미디어센터
편집 문의   02)2000-2521~35
판매 문의   02)2000-2606
등록   2003년 4월 24일(No. 2-3759)
인쇄·제본   ㈜M-print 031)8071-0961

ISBN 979-11-6484-623-8 (03320)

MK Edition
베스트셀러 시리즈

코린이를 위한 코인의 모든 것

코인에 대해 알기 쉽게 풀이한
암호화폐 투자 입문서

챗GPT 어디까지 써봤니

인류의 미래를 바꿀 챗GPT
비즈니스와 생활에 어떻게 활용하고 돈을 벌 수 있을지 알려준다

메린이를 위한 메타버스의 모든 것

불쑥 다가온 '또 다른 세상' 가상현실
메타버스로 돈 버는 법 올 가이드

윤석열 시대 파워엘리트

새 정부·새 시대를 이끌
150명 인물들에 대한 완벽 분석

신용산시대

경제·문화·교통의 중심, 용산
용산을 알아야 돈이 보인다

K스타트업 업계 지도

한국의 일론 머스크를 꿈꾸는 스타트업들
핀테크·로봇 등 15개 분야별 유망 기업 소개

시크릿 여행지

여행 전문기자들이 직접 다녀온
전국 방방곡곡 숨은 여행지 34선

매경아웃룩 대예측 2023
주식 · 부동산 투자 전략, 기업 경영계획 수립 등에
나침반이 될 전략 지침서

미래 10년, 빅테크로 미리보기
구독자 7만명 우리나라 대표 테크 뉴스레터
미라클레터가 들려주는 빅테크들의 속내

부자되는 풍수 기업 살리는 풍수
운명은 못 바꾸지만, 환경 즉 풍수는 바꿀 수 있다
사람과 기업의 운을 상승시키는 풍수의 비밀

포스트 코로나 신상권 지도
코로나 팬데믹이 바꿔놓은 서울 상권 지도
카드매출 분석과 현장취재로 '완벽 정복'

농업, 트렌드가 되다
전 세계 VC들의 최대 투자처가 된 애그테크
ICT와 결합돼 첨단산업으로 부상한 농업의 미래

일타재테크
경제, 주식, 부동산, 코인 분야에서 취재와 연구를
20년 가까이 해온 재테크 전문기자들이 제시하는 자산 증식 노하우

불멸의 제조업
미 · 중 제조업 패권 경쟁으로 위기 내몰린
한국 제조업의 생존 전략

실전 ESG 경영
법과 규제가 돼버린 ESG
로펌 화우 전문변호사들이 알려준다